ΞV reinhardt

D1670851

Rüdiger Lorenz

Salutogenese

Grundwissen für Psychologen, Mediziner,
Gesundheits- und Pflegewissenschaftler

Mit einem Geleitwort von Hilarion G. Petzold
Mit 14 Abbildungen

2., durchgesehene Auflage

Ernst Reinhardt Verlag München Basel

Rüdiger Lorenz ist Gestaltanalytiker (FPI/EAG) für Psychotherapie (HPG); er arbeitet in eigener Praxis, leitet das Zentrum für Gesundheitsförderung in Hannover und ist Dozent in der Erwachsenenbildung

Titelfoto: © creativ collection Verlag GmbH

Bibliografische Information der Deutschen Bibliothek

Die Deutsche Bibliothek verzeichnet diese Publikation in der Deutschen Nationalbibliografie; detaillierte bibliografische Daten sind im Internet über <http://dnb.ddb.de> abrufbar.
    ISBN 3-497-01790-6

Printed in Germany
Reihenkonzeption Umschlag: Oliver Linke, Augsburg
Satz: ew print & medien service gmbh, Würzburg
Druck und Bindung: Friedrich Pustet, Regensburg

Ernst Reinhardt Verlag, Kemnatenstr. 46, D-80639 München
Net: www.reinhardt-verlag.de Mail: info@reinhardt-verlag.de

Inhalt

Dieses Buch ist Christa gewidmet,
die nie die Hoffnung aufgibt.

Geleitwort

„Gesundheit ist ein hohes Gut" – vielleicht das höchste, besonders, wenn man ein weit gefasstes Gesundheitskonzept zugrunde legt, das Gesundheit nicht nur als „Abwesenheit von Krankheit" definiert, sondern als „komplexe Qualität menschlichen Lebens" auffasst. Um eine solche Sicht geht es in diesem Buch, mit dem der Autor in lebendiger und übersichtlicher Darstellung das Konzept der „*Salutogenese*", des Entstehens von Gesundheit, von Aaron Antonovsky vorstellt. Dieses Konzept eröffnet für viele Bereiche der praktischen Arbeit mit Menschen grundsätzlich neue Zugänge und gewinnt deshalb für alle Berufsgruppen Bedeutung, die mit Menschen umgehen, aber auch für die, die mit Helfern zu tun haben:

- für PädagogInnen, die entdecken können, dass ihre Arbeit der Vermittlung sinnstiftenden Wissens ein Beitrag zur Gesundheitsförderung ist;
- für PsychotherapeutInnen und klinische PsychologInnen, die erkennen müssen, dass es in der therapeutischen Arbeit keineswegs nur um die Beseitigung von Krankheit gehen darf;
- für Sozialarbeiter und Sozialpädagogen, die darin bestätigt werden, dass ihre Arbeit für gelingendes soziales Miteinander „Gesundheitsarbeit" ist, Arbeit an einem kollektiven, gesundheitsfördernden gesellschaftlichen Boden;
- für ÄrztInnen, Krankenschwestern und andere Angehörige von Heil-, Pflege- und Medizinalfachberufen, denn sie erhalten Argumente für eine moderne medizinische Perspektive, die betont, dass Gesundheit sich nicht nur auf Somatisches, auf ein störungsfreies Funktionieren des Organismus begrenzt, sondern eine Sicht auf den „ganzen Menschen" erfordert;
- für PatientInnen und KlientInnen, die mit Psychotherapeuten, Sozialarbeitern und anderen Angehörigen helfender Berufe zu tun haben und durch dieses Buch ermutigt werden, als Experten für „ihre Situation" und als PartnerInnen „auf Augenhöhe" mit ihren Helfern zusammenzuarbeiten, weil sie ein Recht haben, auch in ihren gesunden Seiten gesehen und ernst genommen zu werden. Ihnen wird die Chance aufgezeigt, „sich selbst zum Projekt zu machen", um Gesundheit und Wohlergehen zu gewinnen.

Gesundheitsorientierung verlangt ein biopsychosoziales bzw. biosozialökologisches Modell, in dem Gesundheit und Krankheit in gleicher Weise Berücksichtigung finden und die Expertise der Helfer mit der Expertise der Hilfesuchenden in einer „doppelten Expertenschaft" verbunden werden kann.

Der Autor vernetzt Antonovskys Ideen und Konzepte mit vielfältigen Entwicklungen des gesundheitspsychologischen Denkens in der Psychologie, aktuellen Psychotherapie und in der psychosozialen Arbeit. Es wird mit diesem neuen *Paradigma* – und um ein solches handelt es sich – ein höchst wichtiger Gegenpol gegen die einseitige Pathologieorientierung der Psychoanalyse und der traditionellen Tiefenpsychologie gesetzt, die – obwohl sie heute als „Richtlinienverfahren" tonangebend sind –, es versäumt haben, Theorien und Modelle von „Gesundheit" zu erarbeiten und in ihrer konkreten therapeutischen Praxis zum Wohl ihrer PatientInnen fruchtbar zu machen. Aber auch andere Richtungen der Psychotherapie sind in der Frage des Gesundheitsverständnisses wenig klar. Menschen können aber nicht allein aus der Pathologie verstanden werden. Damit wird man ihnen nicht „gerecht". Es ist durchaus mit guten Gründen zu fragen, ob nicht die permanente Ausblendung des Gesundheitsthemas in der Psychotherapie ein unbeachteter Risikofaktor ist, dessen Vernachlässigung auch negative Nebenwirkungen zur Folge haben kann, denn es wird häufig versäumt, den vielen Menschen Hilfe zu geben, die in ihrer Lebensführung für ihre Gesundheit keine Sorge tragen, weil sich die Psychotherapie auf ihre spezifischen Störungen – z. B. Ängste, Depressionen, Belastungen – zentriert, derentwegen sie die Behandlung begonnen haben. Das greift aber zu kurz, denn ein gesundheitsabträglicher Lebensstil (Fehlernährung, Bewegungsmangel, übermäßiger Genussmittelkonsum) hat negative Auswirkungen auf das Gesamtbefinden und wird damit zu einem *„unspezifischen Risiko- oder Belastungsfaktor"*, der auch für die spezifische Störung Negativeinflüsse generieren und Gesundungsprozesse behindern kann. Daher hat Therapie immer auch neben ihren klinisch-kurativen Dimensionen, ihrem Auftrag zu heilen und zu lindern, die Aufgaben der Lebensbegleitung, Gesundheitsförderung und Persönlichkeitsentwicklung. Die Analyse von Gesundheitsverhalten/-fehlverhalten gehört in die Therapie und die Gesundheitsberatung. Health coaching, sollte ein integrierter Bestandteil von klinisch-psychotherapeutischen Behandlungen sein. Sie bedürfen deshalb für die konkrete Praxis in Diagnostik, Behandlung, Begleitung differenzieller und integrativer Ansätze. Die *Salutogeneseperspektive* bietet die Chance, einen Beitrag zum Gesamtfeld von Psychotherapie, Soziotherapie, Beratung und Prävention zu leisten, wenn sie in diesen Bereichen aufgenommen und umgesetzt wird. Bislang ist das noch kaum geschehen, sieht man einmal von den ressourcenorientierten Entwicklungen in Strömungen der Familientherapie oder in Ansätzen „psychologischer Therapie" ab. In der Integrativen Therapie, in der der Autor ausgebildet ist, und deren Modellbildungen und Praxis einen weiteren Hintergrund dieses Buches darstellen, wurde schon seit langem mit gesundheitstheoretischen Konzepten gearbeitet und geforscht, insbesondere mit dem Paradigma der „protektiven Faktoren", die auch in „bedrohten Entwicklungen" und „prekären Lebenslagen" schützende und stützende Wirkungen für Menschen und ihre sozialen Netzwerke bieten und „Risikofaktoren" und „widrige Lebensereignisse" abzupuffern vermögen – in der Kindheit und Jugend, aber auch im Erwachsenenleben und im Alter. Die Konzeptionen Antonovskys, die ja nicht mit dem Blick auf die Psychotherapie entwickelt wurden, genauso wenig wie entwicklungspsychologische Schutzfaktoren- und Resilienzforschung auf psychotherapeutische Anwendungen abzielte, haben psychische Widerstandsfähigkeit, Bewältigungskräfte, kreative Selbstgestaltung, soziale Netzwerke, Ressourcen, Sinnorientierung und vieles andere mehr als Themen entdeckt, die für therapeutisches und beratendes Handeln eine hohe Relevanz haben und innovative Impulse setzen. Bislang hat die Pathologieorientierung der Psychotherapie es aber offenbar noch schwierig gemacht, dass diese neuen Erkenntnisse wirklich für die Praxis aufgenommen wurden und in der breiten Weise umgesetzt werden konnten, die sie verdienen. Hinzu kommen noch die Individualisierungstendenzen der meisten Psychotherapieschulen, die die Bedeutung sozialer Bezüge und den Einfluss „sozialer Welten" und „kollektiver Lebenslagen" immer noch unterschätzen. Denn die therapeutisch höchst relevanten Ergebnisse etwa der sozialpsychologischen Forschung zu „sozialen Netzwerken" und zu den in ihnen ablaufenden Identitätsprozessen sowie zu „kollektiven mentalen Repräsentationen" (d. h. zu kollektiven Kognitionen, Emotionen und Willensprozessen) oder zu Konflikten und Attributionen, weiterhin die entwicklungspsychologische Lebenslaufforschung zu belastenden/pathogenen und schützenden/salutogenen „life events" zeigen, dass die großen Richtungen in der *Psychologie* zur klinisch-therapeutischen Arbeit wesentliche Beiträge leisten können: als „klinische Sozialpsychologie", „klinische Entwicklungspsychologie", „klinische Gesundheitspsychologie" *in der Lebensspanne* (Petzold 2002, Moscovici 1990, 2002, Oerter el al. 1999).

Genau hier liegt der Wert dieses Buches: Es präsentiert nicht nur die zentralen Ideen des Salutogenesemodells, diskutiert seine Stärken, aber auch kritische Aspekte, sondern es führt auch die genannten psychologischen Perspektiven mit ihren „klinisch relevanten" Ergebnissen zusammen und zeigt anhand von Beispielen aus der Praxis seines Autors, wie salutogeneseorientierte Therapie in der Arbeit mit Patientinnen und Patienten umgesetzt werden kann. Dieser Text lässt auch erkennen, in welche Richtung weiter gearbeitet werden muss, wenn die Erkenntnisse Antonovskys und anderer Salutogenese-, aber auch Entwicklungsforscher zu einer *„gesundheits- und entwicklungsorientierten Psychotherapie in der Lebenspanne"* ausgearbeitet werden sollen. Eine solch moderne, schulenübergreifende Psychotherapie ist mehr und muss mehr sein, als eine bloße

Ergänzung des pathologieorientierten „medizinischen Modells" der traditionellen Therapierichtungen, die oft eine leibferne, individualisierende Ausrichtung haben. Sie blenden soziale Realitäten ab und fokussieren selten Fragen der Gesundheit und Salutogenese, weil sie sie nicht dem Aufgabenkatalog klinisch-therapeutischer Arbeit zuordnen – allenfalls unter dem Aspekt der „Prävention". Aber Gesundheit ist in der Tat ein zu kostbares Gut, als dass sie allein unter einer präventivmedizinischen Perspektive betrachtet werden sollte. Therapie mit einer salutogeneseorientierten Ausrichtung versucht, *Gesundheitsbewusstsein* zu schaffen, einen *„gesundheitsaktiven Lebensstil"* zu entwickeln, eine *Freude am Gesundsein* und ein *Genießen von Gesundheit* zu fördern. Das sind wichtige, auch vorhandene Symptomatik und aktuelles Krankheitsgeschehen positiv beeinflussende Faktoren, denn Krankheit erfasst häufig nicht die ganze Person, sondern es bleiben durchaus gesunde Bereiche erhalten. Das muss gesehen, beachtet und genutzt werden. Wenn diese nämlich gestützt und gestärkt werden, wirken sie sich auch positiv auf die gestörten oder beeinträchtigenden Persönlichkeitsbereiche aus und können überdies die *Lebensqualität* des Patienten verbessern.

Eine solche Sicht, wie sie für die „Integrative Therapie" charakteristisch ist und in Therapieforschungsprojekten dokumentiert wurde vernachlässigt natürlich die *Pathogeneseperspektive* nicht. Vielmehr vertritt sie mit Antonovsky, dass Gesundheit und Krankheit als das Spektrum *eines* Lebensprozesses aufzufassen sind, und sie betont darüber hinaus, dass dieser Lebensprozess von drei Einflusslinien bestimmt wird: vom *„Zusammenwirken aller positiven Lebenseinflüsse, aller negativen Einwirkungen und aller Defiziterfahrungen im Lebensverlauf"* (Petzold 2003). Eine solche differenzielle und integrative Sicht, wie sie dieses Buch vertritt, bietet damit für die Praxis von Therapie und Beratung eine neue Vision, in der sich sechs Strategien ausmachen lassen: Nicht nur Heilen *(curing)* wird angestrebt, es geht auch um Bewältigungsleistungen *(coping)*, um Unterstützung *(supporting)* bei Schwierigkeiten und Problemen. Es geht darüber hinaus um eine Erweiterung von Perspektiven *(enlargement)*, eine Bereicherung des Lebens durch Erschließung von Lebensqualität *(enrichment)* und schließlich um die Förderung von Souveränität, der Kraft, sich selbst zu vertreten, um *Empowerment* (ebenda). Vor dem Hintergrund einer kombinierten Salutognese-Pathogenese-Betrachtung ist ein solcher breiter Handlungs- und Behandlungsansatz möglich, der Machtdiskursen und den Mythen vom „unmündigen Patienten" entgegenwirkt, stattdessen vielmehr PatientInnen als kokreative „Partner und Partnerinnen" in therapeutischen Prozessen sieht und ihnen damit „gerecht" wird. Ein solches Denken und Handeln ist der Ausdruck eines *Paradigmenwechsels*, der sich in den innovativen Bereichen der Psychotherapie in Diagnostik (Osten 2001), Behandlungspraxis (Leitner 2003), Gesundheitsberatung (Ammann/Wipplinger 1998) abzeichnet. Dieser Wechsel durch die Perspektiven der „*Salutogense*" wird für die PsychotherapeutInnen, die sich dieser neuen Sicht öffnen, von großem Nutzen sein und ihren Patienten und Patientinnen zu Gute kommen.

Der Autor hat mit seinem Buch zu diesem neuen Pradigma für die psychotherapeutische Praxis einen wertvollen Beitrag geleistet, der – so ist zu wünschen – weite Verbreitung finden wird.

Düsseldorf, Dezember 2003
Univ.-Prof. Dr. mult. Hilarion G. Petzold

Literatur

Ammann, G., Wipplinger, R. (1998): Gesundheitsförderung. dgvt-Verlag, Tübingen

Leitner, A. (2003): Entwicklungsdynamik in der Psychotherapie. Kramer, Edition Donau-Universität Krems, Wien

Moscovici, S. (1990): Social psychology and developmental psychology: extending the conversation. In: Duveen, G.: Social Representations and the development of knowledge. Cambridge University Press, Cambridge, 164–185

– (2002): Social Representations. New York University Press, New York

Oerter, R., van Hagen, C., Röper, G., Noam, G. (1999): Klinische Entwicklungspsychologie. Ein Lehrbuch. Beltz, Weinheim

Osten, P. (2001): Die Anamnese in der Psychotherapie. 2. erw. Aufl. Ernst Reinhardt, München/Basel

Petzold, H. G. (1997): Das Ressourcenkonzept in der sozialinterventiven Praxeologie und Systemberatung. Integrative Therapie 4, 435–471

– (2002): Zentrale Modelle und Kernkonzepte der Integrativen Therapie – Polyloge. Materialien aus der Europäischen Akademie für psychosoziale Gesundheit. Düsseldorf/Hückeswagen

– (2003): Integrative Therapie. 2. erw. Aufl. Junfermann Verlag, Paderborn

Vorwort

Dieses Buch stellt das Konzept der „Salutogenese" von Aaron Antonovsky vor, der sich als Israeli wie seine Vorfahren im Spannungsfeld zwischen Vertreibung und Vernichtung befand. Antonovskys Konzept bildet in eindrucksvoller Weise seine Suche nach sinnerfüllenden Bewältigungsmöglichkeiten des Menschen ab.

Die Ausbildung des von ihm beschriebenen „Kohärenzgefühls" (Kapitel 3.2) ist abhängig von den gesellschaftlichen Bedingungen in der gegebenen Zeit, wo immer die Menschen ihre sozialen Rollen einnehmen und darstellen. So ist es auch möglich, dass Menschen mit einem starken Kohärenzgefühl menschliche Werte missachten können, Menschen mit ihren Füßen treten, verfolgen, ausgrenzen, ja systematisch ermorden. Das ist es wohl, was es Antonovsky schwer machte, Deutschland mit dieser Vergangenheit zu bereisen. Zur eingehenderen Auseinandersetzung mit diesem Thema inspiriert mich meine eigene Verbundenheit mit dem jüdischen Volk. Dieser Sachverhalt wird so bleiben; die Auseinandersetzung wird für mich andauern.

Antonovsky trat in Deutschland anlässlich eines Kongresses für Klinische Psychologie und Psychotherapie der *Deutschen Gesellschaft für Verhaltenstherapie* in Berlin im Jahre 1990 auf. Er ließ seine Zuhörer wissen, dass es für ihn eine Anstrengung sei, im Wissen um die Schreckensherrschaft und die mit ihr verbundene *Schoah* in der Bundesrepublik Deutschland zu sprechen. Für ihn war menschenverachtendes Handeln keine Frage der Gesundheit, konnten sich doch die Täter bei ihrem Tun im allgemeinen guter Gesundheit erfreuen. Fraglos bleibt schließlich der Einfluss dieses Geschehens auf die Entwicklung des „sense of coherence" (SOC): „Ich bin tief und überzeugt jüdisch. 2.000 Jahre jüdische Geschichte, die ihren Höhepunkt in Auschwitz und Treblinka fand, haben bei mir zu einem profunden tiefen Pessimismus in bezug auf Menschen geführt. Ich bin überzeugt, dass wir uns alle immer im gefährlichen Fluss des Lebens befinden und niemals sicher am Ufer stehen." (Antonovsky 1993, 7)

Die zitierte Metapher vom Fluss hat eine zentrale Bedeutung im Werk Antonovskys, wobei die Ausgangsfrage für die Salutogenese die ist, weshalb Menschen unter bestimmten Bedingungen gesund bleiben, unter denen andere erkranken. Selbst am Ufer gibt es Unwägbarkeiten, doch im Fluss können wir in mitreißende Stromschnellen oder gar herunterziehende Strudel geraten.

Die Metapher bezieht sich zugleich auf den Strom des Lebens. „Contemporary Western medicine is likened to a well-organized, heroic, and technologically sophisticated effort to pull drowning people out of a raging river. Devotedly engaged in this task, often quite well rewarded, the establishment members never raise their eyes or minds to inquire upstream, around the bend in the river, about who or what is pushing all these people in" (Antonovsky 1988, 89). Die salutogenetische Frage impliziert die Tatsache, dass Endlichkeit im Tod mit einzubeziehen ist, während die pathogenetische Sicht Krankheit und Schmerz zu beseitigen sucht und den Tod als Bestandteil des Lebens negiert. Der Gegenstand der Betrachtung – um in der Metapher zu bleiben – besteht in der Auseinandersetzung mit der Frage, wie die Menschen unter den gegebenen Bedingungen gute „Schwimmer" werden. Für seine deutschen Zuhörer bezieht sich Antonovsky auf die Winterzeit, in der er in Deutschland zu Besuch war, und illustriert seine Auffassungen mit der folgenden Metapher, in der wir alle eine lange Skipiste herunterfahren, „an deren Ende ein unumgänglicher und unendlicher Abgrund ist. Die pathogenetische Orientierung beschäftigt sich hauptsächlich mit denjenigen, die an den Felsen gefahren sind, einen Baum, mit einem anderen Skifahrer zusammengestoßen sind, oder in eine Gletscherspalte fielen. Weiterhin versucht sie uns zu überzeugen, dass es das Beste ist, überhaupt nicht Ski zu fahren. Die salutogenetische Orientierung beschäftigt sich damit, wie die Piste ungefährlicher gemacht werden kann und wie man Menschen zu sehr guten Skifahrern machen kann." (Antonovsky 1993, 11).

Die Fähigkeit, ein guter „Schwimmer" oder ein guter „Skifahrer" zu sein, definiert Antonovsky (1979) als das *Kohärenzgefühl*, welches in unterschiedlichen Übersetzungen auch als der Kohärenzsinn oder auch als das Kohärenzerleben bezeichnet wird. Er versteht darunter „keine spezielle Coping-Strategie sondern eine generelle Lebenseinstellung" (Antonovsky 1993, 4). So ist *der* Mensch gesund, der sich im Fluss angemessen zu verhalten weiß, der mehr oder weniger gekonnt die Skipiste mit Um- und Übersicht herabfährt.

Möglicherweise habe ich folgenden Aspekt übersehen, doch meines Wissens hat Antonovsky in seinen Werken nicht dargestellt, wie er Gesundheit und Krankheit definiert. Krankheit bzw. die pathogenetische Sicht beinhaltet die Vorstellung, dass der Mensch im homöostatischen Sinne in einer inneren und äußeren Stabilität lebt. Diese immer noch vorherrschende Meinung impliziert, dass krank machende Faktoren einfach nur entfernt oder beseitigt werden müssen, damit Gesundheit wieder hergestellt werden kann. Das salutogenetische Modell berücksichtigt die realistische Vorstellung, wonach der Mensch in der Heterostase, im Ungleichgewicht und in der permanenten Auseinandersetzung mit allgegenwärtigen Stressoren lebt. Verfügt er über ein hohes Kohärenzerleben, so vermag er den physiologischen Spannungszustand zu lösen, der durch den Stressor entsteht. Vermag er dies nicht, entsteht das Stresserleben, welches allerdings nicht zwangsläufig zur Krankheit führen muss, wenn nämlich durch ein hohes Kohärenzgefühl heilsame Faktoren die Menschen dazu befähigen, die ihnen zur Verfügung stehenden Ressourcen zu mobilisieren. An anderer Stelle des Buches (Kapitel 4.1) werden die Mechanismen einer gesunden Verarbeitung präzisiert.

Dieses Buch habe ich aus rein egoistischen Motiven – Sie haben richtig gelesen – *aus rein egoistischen Motiven* geschrieben. Das hat folgenden Hintergrund: Einerseits wollte ich Freude an der Ausarbeitung dieses Themas haben. Andererseits wusste ich zu Beginn der Arbeit noch nicht, dass ich selber eine gesundheitliche Grenzerfahrung während der Beschäftigung mit dem Thema durchleben sollte, die mich lehrte, das Gesunde zu bedenken, es zu würdigen. Das galt und gilt es nach wie vor für mich zu lernen und wenn es mir heute immer noch nicht hinreichend gelingt, konsequent gesund zu leben, dann mag das wohl daran liegen, dass ich die Lektion des alten Beduinen noch nicht umgesetzt habe und mich wohl hin und wieder noch überfordere.

Man erzählt sich die Geschichte, dass sich vor langer, langer Zeit ein Beduine und ein Geschäftsmann in der Wüste trafen. Der trockene, kühle Abendwind wehte seit dem späten Nachmittag durch das Zelt des Beduinen. „An Deiner Stelle hätte ich Deine Ziegen- und Schafherde längst verdoppelt", sagte der Geschäftsmann herausfordernd dem Beduinen, „damit Du mehr Geld verdienen kannst". Daraufhin antwortete ihm der Beduine, dass es ihm an nichts fehle. „Aber wenn man mehr Geld verdient, kann man sich ein großes Haus kaufen, neue Autos fahren und Ferien machen", erklärte der Städter dem Wüstenmenschen. „Aber mir genügt das Zelt und Kamele habe ich auch", erwiderte der Beduine stolz. Der Geschäftsmann meinte schließlich mit folgenden Worten den Beduinen zu überzeugen: „Wenn Du alles hast, auch Diener, dann bist Du reich und brauchst nichts mehr zu tun. Dann kannst Du Dich endlich das ganze Jahr über ausruhen." „Aber das ist es, was ich bereits jetzt mache", erklärte ihm der Beduine, schlürfte gemächlich seinen Tee und genoss den Abendwind auf seiner Matratze.

In der Vorschau auf die weiteren Ausführungen geht es im 1. Kapitel um einige biographische Hinweise zu Antonovskys Leben und im 2. Kapitel wird die Frage abgehandelt, ob die Bekämpfung von Krankheit die Gesundheit fördert. Anschließend werden aus der Sicht Antonovskys, der sich aus dem Blickwinkel der Stressforschung diesen Fragen näherte, einige Aussagen zum Verständnis von Krankheit und Gesundheit gemacht. In diesem Kapitel schließlich finden die LeserInnen die Kernaussagen zur Salutogenese, insbesondere zum Konzept des Kohärenzgefühls. Die hier abgehandelten Fragen bilden den Grundstein zum Verständnis der letzten

Frage, der sich das Buch ausführlicher widmet, wie nämlich das Kohärenz-gefühl gefördert werden kann.

Das 3. Kapitel handelt zunächst entwicklungstheoretische Fragen zur Säuglingsforschung in Verbindung mit dem Konstrukt des Kohärenz-gefühls ab und geht dann auf die Entwicklung des Kohärenzgefühles im Lebensverlauf des Menschen ein.

Welche Bedeutung die Emotionen und der Sinnaspekt für das Kohä-renzerleben haben, schildert das 4. Kapitel. Anzumerken ist, dass die Sinn-dimension als tragende Säule des Kohärenzgefühls selber anzusehen ist. Dieses Kapitel wird des Weiteren auf die Identität des Menschen eingehen und zum besseren Verständnis des Gegenstandsbereiches der Identität selbst ein heuristisches Modell zu verschiedenen Identitätsebenen erörtern. Die hier vorgestellten Überlegungen stellen dar, welche Korrelationen zwischen der Identitätsentwicklung im Zusammenhang mit der Wandlung des Kohärenzerlebens aufzuzeigen sind. Beide Konstrukte verschmelzen ineinander und sind vermutlich daher entgegen Antonovskys Annahmen ein Leben lang in beständiger Veränderung und so als Prozess fortdauern-der Entwicklung des Menschen zu verstehen.

Anschließend wird im 5. Kapitel eine Übersicht zu den verwandten Kon-zepten und dem aktuellen Stand der Forschung präsentiert. Dieses Kapitel befasst sich weiterhin mit der Frage, in welchen Anwendungsfeldern das Kon-zept der Salutogenese bereits Eingang gefunden hat und noch finden kann.

Die im 6. Kapitel abzuhandelnde Frage und mögliche Antworten zur Förderung bzw. Veränderung des Kohärenzgefühls sind tentativer Natur und daher zu gegebener Zeit ergänzungsbedürftig. Allein zu den vier dar-gestellten Dimensionen, die der Ressourcen, die des Selbstwertgefühls, die der Kompetenzen und die der Selbstgestaltungspotenziale/Selbstgestal-tungskräfte sind sicher weitere hinzuzufügen.

Darüber hinaus ist aus meiner Sicht anzuregen, weiterführende, sicher aufschlussreiche Erkenntnisse aus Interviews im Rahmen qualitativer For-schung zu erarbeiten. Und: Die hier vorgetragenen Überlegungen können als therapeutische Anregungen in interventiver Hinsicht zur Förderung des Kohärenzgefühls sehr wohl dienlich sein. So wird am Ende dieses Kapitels der „kohärenzbasierte Klärungskreislauf" vorgestellt, der insbe-sondere zur Dimension der Selbstgestaltungspotenziale/Selbstgestaltungs-kräfte einen Ansatz zur therapeutischen Vorgehensweise aufzeigt, um Autonomie- bzw. Souveränitätsprozesse förderlich zu beeinflussen. Der Autonomiebegriff, der bei Antonovsky und in vielen psychotherapeuti-schen Schulen und Richtungen zentral steht, ist indes konzeptkritisch zu diskutieren, denn er kann in unguter Weise die Individualismustendenzen der Spätmoderne verstärken, in der die „Sorge um sich" (Foucault) nicht mehr hinreichend mit der „Sorge um den Anderen" und dem „Einsatz für das Gemeinwohl" verstanden wird.

Die vier genannten Dimensionen zur Förderung bzw. Veränderbarkeit des Kohärenzgefühls werden hinsichtlich ihrer Implikationen für die Praxis noch einmal untersucht und durch Beispiele zur Illustration für die LeserInnen ergänzt.

Zu der immer wieder gestellten Frage der praktischen Anwendbarkeit von Antonovskys Konzept ist grundsätzlich der Aspekt zu bedenken, dass das Modell mehr als theoretische Konzeption denn als Praxismodell entwickelt wurde und somit auch nicht so leicht für die Praxis umsetzbar erscheint. Dennoch sollen in den weiteren Ausführungen praxisrelevante Hinweise insbesondere für die psychotherapeutische Anwendung herausgearbeitet werden, die allerdings keinen Anspruch auf Vollständigkeit erheben und sich in der Behandlung bewähren oder auch wieder verworfen bzw. ergänzt werden müssen.

Aus meiner Sicht gibt es nichts auf der Welt, was nicht schon einmal gedacht worden ist und von anderen ergänzt werden kann. Das bereits Gedachte kann unterschiedlich interpretiert, weiterentwickelt, neu aufgearbeitet werden, und so bin ich über Anregungen dankbar, die die vorgetragenen Gedanken bereichern und weiterführen helfen. Ich wünsche mir daher von den LeserInnen dieses Buches kritische Impulse und auch Bestätigung, um mit dem Begonnenen fortzufahren. Und noch ein Hinweis: Die hier dargestellten Ausführungen fokussieren auf Therapieprozesse, schließen jedoch gleichermaßen Beratungsarbeit mit ein.

Zur Entstehung dieses Buches habe ich wertvolle Unterstützung erhalten von Menschen, die mich gelehrt, angeregt und inspiriert haben. Für die vielen wegweisenden Hilfen und Hinweise möchte ich mich zunächst an dieser Stelle bei allen KlientInnen bedanken, die ich ein Stück ihres Lebensweges begleiten durfte und von denen ich in dem mir entgegengebrachten Vertrauen lernen konnte. Zu besonderem Dank sehe ich mich bei allen KlientInnen veranlasst, deren Namen ich in einer sinngebenden Beziehung zum geschilderten Geschehen unverändert wiedergeben durfte.

Einen hauptsächlichen Anteil des hier eingebrachten Gedankengutes verdanke ich Herrn Prof. Dr. Aaron Antonovsky, der mich innerlich auf meinen Israel-Reisen lange Zeit begleitete und motivierte. Der Einblick in Antonovskys Wirkungsfeld war für mich denn auch in der Siebenbrunnenstadt des Negev, Beer-Sheva (Beer = *Brunnen*, sheva = *sieben* und *der Eid*), mit seiner sehr modern erbauten Ben-Gurion-Universität ein besonderes Ereignis. Wertvolle fachliche Unterstützung bekam ich insbesondere von Herrn Prof. Dr. med. Friedhelm Lamprecht, der mir mit seinen entscheidenden Anregungen dazu verhalf, die Arbeit für das Buch überhaupt aufzunehmen.

Herr Prof. Dr. mult. Hilarion G. Petzold hat meine Arbeit sicher mit der ihm gegebenen Aufmerksamkeit studiert. Seine Arbeiten zur Integrativen Psychotherapie sind für mich zur Basis dafür geworden, den salutogenetischen Ansatz konsequent zu verfolgen, und so danke ich ihm sehr für seine fachlichen Hinweise in seiner wertschätzenden und unterstützenden Art, die mir Mut machten, neues Terrain zu beschreiten und den Menschen in seiner Vielgestaltigkeit ein wenig besser verstehen zu lernen.

Frau Prof. Dr. Karin Désirat hat mich sehr in einer kritischen Phase selbst erfahrener leiblicher Verletzbarkeit darin unterstützt, die Arbeit nicht nur fortzusetzen, sondern sie auch bei allen Zweifeln zu beenden und „den Schritt ins kalte Wasser" – wie sie mir anempfahl – zu wagen.

Der Lektorin Frau Dipl.-Psych. Ulrike Landersdorfer verdanke ich den wertschätzenden Umgang mit dem Manuskript und ich danke ihr für ihre stets ruhige und gelassene Haltung, mit der sie meine Fragen beantwortete.

Danken möchte ich noch allen Menschen, mit denen ich verwandt, befreundet und bekannt bin und die mir im sozialen Miteinander alle nur denkbare Zeit zur Verfügung stellten, so dass die Arbeit gelingen konnte.

Christa Lorenz begleitet mich seit ganz vielen Jahren. Sie ist mir ans Herz gewachsen und ohne sie kann ich mir ein lebenswertes Leben kaum noch vorstellen. Sie hat bei der ihr gegebenen Kritikfähigkeit viel Geduld und ihr gebührt mein herzlicher Dank, ist sie doch eine mit viel Verständnis sorgende Lebensgefährtin. Sie gab mir in den vielen Gesprächen wichtige Hinweise und vor allem die Zuversicht, die mir für die Arbeit auch in Zeiten des Zweifels Kraft zur Weiterarbeit bot. Wenn ich beim Schreiben dieser Arbeit etwas gelernt habe, dann ist es die Sorge, die ich um mich selbst haben darf, die mich auch Christa stets zu lehren bemüht war und immer noch ist.

שלום

Ich wünsche Ihnen Frieden und Wohlbefinden!

1 Der „gefährliche Fluss des Lebens"

Aaron Antonovsky wurde 1923 in Brooklyn in den USA geboren und studierte nach dem Besuch des Brooklyn-College Geschichte und Wirtschaft an der Yale University. Nach seiner Auswanderung mit seiner Frau erhielt er in Jerusalem am medizinischen Zentrum der hebräischen Hadassah-Universität eine Stelle im Institut für Angewandte Sozialforschung, und hier begann er sich mit Themen der Medizinsoziologie eingehender auseinander zu setzen. Später widmete er sich speziellen Themen über den Zusammenhang zwischen Stressforschung und Gesundheit sowie Krankheit. Es entstand unter Abkehr von der bisher üblichen Meinung, dass spezifische Stressoren den Stress hervorrufen, ein Konzept, welches die Auffassung vertritt, dass die Stressoren eben nicht grundsätzlich krank machen. Vielmehr entwickelt sich nach seinen Erkenntnissen durch die Einwirkung der Stressoren eine psychophysische Anspannung. Dadurch rückt die psychologische Komponente individueller Stressverarbeitung bei unterschiedlich dispositioneller Vulnerabilität in den Vordergrund.

In einem seiner Forschungsprojekte untersuchte Antonovsky zwischen 1960 bis 1970 zunächst das Verhalten von Frauen in der Menopause und ihre Anpassung an diesen Lebensabschnitt. Dabei ging die Forschergruppe von der Annahme aus, dass die Frauen, deren Leib und Leben durch die Schoah bedroht war, wesentlich größere Schwierigkeiten damit haben müssten, sich an die Menopause anzupassen. Diese Annahme wurde bestätigt, war doch die Anpassung der Frauen weitaus besser gelungen, denen es vergönnt war, bereits früher nach Palästina zu emigrieren. Dennoch – und das war das Erstaunliche: Eine nicht unerhebliche Minderheit der Frauen hatte sich trotz des Grauens recht stabil auf die neue Lebensphase einstellen können. Dieses Forschungsergebnis initiierte für Antonovsky die Frage, wie es den Frauen dieser Gruppe trotz ihres Erlebens gelungen war, sich an diesen neuen Lebensabschnitt relativ stabil anpassen zu können.

Antonovskys Ehefrau, die Anthropologin und Entwicklungspsychologin Helen Antonovsky, arbeitete in diesem Forscherteam engagiert mit. Sie half ihrem Mann später auch auf der Suche nach einem übergeordneten Begriff für das, was er beschreiben wollte, und schlug ihm das Wort *Kohärenzgefühl* vor.

Die weiteren Aktivitäten Antonovskys führten ihn nach Beer-Sheva zum Aufbau der gemeindenah orientierten medizinischen Fakultät der Ben-Gurion-University of the Negev, deren Mitbegründer er war, und dort verstarb er auch im Jahre 1994 im Alter von 71 Jahren.

Antonovskys Denken ist geprägt durch sein tiefes Bekenntnis zum jüdischen Glauben. „Ich bin tief und überzeugt jüdisch. 2.000 Jahre jüdische Geschichte, die ihren Höhepunkt in Auschwitz und Treblinka fand, haben bei mir zu einem profunden tiefen Pessimismus in bezug auf Menschen geführt. Ich bin tief überzeugt, daß wir uns alle im gefährlichen Fluß des Lebens befinden und niemals sicher am Ufer stehen" (Antonovsky 1993, 7). Den Bezug zu den Konzentrations- bzw. Vernichtungslagern stellte Antonovsky sicher deshalb her, weil er anlässlich seines Besuches in Deutschland das sagen wollte, was zur Erinnerung gesagt werden muss.

Der letzte Satz seines Zitats bezieht sich auf die oftmals gehegte Vorstellung von Menschen in Heilberufen, dass Hilfe, die nur effizient genug ist, stets das ersehnte Ziel der Heilung verspricht. Das impliziert die immer während Hoffnung auf einen Zustand der Homöostase (Gleichgewicht, Kapitel 2.1), die allerdings niemals zu realisieren ist, denn – so sagt Antonovsky –: „Ich gehe davon aus, daß Heterostase, Ungleichgewicht und Leid inhärente Bestandteile menschlicher Existenz sind, ebenso wie der Tod" (Antonovsky 1993, 6).

Wenden wir uns nun eingehender dem Thema *Gesundheit* zu, in deren Dienst Antonovsky sein Lebenswerk stellte. Vor dem Hintergrund seiner ganz persönlichen Lebenserfahrungen entwickelte er seine Perspektiven der Salutogenese in Verbindung mit dem Konzept des Kohärenzgefühls. Damit legte er den Grundstein für hilfreiche Fragestellungen, die im Zeitalter überkommener Denkstrukturen über Gesundheit und Krankheit neu zu formulieren sind und denen es in Forschung und Praxis nachzugehen gilt.

2 Das Salutogenese-Konzept

„Die Gesundheit des Menschen ist eben nicht ein Kapital, das man aufzehren kann, sondern sie ist überhaupt nur *dort vorhanden, wo sie in jedem Augenblick des Lebens erzeugt wird. Wird sie nicht erzeugt, dann ist der Mensch bereits krank. Man kann den Sozialkranken daher auch als einen Menschen bezeichnen, bei dem die beständige Erzeugung der Gesundheit nicht mehr richtig erfolgt."*

Viktor v. Weizsäcker

2.1 Fördert der Kampf gegen Krankheit die Gesundheit?

Zur Fundierung des Konzepts der Salutogenese sollen an dieser Stelle Überlegungen zur Homöostase (Gleichgewicht) und der Heterostase (Ungleichgewicht) aufgegriffen werden. Diese Begrifflichkeiten stehen im unmittelbaren Zusammenhang mit historischen Gegebenheiten und begründen die heute noch vorherrschende Meinung, dass über die Bekämpfung von Krankheit Gesundheit gefördert werde. Schäfer (2002, 36) postuliert: Die „Überwindung der Krankheit" spielt sich „im Bereich des Molekularen ab. Hier finden in der Tat diejenigen Prozesse statt, auf denen das Leben insgesamt beruht: der Stoffwechsel einschließlich seiner Abweichungen und deren Reparatur."

Die Auffassungen in der Antike können im Sinne eines regulierenden Gleichgewichts, der Homöostase, auf körperlicher wie auf seelischer Ebene beschrieben werden. Platon (427–347 v. Chr.), der Schüler Sokrates' (470–399 v. Chr.), betrachtete psychische Gesundheit als Zustand der Harmonie, und das Gespräch sei im Falle der Erkrankung geeignet, diese wieder herzustellen. Auch in Krisensituationen, nach der Erkenntnis, dass wir praktisch immer schon mehr wissen, als wir theoretisch wissen, gab es für Platon Möglichkeiten der Bewältigung, freilich aus seiner Sicht der Seelenwanderung mit aus einem früheren Leben gemachten Erfahrungen. Denn: „Wie nun die Seele unsterblich ist und oftmals geboren" wird, so vermag sie sich „dessen zu erinnern, was sie ja auch früher gewusst hat" (Platon, Menon 81d, 539). In diesem Sinne versteht Platon die Seele des Menschen als den Ort der „Wahrheit von allem, was ist" (Platon, Menon 86b, 557), über die der Mensch mit Hilfe der „Wiedererinnerung (Anamnesis)" (Platon, Menon 80e, 537) zu Einsichten gelange, die ihm nützlich seien. Vor allem sah er die Gesundheit als Mischung der Gegensätze und Krankheit als Hinweis des Schicksals, die nicht einfach nur durch Heilmittel zu unterdrücken, sondern durch eine geeignete Lebensweise in die richtige Bahn zu lenken sei.

Die Gedanken dieser Zeit sind durchdrungen von der Eingebundenheit des Individuums in den Kosmos, in dem Gesundheit als Teil des Ganzen betrachtet wird, in das Leben und Tod wie auch Krankheit eingeschlossen sind. Dabei gestalte der Mensch zugleich schöpferisch (und eigenverantwortlich) die Geschehnisse, die über Gesundheit und Krankheit entscheiden. Harmonie und eine vernünftige Mischung der Gegensätze bestimmen zu dieser Zeit die Auffassungen zum Leben des Menschen unter Berücksichtigung des Eigenlebens der Elemente.

Aristoteles (384–322 v. Chr.) beschäftigte sich mit der Fortentwicklung des Platon'schen Gedankengutes und definierte Gesundheit als die Kraft einer rechten Mitte und des Gleichmaßes verschiedener Kräfte. Dessen Auffassungen waren bereits geprägt durch die Ansichten Hippokrates' (460–380 v. Chr.), einem der wohl bedeutendsten Ärzte der Antike, auf den der Hippokratische Eid zurückzuführen sein soll, was bis heute allerdings nicht bewiesen ist. In seiner Lehre begründen die Körpersäfte und deren richtige Mischung letztendlich unsere Gesundheit, während bei einer Störung dieses Gleichgewichts Krankheit entstünde. Er propagierte bereits, sich die Gesundheit durch Vorbeugung in gesunder Lebensführung zu erhalten, nämlich durch die richtige Anwendung der Hygiene. Schließlich fasste der griechisch-römische Arzt Galen (129–199 n. Chr.) das antike Wissen über die gesunde Lebensführung in seinen sechs Büchern mit dem Titel „Hygieine" zusammen, was soviel bedeutet wie „der Gesundheit zuträglich, heilsam, gesundmachend" (Lamprecht 1997, 7).

Zur Zeit der Aufklärung im Ausgang des 17. Jahrhunderts beschäftigten sich die Fachleute im Gesundheitswesen u. a. mit dessen Ausbau und in diesem Zusammenhang speziell mit einer Leib und Seele umspannenden Gesundheitsfürsorge. Der Gedanke der Prävention findet neuerlichen Aufschwung, allerdings gilt nach herrschender Auffassung das Volk in diesen Angelegenheiten nicht nur als erziehungsbedürftig, sondern es ist auch die staatliche Kontrolle darüber auszuüben. Die Hygiene und auch die Erhaltung der Arbeitskraft zwecks Erweiterung gesellschaftlichen Wohlstandes wird jetzt zum Gegenstand öffentlicher Gesundheitsbelehrungen, und nach Einführung der Schulpflicht Ende des 18. Jahrhunderts findet eine systematische Aufklärung über Gesundheitsfragen statt. In dieser Zeit gehen die Menschen davon aus, dass der gesunde Organismus den Rahmen für die Normalität darstellt. Krankheiten werden pathologisiert, Kranke werden ausgesondert. Dabei steht die funktionierende Arbeitskraft im

Vordergrund, während sich die Medizin immer noch am hippokratischen Modell der Körpersäfte ausrichtet.

Zum Ende des 19. Jahrhunderts wird die Gesundheitserziehung ausgehend von den USA planmäßiger Bestandteil systematischer Aufklärung in den Schulen wie auch für die Bevölkerung. Man beginnt Gesundheit aktiv und primärpräventiv zu fördern, anstatt sie wiederherstellen zu müssen. Insbesondere die Gesundheitspsychologie hat sich zum Ziel gesetzt, Risikofaktoren bewusst zu machen, die Selbstverantwortlichkeit des Individuums zu betonen und die Gesundung zur individuell und sozial akzeptierten Aufgabe zu machen.

Im Jahre 1945 wurde die Weltgesundheitsorganisation WHO als internationales Forum für Gesundheitsfragen mit dem Ziel gegründet, den besten erreichbaren Gesundheitszustand aller Völker herbeizuführen. Die Informationsvermittlung als Erziehungsaufgabe tritt in den Hintergrund, wird doch der Schwerpunkt nun darauf gelegt, dass die Lebensumstände der Bevölkerung verstärkte Beachtung finden und damit differenzierter auf Spezifika eingegangen werden kann. So wird im Jahre 1946 die Gesundheit definiert als ein „Zustand des völligen körperlichen, seelischen und sozialen Wohlbefindens und nicht nur das Freisein von Krankheit und Gebrechen" (WHO 1946). Diese Definition findet große Zustimmung, aber auch viele kritische Stimmen, doch wird im Rahmen der eingehenderen Erörterungen der WHO ein Weg eröffnet, der zulässt, dass nunmehr die Komplexität des Geschehens in das Blickfeld gerät. Gesundheit ist eben nicht ein dem Menschen gegebener „Zustand", wie er in der Definition der WHO propagiert wird, und Gesundheit – wie wir später sehen werden – kann nicht mit „völligem Wohlbefinden" gleichgesetzt werden. Sie spielt sich im dynamischen Spannungsfeld der Wechselwirkungen zwischen dem physischen, den psychischen und den sozialen Gegebenheiten sowie den Entwicklungsbedingungen des Menschen im Lebensverlauf ab.

Die hier dargestellte Entwicklung muss im Zusammenhang mit Antonovskys Kritik am pathogenetischen Ansatz gesehen werden, nämlich seiner Kritik am Modell der Homöostase, dem er seine salutogenetischen Betrachtungsweisen gegenüberstellt und diese eingebettet im Modell der Heterostase sieht.

> „Ich gehe davon aus, dass Heterostase, Ungleichgewicht und Leid inhärente Bestandteile menschlicher Existenz sind, ebenso wie der Tod. Wir alle, um mit der Metapher fortzufahren, sind vom Moment unserer Empfängnis bis zu dem Zeitpunkt, an dem wir die Kante des Wasserfalls passieren, um zu sterben, in diesem Fluss. Der menschliche Organismus ist ein System und wie alle Systeme der Kraft der Entropie ausgeliefert." (Antonovsky 1993, 8f)

Menschen, die ihr Leben in den Dienst der Homöostase stellen, werden zweifelsfrei mit Stressoren und ihren ihnen zur Verfügung stehenden

Ressourcen anders umgehen als jemand, der realistisch die Heterostase in sein Leben einbezieht.

Physische wie psychische Krankheit ist also nicht allein als Verlust anzusehen, sondern sie bewirkt in der Mobilisierung von Ressourcen Veränderung, wie das Fieber Heilung bei Entzündung hervorruft. Und wir alle kennen diese Erfahrung, dass wir uns Gesundheit wünschen, insbesondere dann, wenn wir krank geworden sind. Es ist ein Ungleichgewicht, die Heterostase eingetreten, das daran erinnert, wie gut es uns ging, als wir kein Fieber hatten. Das gilt sowohl für körperliche als auch für seelische Zustände. Es beruhigt, von einem der erbittertsten Kritiker des Salutogenese-Modells zu lesen:

> „Es ist aber nicht bestreitbar, dass die Idee Antonovskys auch ein neuer Weg globaler Prävention war, die Einstellungen des Individuums zu den Einflüssen aus der Umwelt in den Vordergrund der Prävention zu stellen, also die präventive Kraft nicht in der Vermeidung äußerer Gefahrenquellen zu suchen, sondern in den *Einstellungen des gefährdeten Individuums* zu diesen Einflüssen. Darin liegt der freilich auch nicht neue, aber doch sehr konsequent entwickelte Ansatz der Salutogenese Antonovskys." (Schäfer 2002, 86)

2.2 Gesundheit und Krankheit im Blickfeld Aaron Antonovskys

Ausgangspunkt von Antonovskys Betrachtungen ist die Leitfrage, weshalb der Mensch unter dem Einfluss widriger Lebensumstände gesund bleibt oder nach einer Erkrankung wieder gesund wird bzw. welche Kräfte ihn dazu bringen, gesund zu bleiben und gesund zu werden. Er stellt der „pathogenetischen Orientierung" die „salutogenetische Orientierung" gegenüber (Antonovsky 1988). Die Vertreter der traditionellen Denkrichtungen – so Antonovsky – gehen von einem dichotomen Ansatz aus. Eine gesundheitsorientierte Betrachtung begründet ihr Verhalten darin, alle Möglichkeiten zu nutzen, den Menschen gesund zu erhalten und ihn vor Krankheit zu schützen, während Vertreter der krankheitsorientierten Sichtweise ihre Aufgabe darin sehen, gegen Krankheit und Tod anzukämpfen, Gesundheit um jeden Preis wieder herzustellen. Dass wir der Realität nicht entgehen können, schildert Antonovsky so: „We are all terminal cases. And we all are, so long as there is a breath of life in us, in some maesure healthy" (Antonovsky 1988, 3). Dieser hoffnungsvolle Ansatz beinhaltet unter dem Aspekt des unentrinnbaren Ausgangs eine Perspektive, die stets mit in den Blick zu nehmen ist, nämlich die Möglichkeit, weniger leiden zu müssen, sobald Gesundheit mitgedacht wird.

Im weiteren Verlauf seines Werkes „Unraveling the Mystery of Health" zitiert Antonovsky (1988, 4) eine Studie von Coser (1963) über die Entfremdung des Personals auf Krankenstationen von ihren PatientInnen. Auf zwei Stationen ging es um sehr kranke PatientInnen, deren Betreuung hauptsächlich durch die unterschiedliche Definition der Stationen selbst bzw. der in ihnen untergebrachten PatientInnen bestimmt wurde. Auf der einen Station hieß es, es ginge um *Sterbefälle*, während die andere Station als *Rehabilitationszentrum* bezeichnet wurde. Am Ende stellte sich bei dieser Studie heraus, dass das Personal auf der Station mit den stigmatisierten PatientInnen, denen, die als terminal definiert wurden, am meisten entfremdet war. In dieser Studie ging es nicht um die Auswirkung auf den Gesundheitszustand der PatientInnen der unterschiedlich definierten Stationen, wobei diese Fragestellung möglicherweise eine signifikante Differenzierungsmöglichkeit ergeben hätte, wozu die Entfremdung des Personals auf der „Sterbestation" sicher auch seinen Beitrag leistete.

Diese Studie erinnert an die Ausführungen Watzlawicks (1986) zu den sich selbst erfüllenden Prophezeiungen, wonach angenommene oder vorausgesagte Ereignisse eintreten und damit zur Wirklichkeit werden, allein aus der Gegebenheit heraus, dass sie gemacht wurden.

Ein langjährig in jüdischen Familien praktizierter Brauch sei erwähnt: Die Eltern der Brautleute nahmen in der Regel direkten Einfluss auf die Partnerwahl, was häufig nicht die uneingeschränkte Zustimmung der Brautleute selbst fand. Sie suchten deshalb zur indirekten Einflussnahme einen Brautwerber (hebräisch: schadchan), der wechselweise – ohne Wissen des anderen – die Brautleute darüber informierte, dass der jeweils andere das Gegenüber anregend und beachtenswert finde, sich aber nicht traue, dies offen zu bekunden. Er schlug dann beiden wiederum unabhängig voneinander vor, doch beim nächsten Zusammentreffen einmal darauf zu achten, wie die zukünftige Braut bzw. der zukünftige Bräutigam gegenseitig versuchten, sich möglichst unbemerkt im Auge zu behalten. Die Wirkung dieser Vermittlungsbemühungen mögen sich die LeserInnen mit ein wenig Phantasie selber ausmalen, vom möglichen Ausgang einmal ganz abgesehen. Auch die von Rosenhan 1973 veröffentlichte Studie über die Einschleusung gesunder Menschen in die Psychiatrie ist in diesem Zusammenhang bemerkenswert.

Kehren wir zurück zu den Konsequenzen, die sich aus den unterschiedlichen Perspektiven – gesundheitsorientiert vs. krankheitsorientiert – ergeben. Die krankheitsorientierte Sicht bestätigt die klassische Orientierung: Kranke Menschen werden als Fälle definiert, deren Zustand vom Normalzustand abweicht. Bestimmte Faktoren bedrohen die Integrität des Organismus, pathogene Einflüsse werden erforscht, Symptome werden klassifiziert und als Störungsbilder wissenschaftlich begründet. Die Dichotomie des pathologiezentrierten Denkansatzes führt dazu, dass der Blick reduziert ist und der Aspekt der Gesundheit vernachlässigt wird: „it leads to a failure to understand the etiology of the person's state of health" (Antonovsky 1988, 4). Daraus folgernd postuliert Antonovsky die Konsequenz, die Geschichte der Menschen – eben nicht die der PatientInnen – eingehend zu ergründen, um auf diese Weise verstehen zu lernen, unter welchen Bedingungen z. B. ein Ereignis eingetreten ist und unter welchen Voraussetzungen, mit welchem Verständnis gesunde Anteile zu befördern sind. Die Auseinandersetzung mit der Forschung ergibt für Antonovsky, dass bei der vorwiegend praktizierten pathogenetischen Sichtweise Studien entwickelt werden, in denen die aufgestellten Hypothesen die pathogenetische Sicht über Stressoren zu bestätigen suchen. Gleichwohl wissen wir über die Unausweichlichkeit von Stressoren im Leben, die uns auch vor Aufgaben stellen, die als notwendige Herausforderung allein schon mobilisierenden Charakter haben, womit Hypothesen aufgestellt werden können, die positive Ansätze für einen salutogenetischen Ausgang bieten können. Auf diese Weise wird eine bisher ungewohnte, aber förderliche Perspektive in den Blick genommen, die nach den abweichenden Bedingungen fragt, für die gleichermaßen Hypothesen aufgestellt werden können, um geglückte und gesunde Ergebnisse erklären und erforschen zu können.

Zusammenfassend definiert die salutogenetische Sicht den Menschen auf einem Weg, der als ein „Gesundheits-Krankheits-Kontinuum" (Antonovsky 1988) mit vielen verschiedenen Betrachtungsdimensionen zu sehen ist und der sich von der dichotomen Sicht Gesundheit vs. Krankheit abwendet. Dabei konzentrieren wir uns auf die Frage, welche Faktoren, welche Coping-Ressourcen das Leben bewältigen helfen, und wenden uns zugleich ab von der negativ besetzten Sicht über Stressoren, die sehr wohl als hilfreiche Signale im Leben eines Menschen aufgefasst werden können. Es geht bei der Auseinandersetzung mit Stressoren um deren Charakter und wie dem Individuum im Umgang mit ihnen die Auflösung der Anspannung gelingt. Erfolgreiches Coping besteht darin, individuelle Möglichkeiten aktivieren zu können, die in der Situation angemessen und effektiv sind.

Für Antonovsky kommt es also auf die Fragestellung an, ob eine Position ausschließlich an der Möglichkeit des Scheiterns festgemacht wird, oder ob – in welcher Situation auch immer – Faktoren gefunden werden können, die bei allen gegebenen Widrigkeiten des Lebens gute Ergebnisse ermöglichen, gute Perspektiven begründen.

2.3 Die „Odyssee eines Stressforschers"

Im 1990 geschriebenen Aufsatz spricht Antonovsky von seiner „Odyssee", die er jahrelang damit verbracht habe, Stressprozesse zu erforschen. So habe seine berufliche Laufbahn „nicht aus einer widerspruchsfreien Kette von Problemlösungen" (Antonovsky 1990, 112) bestanden. Nachdem er im Jahre 1960 nach Israel ausgewandert war, begann er damit, seine Erkenntnisse auf dem Gebiet der Stressforschung zu vertiefen.

Antonovsky steht damit in der Tradition der Stressforschung, die seelische Gesundheit in unmittelbarem Zusammenhang mit effektiver Bewältigung von inneren und äußeren Anforderungen betrachtet (Becker 1982, 1995; Becker/Minsel 1986). Eine gelungene Bewältigung im Sinne des Einsatzes geeigneter Coping-Strategien bestärkt unser Selbstbewusstsein und fördert damit die Gesundheit des Menschen. Sobald dieser Prozess stagniert oder gar misslingt, entstehen krank machende Stressgefühle. Die Stressbewältigung beinhaltet unterschiedliche Fähigkeiten und Fertigkeiten, die auf den Ebenen unseres Denkens, Fühlens und Verhaltens im Fluss des Lebens zum Einsatz kommen:

Von Anbeginn unseres Lebens setzen wir den Fuß in diesen Fluss, der gefährliche Biegungen aufweist, der Stromschnellen enthält, ja in manchen Ländern sogar Krokodile beherbergt. Der Schwimmer kommt in Situationen, die seine volle Aufmerksamkeit erfordern, seine letzten Reserven (Ressourcen) zu mobilisieren, um die Stromschnellen unbeschadet zu durchqueren oder dem gefährlichen Lebewesen zu entkommen. Dann wieder kann er tief durchatmen, den Reiher beobachten und das kühlende Wasser in der Glut der Sommersonne genießen. Hier ist es nicht nötig, um das Überleben zu kämpfen, hier kann er sich treiben lassen, den weichen Ufersand unter den Füßen spüren. Von dem Ursprung des Wasserquells bis zur Mündung des Stromes verändert dieser immer wieder sein Gesicht; in seinem Verlauf stellt er unterschiedliche Anforderungen an den Menschen, der flexibel seine Fähigkeiten und Fertigkeiten zum Einsatz bringen, adäquat reagieren muss.

Seine Arbeiten begann Antonovsky zunächst mit der Befragung von PatientInnen und der darauf folgenden Auflistung wichtiger Lebensereignisse, den „life events". Dabei war das einzelne Ereignis aus seiner Sicht weniger bedeutsam für das Individuum, allein schon wegen der unterschiedlichen und individuell gefärbten Interpretation. Vielmehr waren die Stressoren entscheidender, die eine Dauerbelastung darstellten, zumal sie dadurch selbst wiederum zu weiteren „life events" führten. Aus seiner Sicht hatten die Messskalen im Rahmen der Life-Event-Forschung daher untergeordnete Bedeutung, wurde doch nicht der Schwerpunkt der Betrachtung auf die chronische Belastung bzw. die daraus folgende Anspannung gelegt. In seinen weiteren Überlegungen kam er zu dem Schluss, dass Stressoren den Organismus in einen Zustand der Anspannung versetzen, und wenn sie nicht in den Zustand einer Entspannung führen können, also nicht gelöst werden können, dann werden sie in pathogenen Stress umgewandelt. So bestätigten sich zugleich die Erkenntnisse über die höheren Morbiditäts- und Mortalitätsraten der unteren sozialen Schichten. Die anhaltenden Spannungen dieser Menschen lassen sich ungleich schwerer lösen, weil die Ausweglosigkeit in vielerlei Notlagen durch permanent einwirkende Stressoren nachhaltig gegeben ist.

In der Fortsetzung seiner Forschungen kam Antonovsky im Jahre 1968 zu der weiteren Erkenntnis, dass das Individuum in seiner permanenten Auseinandersetzung mit den Stressoren Niederlagen erfahren kann, die zum Zusammenbruch führen können. In diese Zeit seiner Forschungen fiel eine parallel laufende Studie an jüdischen Frauen, die trotz der Nazi-Schrecken in den Konzentrationslagern durch gelungene Adaption ihr Leben bis zum Übergang zur Menopause erfolgreich überstanden hatten. Es ergab sich also die Frage, weshalb bei diesen Frauen kein Zusammenbruch stattfand, sondern ihnen eine zufriedenstellende Bewältigung gelungen war.

Im Jahre 1973 publizierte Antonovsky seine neueren Überlegungen zum eingehenderen Verständnis von Gesundheit. Er schuf das Konzept der „generalized resistance resources" (GRRs). Demnach müsse es Ressourcen geben, die gesundheitsförderlich sind, wobei allerdings bei deren Abwesenheit die Frage nach der Pathogenität zwangsläufig wieder in den Vordergrund rückte.

Zum Aufbau einer neuen Abteilung an der medizinischen Fakultät der *Ben-Gurion University of the Negev* siedelte Antonovsky im Jahre 1972 von Jerusalem nach Beer-Sheva um. Dort ging er der Frage nach, was den Menschen dazu verhilft, sich in Richtung des gesunden Endes des Gesundheits-Krankheits-Kontinuums zu orientieren. Wesentlich war dabei die konsequente Abwendung von der pathogenetischen Orientierung. Bisher gab es im medizinischen Kontext vorwiegend Studien, die sich mit der dichotomen Gegenüberstellung von Menschen auseinander setzte, die von einer Krankheit heimgesucht oder eben gesund geblieben waren. Die Menschen werden nach wie vor nicht hinsichtlich ihres Gesundheitsstatus untersucht, weil Gesundheit als Normalstatus und jede Abweichung zwangsläufig als Krankheit definiert wird. Heilsame Faktoren werden vorausgesetzt und daher keiner besonderen Betrachtung unterzogen, während damit die Frage, was Gesundheit begünstigt, bisher noch keine besondere Relevanz in der Forschung hatte.

Die Erkenntnis, dass die Bewertung von Stressoren aus salutogenetischer Sicht grundlegend problematisch ist, erklärt sich aus der Fragestellung, ob nicht an sich pathogenetisch zu bewertende Faktoren – so einschneidend sie im Leben eines Menschen auch sein mögen – eine Neuorientierung, ja Prozesse einleiten, die eine Entwicklung erst in Richtung Gesundheit ermöglichen helfen. Ist es nicht ein heilsamer Neuanfang für ArbeitnehmerInnen, wenn sie bei der heute üblichen Praxis in der Arbeitswelt nach jahrelangem Mobbing bis hin zu schwersten Selbstzweifeln und Suizidabsichten einen Arbeitsplatzwechsel vornehmen können? Ist nicht die nach vielen Jahren des Streits als hoffnungslos gescheiterte und schließlich geschiedene Ehe ein Weg, der eine Neuorientierung für beide Eheleute zu eröffnen vermag?

Die Auseinandersetzung mit den „GRRs" war für Antonovsky in der Folgezeit noch nicht zufrieden stellend. Er begann nun, nach der Gemeinsamkeit dieser Faktoren zu suchen, die in allen Menschen eine Grundlage findet, sich in Richtung Gesundheit zu entwickeln, und die sich lediglich durch den Ausprägungsgrad unterscheidet. Diese Überlegungen führten schließlich zur Bezeichnung des „sense of coherence" (SOC), dem *Kohärenzgefühl* (Abbildung 1), welches eine Haltung des Individuums zum Ausdruck darüber brachte, dass die Anforderungen des Lebens in der Welt überhaupt im Vertrauen auf die eigenen Fähigkeiten zu bewältigen waren. Die Grundlagen hierzu wurden von Antonovsky in seinem Werk „Health, Stress and Coping" im Jahre 1979 entwickelt. „The consequences for the sense of coherence are not simple. The more the patient is perceived as a total person, the better. The more the focus is on the needs of the patient, the better. The more decision-making power rests in the hands of the patient, the better" (Antonovsky 1979, 208). Petri (1994, 158) spricht von der „Selbstkohärenz" als einem „Kern von Selbstachtung, Selbstidentität und Selbstbewahrung, der als unverwechselbarer und unaustauschbarer Bestandteil die eigene Existenz schützt".

In Antonovskys Werk „Unraveling the Mystery of Health" (1988) wird dargestellt, wie sich das Kohärenzgefühl im Laufe des Lebens herausbildet (Kapitel 3.2) und wie der Fragebogen zum Kohärenzgefühl (Anhang) entwickelt und angewendet wurde. Dieser Themenkomplex wird an anderer Stelle dieses Buches detaillierter ausgeführt. Es bleibt zunächst abschließend festzuhalten, dass der pathogenetische Ansatz der notwendigen Ergänzung durch die von Antonovsky aufgeworfene salutogenetische Frage bedurfte, da die herkömmliche Diagnostik und Therapie von Erkrankungen in der kurativen Medizin einseitig ausgerichtet und damit obsolet geworden war.

2.4 Der Ansatz der Salutogenese

Antonovsky ergänzt mit seinem „salutogenetischen Paradigma" das pathogenetische Paradigma. Ausgehend von der eindimensionalen Sicht auf die Pathogenese in der Medizin schlechthin wie auch in Psychoanalyse, Psychotherapie und klinischer Psychologie, wird das Konzept der Salutogenese diesem hinzugefügt. Gesundheit und Krankheit bilden ein Kontinuum und werden nicht mehr als dichotom unterscheidbare Zustände definiert, sondern wir bewegen uns stets zwischen den Polen Gesundheit und Krankheit hin und her. Das pathogenetische Modell fragt danach, was Menschen krank macht, und begreift Krankheit als Abwesenheit von Ge-

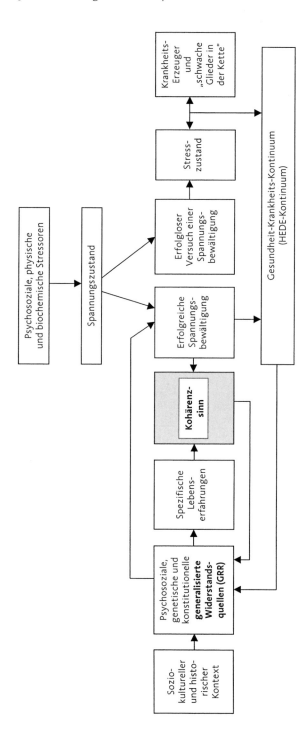

Abbildung 1: Schematische Darstellung der Gesundheitstheorie von Antonovsky (nach Becker 1982, 11)

sundheit. Im salutogenetischen Modell werden Krankheit und Tod als notwendige Bestandteile des Lebens gesehen. Krankheit stellt die eine Verarbeitungsmöglichkeit im Umgang mit den Herausforderungen des Lebens dar, während Gesundheit als Ergebnis einer aktiven Auseinandersetzung des Individuums mit den inneren Bedürfnissen und den äußeren Anforderungen aufgefasst werden kann.

Das hier vorgestellte Konzept der Salutogenese zentriert auf einen Perspektivenwechsel in der Abkehr vom und in der Kritik zum pathogenetisch orientierten Gesundheitssystem. Dieses Konzept bietet WissenschaftlerInnen unterschiedlicher Disziplinen attraktive Ansätze zur Revision veralteter Denkstrukturen über die Beschäftigung mit der Entstehung und Behandlung von Krankheiten. In der Gesundheitsförderung rückt mit Hilfe dieses Modells die Auseinandersetzung mit den protektiven Faktoren, den Ressourcen und Potenzialen des Menschen in das Zentrum des Interesses.

Antonovsky betrachtet Krankheit wie Gesundheit als Bestandteile des Lebens, als Kontinuummodell, nach dem Bewegungen mehr oder weniger in beide Richtungen, in Richtung Gesundheit oder auch Krankheit möglich sind. Er will vor allem die Frage nach salutogenetischen Möglichkeiten dezidiert aufwerfen und dem immer noch mechanistisch ausgerichteten Krankheitsverständnis eine Absage erteilen. Geht der Mensch zum Arzt, so wird ihm zunächst Krankheit bescheinigt, die als Defekt aufgefasst und in der Behandlung bekämpft bzw. repariert wird.

> „Dieses Modell geht davon aus, dass der menschliche Körper mit einer Maschine vergleichbar ist, deren Funktion und Funktionsstörungen verstanden werden können, indem die Organsysteme und –strukturen sowie die physiologischen Prozesse möglichst genau analysiert werden […] Krankheitssymptome […] werden durch organische Defekte erklärt […] Die medizinische Behandlung zielt darauf ab, den Defekt zu beheben." (Bengel et al. 2002, 16f)

Krankheit wird als Abweichung von einer Norm betrachtet, die als Gesundheit definiert wird, die allerdings überhaupt noch nicht ausreichend erforscht, über die kaum gesicherte Aussagen gemacht werden kann.

Gesundheit hat wie Krankheit einen individuellen Bezugsrahmen. Der Mensch betrachtet und bewertet u. a. seine Gesundheit eingebunden in seine leiblichen Aktivitäten, sein soziales wie berufliches Umfeld, seine Bedürfnislage und seine aktuelle Lebenssituation. Drei Kriterien besonderer Bedeutung mögen die salutogenetische Sicht bekräftigen:

1. Die Dimensionen Gesundheit und Krankheit sind als ein prozessuales Geschehen aufzufassen; sie sind als Prozess über den gesamten Lebensverlauf zu betrachten. Der Mensch befindet sich permanent in der Auseinandersetzung mit seinen gesunden wie den kranken Anteilen. Diese Vorstellung lässt nicht mehr zu, dass weiterhin normorientiert am Maschinenmodell der alten Medizin festgehalten wird.

2. Daraus ergibt sich eine mehrperspektivische Sicht, die die Expertenschaft des Behandelnden in den Hintergrund stellen muss zugunsten von mehr Souveränität der PatientInnen. Der Mensch als Gestalter seines Lebens ist mit all seinen Anteilen, den gesunden wie den kranken zu betrachten, statt allein auf die Beseitigung von Symptomen zu zentrieren. Die Sicht auf die stets individuell vorgefundene Lebensgeschichte macht es erst möglich, die so bedeutungsvollen Ressourcen und Potenziale aufzufinden, die zur Gesundung beitragen und die so wichtigen Selbstheilungskräfte im Sinne der Kontrolle über die gegebenen Lebensbedingungen mobilisieren helfen.

3. Die später noch abzuhandelnde Sinnfrage (Kapitel 4.2) hat insbesondere im Zusammenhang mit zunehmend auftretenden chronischen Erkrankungen eine herausragende Bedeutung. Wenn aber nach dem Sinn des Geschehens bzw. der Erkrankung gefragt wird, dann greifen allemal pathologiefixierte Vorstellungen zu kurz.

Das bisher pathogenetisch orientierte Paradigma wird durch das salutogenetische Paradigma ergänzt, denn wesentlich für den Heilungsprozess ist bei der Erhebung pathogenetischer Faktoren gleichermaßen eine Sicht auf die salutogen ausgerichteten Faktoren bzw. Ressourcen, die dem Individuum stets zur Verfügung stehen, allerdings zuweilen mühsam erschlossen werden müssen. Jork und Peseschkian (2003, 20) bieten hierzu ergänzende Fragen für die Anamneseerhebung an:

- ■ „Welche Bedeutung sehen Sie in Ihrer gegenwärtigen Situation?
- ■ Wie glauben Sie, mit der momentanen Situation umgehen zu können?
- ■ Welche Hilfen glauben Sie zu benötigen?
- ■ Welche Erfahrungen der Problemlösung haben Sie in früheren ähnlichen Situationen gesammelt?
- ■ Haben Sie eine Lebensphilosophie?
- ■ Was glauben Sie, warum Sie leben?
- ■ Was würden Sie als Ziel Ihres Lebens betrachten?

■ Was glauben Sie, kann Ihnen in besonders schwierigen Lebenssituationen helfen?
■ Was möchten Sie erreichen? Was wäre der nächste kleine Schritt?"

Das Konzept der Salutogenese spielt für die psychische Gesundheit eine
zentrale Rolle, und zwar konzentrierte sich Antonovsky auf die relativ
gute psychische Verfassung der Frauen, die die Qualen in Konzentrationslagern überstanden hatten. Er beschäftigte sich vor allem mit deren Lebensgeschichte und ihren Persönlichkeitsmerkmalen, die insbesondere auf
psychischer Ebene ihr Überleben und ihre gute Adaption im Alltag sichergestellt hatten. Dabei ging er dennoch davon aus, dass das Kohärenzgefühl eher auf die körperliche Gesundheit Einfluss nimmt (Antonovsky
1979). Es gibt inzwischen Hinweise aus empirischen Untersuchungen, die
den Zusammenhang zwischen der psychischen Gesundheit und dem
Kohärenzgefühl im Gegensatz zur körperlichen Gesundheit belegen
(Larsson/Kallenberg 1996, Lundberg 1997). Bei Vergleichen der Beziehungen des Kohärenzgefühls zu verschiedenen Gesundheitsindikatoren
ergab sich, dass das Kohärenzgefühl am stärksten mit der psychischen
Symptomliste korreliert. Die stärksten Zusammenhänge finden sich somit
für die psychischen Symptome und für die selbst eingeschätzte Gesundheit.

Wenn auch Antonovsky vor dem Hintergrund seines Theoriegebäudes
keine eigene Gesundheitsdefinition geboten hat, so ist an dieser Stelle eine
Definition anzubieten, die unter der Berücksichtigung individueller und
vor allem salutogener Aspekte eine einseitige Fixierung vermeidet und somit sicherlich den Kern der Salutogenese trifft:

„Gesundheit wird als eine subjektiv erlebte und bewertete und zugleich
external wahrnehmbare und bewertende, genuine Qualität der Lebens-
prozesse im Entwicklungsgeschehen des Leib-Subjektes und seiner Lebenswelt gesehen. Der gesunde Mensch nimmt sich selbst ganzheitlich
und differenziell, in leiblicher Verbundenheit mit seinem Lebenszusammenhang (Kontext und Kontinuum) wahr. Im Wechselspiel von protektiven und Risikofaktoren, d. h. fördernder und entlastender Stilbildung,
entsprechend seiner Vitalität/Vulnerabilität, Bewältigungspotenziale,
Kompetenzen und Ressourcenlage ist er imstande, kritische Lebensereignisse bzw. Probleme zu handhaben, sich zu regulieren und zu erhalten.
Auf dieser Grundlage kann er seine körperlichen, seelischen, geistigen,
sozialen und ökologischen Potenziale ko-kreativ und konstruktiv ent-

> falten und so ein Gefühl von Kohärenz, Sinnhaftigkeit, Integrität und
> Wohlbefinden entwickeln [...], wobei in der Regel auch ein guter immu-
> nologischer und physischer Gesundheitszustand (Salutophysiologie) vor-
> handen ist – wenngleich er damit durchaus nicht immer vorhanden sein
> muss (man denke an die als Persönlichkeit gesunde MS-Patientin im Roll-
> stuhl)" (Petzold/Steffan 2001, 80).

Für das Gesundheitskonzept „SALUTE" (Udris et al. 1992) bilden sys-
temtheoretische und handlungstheoretische Annahmen die Basis. Vor
dem Hintergrund dieser Modellannahmen kann Gesundheit auch als ein
transaktional bewirktes Gleichgewicht zwischen den physischen und psychischen Schutz- und Abwehrmechanismen des Organismus einerseits
und den potenziell krank machenden Einflüssen der physikalischen, bio-
logischen und sozialen Umwelt andererseits betrachtet werden. Gesundheit wird somit kreiert als autopoietischer, konstruktiver Prozess von
Selbst-Organisation und Selbst-Erneuerung. So wird Gesundheit als prozessuales Geschehen permanent neu geschaffen, als immunologisch verstandene Abwehr, als Anpassung an die gegebenen und sich wandelnden
Umweltbedingungen und als zielgrichtete Veränderung durch das Individuum.

Das so dargestellte Verständnis von Gesundheit als dynamisches
Gleichgewicht wird gesteuert durch die je gegebenen Möglichkeiten der
Nutzung von protektiven Faktoren, die also schützenden Charakter haben, und die wiederherstellenden, restaurativen Faktoren, über die die Person selbst verfügt und die von der Umwelt bereitgestellt werden. Dies sind
einerseits die inneren, auch personal genannten Ressourcen, wie andererseits die äußeren, situationsspezifischen Ressourcen (Kapitel 6.2).

2.5 Zur Bedeutung der generalisierten Widerstandsressourcen

In der Gegenüberstellung zu den „übergeordneten psychosozialen generalisierten Widerstandsdefiziten" definiert Antonovsky (1988) die „generalisierten Widerstandsressourcen". Die Widerstandsdefizite wie die
Widerstandsressourcen werden in ihrer Wirkungsweise auf einem Kontinuum mehr oder weniger zur positiven wie zur negativen Ausprägung
hin interpretiert. Unter *generalisierten* Widerstandsressourcen versteht
Antonovsky ein Wirksamwerden von spezifischen Ressourcen in allen
Lebenslagen, die die *Widerstandsfähigkeit* des Menschen im Sinne einer
Spannungsbewältigung verbessern helfen. In seinen Forschungen suchte

Antonovsky zunächst nach den Faktoren, die die durch das Stresserleben hervorgerufenen Spannungsgefühle reduzieren helfen. Zunächst konzentrierte er sich eher widerwillig auf die Erforschung von den Krankheitsfolgen psychosozialer Faktoren, die „in der Auseinandersetzung mit Stressoren zu einem Zusammenbruch" führen (Antonovsky 1991, 119). Grundlegend war zu unterscheiden zwischen individuellen Faktoren, wie z. B. körperliche Konstitution, aber auch Ich-Stärke und Introspektionsfähigkeit, wie auch zwischen sozialen und kulturellen Faktoren, zu denen u. a. die soziale und kulturelle Eingebundenheit gehören. Alle auffindbaren Faktoren im Sinne der Widerstandsressourcen wirken als Potenzial, welches zur Bewältigung eines Spannungszustandes aktiviert werden kann. Antonovsky versteht somit die Widerstandsressourcen als Ressourcen, die Bewältigung optimieren helfen.

So können die generalisierten Widerstandsressourcen auch als Widerstandskräfte verstanden werden, die dem Menschen dazu verhelfen, die Spannungen, die sich aus den Problemen ergeben, zu bewältigen, ohne von vornherein in die Stressbelastung zu geraten. Die für das Leben so wichtigen Ressourcen werden nach Antonovskys Verständnis in der Entwicklungszeit der Kindheit und Jugend ausgeprägt. Defizitär entwickelt bleiben sie dann, wenn in dieser Zeit unverständliche, nicht in sich geschlossene, eben inkonsistente Lebenserfahrungen gemacht werden, wenn der heranwachsende Mensch über- bzw. unterfordert ist und wenn keine altersgemäße Teilhabe an den wesentlichen Entscheidungen des Lebens stattfinden kann.

Ausgehend von seinen Erkenntnissen aus der Untersuchung an Überlebenden aus Konzentrationslagern stellte Antonovsky die Frage, wie es diesen traumatisierten Menschen ohne erkennbare bleibende Schäden gelungen war, ihr Schicksal stabil zu überstehen, ja ihr Leben neu zu organisieren. In seinen Forschungen konzentrierte sich Antonovsky deshalb weiter auf die generalisierten Widerstandsressourcen „als den Schlüssel zum Verständnis von Gesundheit" (Antonovsky 1991, 121), doch musste er schließlich selbstkritisch feststellen, dass er letztendlich wieder pathologiezentriert mit der Frage nach der Mangelsituation bezogen auf die Ressourcenlage beschäftigt war.

2.6 Das Kohärenzgefühl als Determinante für Gesunderhaltung und Gesundheitsförderung

Antonovsky entwickelte das Konstrukt des „sense of coherence" (SOC), welches mit dem Begriff *Kohärenzgefühl* zu übersetzen ist. In den Veröffentlichungen wird der Begriff „sense of coherence" (SOC) nicht einheitlich übersetzt. In den Publikationen verwenden AutorInnen die Begriffe Kohärenzgefühl, Kohärenzempfinden, Kohärenzerleben und auch Kohärenzsinn. In den folgenden Darstellungen wird vorwiegend mit dem Begriff *Kohärenzgefühl* gearbeitet, in dem wohl am ehesten die sinnliche Wahrnehmung in Verbindung mit unserem Denken und Fühlen und insbesondere die individuelle Thematik der Lebensorientierung zum Ausdruck kommt. Soweit andere Übersetzungen verwendet werden, wird die Aufmerksamkeit bewusst auf die damit konnotierte Betrachtungsdimension gelegt.

Die theoretischen Überlegungen Antonovskys zu diesem Konzept fundieren auf einer Untersuchung an Frauen in ihrer Menopause, die die Qualen in nationalsozialistischen Konzentrationslagern überlebt hatten. Diese Frauen waren nach ihrer Verfolgung aus Mitteleuropa nach Israel gekommen und konnten sich trotz ihres Schicksals einer stabilen gesundheitlichen Verfassung erfreuen, während eine andere Gruppe mit gleichem Schicksal durch die Merkmale „kaum optimistisch" sowie „in schlechter Stimmung" auffiel und sich insbesondere in der Bewältigung der Alltagsaufgaben signifikant eingeschränkt erlebte. Laut „Internationaler Klassifikation psychischer Störungen" (Dilling et al. 1994) und verfügbarer Untersuchungsergebnisse erkranken Menschen infolge Haft in Konzentrationslagern bzw. derart lang anhaltender Misshandlungen in der Regel an der posttraumatischen Belastungsstörung. Die Gruppe der „gesund Gebliebenen" litt offenbar nicht an einer Persönlichkeitsveränderung, oder die Symptome traten schnell wieder in den Hintergrund. Sie konnten ihr Leben trotz allem, was sie durchlitten hatten, in guter physischer wie psychischer Gesundheit bewältigen.

Antonovsky fand in der dargestellten Untersuchung heraus, dass gut adaptierte Überlebende aufgrund ihrer „allgemeinen Widerstandsfähigkeit" über „heilsame Ressourcen" bzw. „heilsame Faktoren" verfügten. Danach formulierte er zunächst sein Modell der „Salutogenese" (Antonovsky 1979) und entwickelte als Antwort auf die in diesem Modell gestellte Frage sein Konzept zum „sense of coherence" (SOC).

Auf einer allgemeineren Ebene formuliert, geht es um die Kernfrage, warum Menschen bei massivem Nikotin- und Alkoholabusus und z. B. arterieller Hypertonie oder auch jahrelangen Streitigkeiten in der Familie sterben, während andere sich unter denselben Gegebenheiten einer stabil gebliebenen Gesundheit erfreuen können. Insgesamt bleiben ja bekanntlich mehr Menschen trotz der Zunahme von Risikofaktoren eher gesund als dass sie erkranken. Diese zentrale Frage kann mit Antonovsky wie folgt beantwortet werden:

Das Kohärenzgefühl besteht in einer „Grundorientierung, die das Ausmaß eines umfassenden, dauerhaften und gleichzeitig dynamischen Gefühls des Vertrauens darin ausdrückt, dass

1. die Stimuli aus der äußeren und inneren Umgebung des Lebens strukturiert, vorhersehbar und erklärbar sind,
2. die Ressourcen verfügbar sind, um den durch die Stimuli gestellten Anforderungen gerecht zu werden,
3. diese Anforderungen Herausforderungen sind, die ein inneres und äußeres Engagement lohnen" (Antonovsky 1991, 127).

Diese Definition ergänzt er noch einmal mit dem Hinweis auf „eine globale Orientierung, eine Sichtweise auf die Welt, eine dispositionelle Orientierung ..." (Antonovsky 1988, 75; Übers. d. Verf.). So stellt das Kohärenzgefühl „eindeutig keine spezielle Coping-Strategie sondern eine generelle Lebenseinstellung" dar (1993, 4). Der Grundorientierung im Erleben des Individuums ordnete Antonovsky die drei Komponenten

■ Verstehbarkeit (comprehensibility),
■ Handhabbarkeit (manageability) und
■ Sinnhaftigkeit, Bedeutsamkeit (meaningfulness) zu.

Der Aspekt der *Verstehbarkeit* hat seine Bedeutung darin, dass die Lebensprobleme und die mit ihnen verbundenen Stressoren erst einmal in ihrer dimensionalen Ausprägung zu erfassen sind, und darin, wie ein Verständnis und eine klare Definition über die Art und das Ausmaß des z.B. gerade anstehenden Problems zu finden ist. Hierunter werden geordnete, strukturierte und konsistente Stimuli verstanden, die weder chaotisch, willkürlich, zufällig noch unerklärlich erlebt werden. Auf kognitiver Ebene wird eine Erwartung bzw. Fähigkeit des Menschen angenommen, der sich die aktuell an ihn herangetragenen Stimuli in ihrem Gefüge, ihrer Beschaffenheit erklären und sie verstehen kann. Hierbei geht es um die subjektive Bewertung bzw. die subjektive Probleminterpretation, über die der Ort bestimmt wird, von dem die Bewältigung ausgeht. So gelangt der Mensch zu einer kognitiven Einordnung des Problems mit dem Ziel, den Stimuli ihre Willkür und Zufälligkeit zu entziehen. Es gilt also auf dieser Ebene zunächst einmal, das Problem zu erkennen und zu definieren. Vorher kann dessen Bewältigung nicht konkret erörtert bzw. bedacht werden.
    Die *Handhabbarkeit,* so Antonovsky, beschäftigt sich konkret mit der

Frage der Bewältigung eines Problems bzw. des Vertrauens in die generelle Lösbarkeit. Sie ist abhängig von den zur Verfügung stehenden Ressourcen des Individuums in der Auseinandersetzung mit den je gegebenen Stressoren und ist von der Überzeugung getragen, dass die Umstände klärbar und das anstehende Problem lösbar sind. Dabei gilt die Aufmerksamkeit nicht allein den persönlichkeitsbezogenen Ressourcen, sondern auch denen, die durch das Umfeld zur Verfügung gestellt werden können. Es geht dabei nach Antonovskys Auffassung auf kognitiv-emotionaler Ebene einerseits um das Vertrauen in die eigenen Ressourcen, Fähigkeiten und Fertigkeiten, andererseits um das Sicherheit gebende Vertrauen in die Hilfsmöglichkeiten des sozialen Umfeldes wie gleichermaßen darum, sich einer höheren Kraft anvertrauen zu können.

Die *Sinnhaftigkeit* bzw. *Bedeutsamkeit* weicht eher von den mehr kognitiv orientierten Komponenten ab und ordnet einen tiefer liegenden emotionalen Sinn zu. Dieser Aspekt wendet sich einer individuenzentrierten Eigenschaft zu, die eine grundlegende Lebenseinstellung deutlich macht. Diese dritte Dimension des Kohärenzgefühls beschreibt das „Ausmaß, in dem jemand fühlt, dass das Leben einen emotionalen Sinn hat, dass wenigstens einige der durch das Leben gestellten Probleme und Fragen es wert sind, dass man Energie in sie investiert, dass man sich für sie einsetzt […], dass sie eher willkommene Herausforderungen sind als Lasten" (Antonovsky 1988, 18, Übers. d. Verf.). Je nach Ausprägung geht es um die positive Auffassung überhaupt, dass Stressoren im Leben eines Menschen unvermeidbare Ereignisse im Sinne von Herausforderungen darstellen, die zu bewältigen sind, und die zugleich für Abwechslung im grundlegend lebenswerten Leben sorgen. Sie haben somit eine motivationale Bedeutung und laden auf diese Weise ein, interessiert, ja neugierig nach Möglichkeiten, Ressourcen Ausschau zu halten, die das Leben in seinen vielgestaltigen Dimensionen kreativ bewältigen helfen. Diese Komponente sieht Antonovsky als die wesentlichste überhaupt an, mit der der Mensch – bei guter Ausprägung –- das Leben auch in schwierigen Lagen als lebenswert betrachtet und die Schwierigkeiten als Selbstverständlichkeiten der menschlichen Existenz anzunehmen bereit ist.

Das Kohärenzgefühl basiert somit als Persönlichkeitsdisposition bzw. Persönlichkeitseigenschaft intrinsischer Natur auf einem Erleben, welches einen Zusammenhang und Sinn für das Leben ergibt, und darauf, dass das Leben vor allem nicht durch unbeeinflussbare Gegebenheiten bestimmt ist. Der Mensch vermag unter Rückgriff auf seine Potenziale und Ressourcen die Welt als in sich geordnet, erklärbar, wie verständlich zu betrachten, die Klärung von Problemen und die Lebensaufgaben als lösbar anzunehmen sowie die Anstrengungen zur Gestaltung des Lebens als sinnvoll für sich zu definieren, um engagiert seine Zukunftsentwürfe zu verwirklichen. Dabei handelt es sich um aktiv gestaltbare Lebensaufgaben, die von dem Gefühl der „Bewältigbarkeit" der internen und externen Lebensbedingungen getragen ist. Den Aufgaben kann ein subjektiver Sinn zugewiesen werden, der in lohnenswertem Engagement mit eigenen Wünschen und Bedürfnissen in Einklang zu bringen ist.

Menschen mit einem gut ausgeprägten Kohärenzgefühl werden sich deshalb verantwortungsbewusst mit neuen Bewältigungsmöglichkeiten auseinander setzen und flexibel auf die unterschiedlichen Herausforderungen des Lebens zu reagieren suchen, statt auf alte, festgefahrene wie fixierte Verhaltensmuster rigide zurückzugreifen. Sie werden neue Informationen grundlegend als etwas bei allem erfahrbaren Leid in der Welt Sinnvolles, als Herausforderung betrachten, neuen Lösungsansätzen offen gegenüberzustehen. Gelingt dies nicht, so wird es zu negativen Veränderungen im Selbst- und später auch im Kohärenzerleben kommen. Das stark ausgeprägte Kohärenzgefühl begünstigt die Selbstannahme und eine Einsicht darin, dass die gegebenen Verhältnisse und die eigenen Lebensmöglichkeiten einen Sinn haben, während umgekehrt ein schwach ausgeprägtes Kohärenzgefühl zu Gefühlen der Nichtlösbarkeit durch über- oder auch unterfordernde Gegebenheiten und letztendlich Ohnmacht führt. Ein Beispiel möge dies erläutern:

Der von Sennett (1998) beschriebene „flexible Mensch" muss Sicherheiten, Verlässlichkeiten und Destabilisierung des Kohärenzerlebens in Kauf nehmen, um es über die Zeit, die Veränderung und vor allem durch die soziale Integration wiederzuerlangen.

Sennett beschreibt, wie er sich mit entlassenen Programmierern mittleren Alters bei IBM über einen längeren Zeitraum hinweg zu Gesprächen traf. Es brauchte Zeit, um das Scheitern zu verarbeiten, und so verstanden sich die Entlassenen zunächst als passive Opfer fehlgeleiteter Firmenpolitik. Die Verarbeitung des Geschehens nahm ihren Lauf, indem die Männer zu der Erkenntnis gelangten, dass kein bewusster Betrug der Manager vorgelegen haben musste. Sie einigten sich zunächst auf die Schuldzuweisung, die auf das „Outsourcing", den aus Indien beschäftigten Programmierern und dem neuen Chef, Louis Gerstner, einem Juden, zurückzuführen sei. Diese Einschätzungen verwarfen sie ebenfalls nach einiger Zeit, nämlich als sie begannen, über ihren beruflichen Werdegang in Verbindung mit ihren Wertvorstellungen zu debattieren. Die Männer kamen auf die Betrachtung der Vorteile, die durch die digitale und globale Kommunikation zu konstatieren waren, und auch auf die anerkennenswerte Arbeit der zweifellos qualifizierten indischen Kollegen. Auf diese Weise vermochten sie alsbald auch ihre eigene Arbeit wieder zu würdigen und stellten Überlegungen darüber an, was sie anders hätten machen können, indem sie sich mit ihrem Scheitern auseinander setzten. Sie betrachteten die Arbeit der Kollegen, die bereits zehn Jahre zuvor in der PC-Branche mit ihrer Arbeit in kleinen, ris-

> *kanten Unternehmungen selbständig begonnen hatten. Sie hingegen hatten sich ausschließlich ihrer Firma mit vollem Engagement gewidmet, ohne die Hinweise auf einen möglichen Niedergang erkannt zu haben bzw. sie hatten das Scheitern verleugnet. Und sie widmeten sich alsbald neu zu erschließenden gesellschaftlichen und politischen Aktivitäten.*

Dieses Beispiel stellt die Wiedergewinnung von Kohärenzqualitäten dar, welche letztendlich durch Gefühle der Selbstachtung und des sich dadurch allmählich wieder stabilisierenden Kohärenzgefühls aufgebaut werden können. Die Männer hatten zu einem Sinn in ihrem Leben zurück gefunden. Im selben Zusammenhang schildert Antonovsky das Beispiel des 40-jährigen Stahlarbeiters, der seine Arbeit verliert, weil das Werk schließt und der noch einmal genau überlegen könnte, „ob dies vielleicht nicht eine gute Chance für einen Karrierewechsel und eine Weiterbildung ist [...] Und er wird sich nicht nur nach einem anderen Job umsehen, sondern nach einem, der ihm in jeder Hinsicht angemessene Gratifikation geben wird" (Antonovsky 1988, 145; Übers. d. Verf.). Oder: „Der tschechische Literaturprofessor, der sich für Menschenrechte einsetzt, wird auf die Tätigkeit eines Nachtwächters degradiert, akzeptiert dies, indem er es nicht als *Degradierung* definiert" (Antonovsky 1988, 121; Übers. d. Verf.); er nimmt also – zweifellos mit einem starken Kohärenzgefühl ausgestattet – die Herausforderung an.

Zum Verständnis der weiteren Ausführungen soll noch für die LeserInnen ein Hinweis gegeben werden: Es wird immer wieder von einem *stark* und einem *schwach ausgeprägten Kohärenzgefühl* die Rede sein. Semantisch verkürzt ist gemeint, dass Gesundheit und Krankheit zwei Dimensionen als Schlusspunkte auf einem Kontinuum darstellen, zwischen denen sich ein mehr oder weniger Gesund- oder Kranksein in unserem Leben abspielt. „We are all terminal cases. And we all are, so long as there is a breath of life in us, in some measure healthy" (Antonovsky 1988, 3).

2.7 Die Psyche, das Soma und die Salutogenese

Der von Antonovsky postulierte unmittelbare Zusammenhang zwischen Kohärenzgefühl und Gesundheit wird von ihm reduktionistisch bezogen auf die körperliche Gesundheit betrachtet. Allerdings stellt Bengel et al. (2002, 44) fest: Die „Ergebnisse weisen darauf hin, dass die Zusammenhänge zwischen SOC und verschiedenen Aspekten psychischer Gesundheit deutlicher sind als solche zwischen SOC und körperlicher Gesundheit. Teilweise wird sogar entgegen den formulierten Untersuchungshypothesen kein direkter Einfluss von SOC auf die körperliche Gesundheit gefunden."

Signifikante Zusammenhänge zwischen dem Kohärenzgefühl und psychischer Gesundheit konnten u. a. von Sack und Lamprecht (1997), Anson et al. (1993), Chamberlain et al. (1992), Korotkov (1993) nachgewiesen werden. Das Kohärenzgefühl weist einen deutlichen Zusammenhang mit einer Mehrzahl von Gesundheitsindikatoren auf, insbesondere und am stärksten mit dem Indikator für psychische Symptome und mit der selbst eingeschätzten Gesundheit. Besonders bemerkenswert ist, dass das Kohärenzgefühl als wichtigste Einflussvariable bei den psychosomatischen Stresssymptomen eine herausragende Rolle einnimmt.

Psychotherapie, Psychosomatik und Salutogenese werden in der Fachliteratur gemeinsam kaum abgehandelt. Die Darstellungen in diesem Buch zentrieren denn auch in diesem Zusammenhang auf die Auseinandersetzung mit psychischen *und* somatischen (auch den sozialen) Dispositionen von Gesundheit und Krankheit. Psychische und somatische Faktoren wirken synergetisch. Die aktuelle Forschung zu diesem Thema bietet bisher noch keine abschließende Antwort auf die Frage, inwieweit sich die psychischen und somatischen Faktoren wechselseitig bedingen. Wolfram Schüffel sagt in der Auseinandersetzung mit dem Konstrukt „Psychosomatik", der Begriff „Psychosomatik sollte überflüssig sein, weil es sie eigentlich gar nicht gibt. Der Leib ist immer beteiligt" (diesen Hinweis verdanke ich Herrn Prof. Dr. Schüffel anlässlich einer Tagung im Jahre 2000) und Mentzos (1997, 242) folgert: „Erst allmählich beginnt man zu begreifen, dass die psychosomatische Dimension einer der Grundpfeiler einer dem Menschen als Ganzem adäquaten Medizin ist und sein muss." Eine Ausnahme in diesem Zusammenhang bietet die *Konversion*, bei der ein psychischer Konflikt physisch ausgedrückt, konvertiert wird. Von Uexküll (1963, 171) bezeichnet daher die Konversionssymptome als „Ausdruckskrankheiten" und die psychosomatischen Krankheiten im engeren Sinne als „Bereitstellungskrankheiten".

Das biomedizinische Krankheitsmodell basiert heute noch auf überkommenen philosophischen und theologischen Vorstellungen, in denen „Platons Ideenlehre, der christliche Seelenbegriff und schließlich René Descartes' philosophische Bestätigung einer scharfen Dichotomie zwischen Psyche und Soma (im Jahr 1637) uns das ungelöste Leib-Seele-Problem bescherten" (Wilm 2003, 43f). Daher hat die *Psychosomatik* als Disziplin heute eher nur noch eine marginale Bedeutung, besteht doch die Gefahr, einerseits die notwendige Zusammenschau zu verlieren und andererseits den Körper entfremdet als Objekt eindimensional zu betrachten. Vielmehr ist die anthropologische Lebenswirklichkeit darin zu sehen, dass die Psyche und das Soma eine Einheit im *Leib* des Menschen bilden, denn dieser „umschließt die Dimensionen Körper, Seele und Geist" (Petzold 2003, 853). Der Leib macht als Ganzes die Person aus.

Wie die Dimensionen Gesundheit und Krankheit oft als dichotom an-

gesehen werden, besteht auch in der Aufspaltung von Psyche und Soma
die Gefahr, dass der Mensch einen Teil seines Leibes als abgespalten erlebt,
worin bereits eine pathologische Dimension aufscheint. Diese Spaltung
verletzt die Einheit des Individuums. Spalten wir uns von unserem Leib ab
oder entfremden bzw. verdinglichen wir ihn, so ist das bereits eine Grundlage für eine mögliche Erkrankung.

Es verwundert nicht, wenn Franke und Broda (1993, 1) schreiben: „Wir
sind davon überzeugt, dass das pathologieorientierte Denken und Handeln in der Psychosomatik nicht dazu beitragen kann, die Inzidenz psychosomatischer Erkrankungen zu verringern."

Die geringe Bedeutung der Psychotherapie selbst in der Salutogenese
hat noch eine andere Ursache: Die Frage der *Ressourcenaktivierung* wird
bereits längere Zeit in verschiedenen Therapieschulen propagiert (Petzold
1997, Grawe 1998). Bei diesen Konzepten geht es insbesondere um die
Frage, inwieweit gesunde Anteile im Menschen kompetenzfördernd in
Richtung der Selbsthilfefähigkeiten aktiviert werden können (Kapitel
6.4ff). Allerdings können diese Ansätze nicht darüber hinwegtäuschen,
dass es bei der Vielzahl der vorgelegten Untersuchungen zu Ressourcen
noch beträchtliche Wissenslücken über protektive Faktoren gibt. Nicht
zuletzt deshalb existiert wohl auch noch keine einheitliche Ressourcen-
theorie.

Festzustellen ist allerdings eine eminente Bedeutung des Kohärenzgefühls als die einflussreichste der untersuchten Ressourcenvariablen bezogen auf das Ausmaß des psychischen Stresses, auf die Höhe der Belastungen durch Stresssymptome sowie auch auf die allgemeine Lebenszufriedenheit.

Abschließend kann gesagt werden: „Auch wenn die psychotherapeutische und psychosomatische Forschung das Konzept der Salutogenese
insgesamt wenig gewürdigt und integriert hat, sehen wir im Sinne einer
Unterstützung der Diskussion eine Relevanz für folgende Aspekte:

■ Gesundheits- und Krankheitsbegriff,
■ Ziele von Psychotherapie und Behandlungsstrategien,
■ Präventive Orientierung und Ressourcenaktivierung,
■ Lebenskontext und Umfeld" (Bengel et al. 2002, 76).

3 Entwicklungstheoretische Positionen

*„Meines Wissens tritt die für das Lächeln bezeichnende
Grimasse der Mundwinkelverziehung zuerst beim
befriedigten und übersättigten Säugling auf, wenn er
eingeschläfert die Brust fahren lässt."*

Sigmund Freud

3.1 Das Kohärenzgefühl und die Säuglingsforschung

So passiv und undifferenziert kann der Säugling doch wohl nicht sein, wenn er bereits früh unterschiedlichen Affekten mimisch Ausdruck zu verleihen vermag. Nach bereits vier bis sechs Wochen kann das Lächeln als Mitteilung von Freude und als Reaktion auf das beschützende Gegenüber betrachtet werden. Die moderne Säuglingsforschung reduziert den Säugling nicht mehr auf das Prinzip Lust/Unlust. Auch in der therapeutischen Arbeit mit Erwachsenen konzentriert man sich nicht mehr auf eindimensional krank machende Ursachen. Vielmehr beachtet sie in der direkten Säuglings- und Kleinkindbeobachtung der ersten 18 Monate schwerpunktmäßig die Fähigkeiten, mit denen das kleine Wesen bei einer normalen Entwicklung ausgestattet ist und sich weiter entwickelt. Hier findet sich Übereinstimmung zu Antonovskys Kritik am Pathogenese-Modell der Medizin.

Bereits in den ersten Stunden seines Lebens ist ein Neugeborenes mit der Fähigkeit ausgestattet, mit einer differenzierten Grundlage angeborener Antwortmöglichkeiten zu reagieren, wenn ein adäquater Reiz (Stimulus) geboten wird. Legt man ihn auf den Bauch der Mutter, so führt der Säugling gewöhnlich kriechende Bewegungen aus und dreht seinen Kopf auf die Seite, von der aus er an der Wange berührt wird. Neugeborene suchen gezielt nach Reizen, können die menschliche Stimme von anderen Geräuschen unterscheiden und können sogar Sinneswahrnehmungen verschiedener Modalitäten differenzieren. Dornes (1996) beschreibt hierzu eindrucksvoll die „kreuzmodale Wahrnehmung", nach der der Säugling in der Lage ist, z. B. Gefühltes und Gesehenes miteinander zu koordinieren. „Gibt man 20 Tage alten Kindern einen Schnuller mit Noppen zum Saugen und zeigt ihnen hinterher die Bilder von zwei Schnullern – einen mit Noppen, einen ohne –, so blicken sie länger den genoppten

Schnuller an. Sie stellen also anscheinend eine Verbindung her zwischen dem, was sie im Mund gefühlt haben und dem, was sie sehen" (Dornes 1996, 43).

Babys haben, bereits wenn sie zur Welt kommen, Vorlieben für angenehme Empfindungen wie süßen Geschmack und können unangenehme Stimulationen wie laute Geräusche, grelles Licht und Schmerzempfindungen meiden oder sich ihnen auch entziehen. Die soziale Interaktionsfähigkeit von Neugeborenen ist bereits sehr früh differenziert ausgebildet. Sie bevorzugen sogar menschliche Stimmen vor anderen Geräuschen und sind früh in der Lage, die Stimme der Mutter von der anderer Bezugspersonen zu trennen. Schon nach wenigen Monaten haben sie die Fähigkeit, zwischen dem Ergebnis eigener Aktivitäten und den Handlungen des Gegenübers zu unterscheiden. Selbst und Objekt – und diese Erkenntnis ist von fundamentaler Bedeutung – werden als voneinander abgegrenzt und nicht als Einheit wahrgenommen. Interaktionsanalysen ergaben einen bemerkenswerten Grad der wechselseitigen Koordination über Blicke, stimmliche Äußerungen, Berührungen und Lächeln, die bereits sehr fein aufeinander abgestimmt werden können. Kind und Mutter interagieren nicht nur auf der Verhaltensebene, sondern die Gefühle sind ebenfalls bereits früh aufeinander bezogen: Das Kind lacht, wenn die Mutter lacht, oder es weint, wenn die Mutter ein negatives Gefühl zum Ausdruck bringt.

Nach Dornes (1996) ist die affektive, die perzeptuelle wie die interaktive Kompetenz des Säuglings von Anfang an sehr differenziert ausgebildet. Deshalb sei die ursprünglich in den psychoanalytischen Theorien angenommene vereinfachte Klassifizierung nach dem Lust- und Unlustprinzip grundlegend revisionsbedürftig. Überhaupt könne – so Dornes (1997) – der Säugling wegen seiner differenzierten Wahrnehmungs- und Interaktionsfähigkeiten nicht mehr als autistisch oder gar symbiotisch dargestellt werden. Diese der psychoanalytischen Tradition wegen aufrecht erhaltenen Theorien seien ebenfalls revisionsbedürftig.

Stern (1992) beschäftigte sich eingehend mit der Selbstempfindung und dessen Entwicklung. Die sich so im Laufe des Wachstums entwickelnden Fähigkeiten münden in der Empfindung, sich als ein vom Objekt getrenntes Individuum wahrzunehmen, so auch eigenständig handeln zu können. Es entstehe ein „Kernselbstempfinden" bereits ab etwa zwei Monaten, welches erkennen helfe, dass sich das Subjekt als ein vom Objekt getrenntes physisches Wesen erleben könne. Zum Kernselbstempfinden gehört nach Sterns Ausführungen die *Selbstkohärenz*: Das Kleinkind lernt, sich als eigenständige physische Einheit darin zu erleben, nicht nur Handlungen selbst initiieren zu können, sondern diese als vom Individuum ausgehend auch als solche zu empfinden. Die Gedächtnisleistung des kohärenten Selbst besteht in der Wahrnehmung gemeinsamer Formen (das Gesicht bleibt dasselbe, auch wenn es lacht oder Tränen aus seinen Augen laufen), gemeinsamer Orte (unterschiedliche Reize, die von einem Objekt ausgehen, also ein kohärentes Objekt definieren), gemeinsamer Zeitstruktur (Säuglinge erkennen, wenn die Sprache im Film zum Bild nicht synchron verläuft) und gemeinsamer Intensitätsstruktur. Mit der Intensitätsstruktur ist gemeint, dass die von einem Subjekt oder Objekt ausgehenden Reize in ihrer Intensität in der Regel aufeinander abgestimmt sind. Ein heftiger Schrei wird eher von einer heftigen Bewegung begleitet sein, als von einer sanften. Nach bereits sechs Monaten sind Gedächtnisleistungen für Wahrnehmungen, für eigene Bewegungen und für erlebte Gefühle nachweisbar.

Die moderne Säuglings- und Kleinkindforschung und darauf basierende Entwicklungstheorien werden für die psychotherapeutische Arbeit und ihre Behandlungsstrategien bedeutungsvolle Erkenntnisse bieten. Kluge Versuchsanordnungen (Dornes 1996, Papousek et al. 1986) bieten Aufschluss über die Zusammenhänge bestimmten Verhaltens und den sich daraus ergebenden Konsequenzen, auch als „Kontingenzexperimente" bezeichnet. Diese Experimente bezeugen, dass bereits der Säugling sein Verhalten auf der Suche nach Zusammenhängen wiederholt, nicht allein der Belohnung, sondern auch der bereits früh angelegten Motivation wegen, den tieferen Sinn eigenen Verhaltens und dessen Wirkung ausfindig zu machen. So ist es wichtig, Säuglinge bereits früh zu stimulieren und die Möglichkeit der Kontingenzsuche zu befördern. Sie sollen einerseits kognitive Anregungen auf der Suche nach den Zusammenhängen erhalten und andererseits die Bedürfnisse nach Lustbefriedigung stillen können. Dieses Verhalten weist auf den intrinsischen Aspekt der Motivation hin: Nicht der Reiz selbst bietet hier den motivationalen Auslöser, sondern das eigene Bemühen darum, etwas hervorrufen zu können, so, wie es erwartet und damit gewollt ist.

Diese Darstellungen mögen zunächst genügen, um aufzuzeigen, mit welch reichhaltigen Beobachtungsmöglichkeiten die moderne Säuglings- und Kleinkindforschung die bisherigen Entwicklungstheorien zu ergänzen und z. T. zu revidieren sucht. Dabei wird die Konsequenz deutlich, dass die pathogenetisch orientierte Sichtweise der Ergänzung durch eine salutogenetisch ausgerichtete Perspektive bedarf, damit insbesondere auf behandlungstechnischer Ebene einseitige pathologiefixierende Zuschreibungen vermieden werden. Nicht zuletzt ist eine einseitige Festlegung auch deshalb bedenklich, weil protektiven Faktoren auf diese Weise zumindest unbewusst eine zweitrangige Rolle zugewiesen werden könnte. Wenn Fähigkeiten und Fertigkeiten zur Bewältigung des Lebens doch in uns angelegt sind, dann wollen wir Zusammenhänge aufklären, unsere Probleme lösen. Wir suchen zuweilen Hilfe bei PsychotherapeutInnen in der Hoffnung, mit deren Kompetenz in unseren bisherigen Lösungsbestrebungen einen Sinn zu finden, deren Bedeutung zu ergründen und schließlich unsere Ressourcen nutzen zu können.

3.2 Zur Entwicklung des Kohärenzgefühls im Lebensverlauf

Zurückkommend auf die Fluss-Metapher Antonovskys bleibt die entscheidende Frage, wie der Mensch zu einem guten „Schwimmer" wird. In seinen Ausführungen über die Entstehungsbedingungen sowie eine positive Verstärkung des Kohärenzgefühls im Lebensverlauf bezieht sich Antonovsky (1988) auf die Lebensabschnitte des Säuglingsalters, der Kindheit, der Adoleszenz und schließlich des Erwachsenenalters. Wesentlich zur Entwicklung des Kohärenzgefühls sind nach Antonovskys Auffassungen die im Laufe der Kindheit und Jugend prägenden Erfahrungen, die schließlich in der Adoleszenz wegen der in diesem Alter noch anstehenden Veränderungen modifizierenden Einfluss auf das Kohärenzgefühl nehmen. Ab etwa dem 30. Lebensjahr ist es voll entwickelt und bleibt seiner Ansicht nach ab dann veränderungsstabil.

Die verheerenden Folgen des Zweiten Weltkrieges führten dazu, dass die Lebensschicksale sehr vieler Kinder durch die Trennung von ihren Eltern oder gar durch Verwaisung gezeichnet waren. Um Aufschluss über die psychischen Auswirkungen zu erhalten, beauftragte die WHO den britischen Kinderpsychiater und Psychoanalytiker John Bowlby damit, einen Bericht über die Situation dieser Kinder zu erstellen. Seine Arbeiten führten im Wesentlichen zu dem Ergebnis, dass die Fähigkeit, *Bindungen* zu anderen Personen aufzubauen, eine notwendige Voraussetzung zur Gestaltung der späteren sozialen Beziehungen und der psychischen Gesundheit eines Menschen ist (Bowlby 1995). Dabei ist unter Bindung (attachment) die Neigung und auch Fähigkeit zu verstehen, vertraute emotionale Verbindungen mit bestimmten Personen einzugehen und ein gefühlsmäßiges Band zu entwickeln, das über Raum und Zeit stabil bleibt. Gleichwohl wurde bereits im Jahre 1915 über die Aufsehen erregenden Todesfälle innerhalb des ersten Lebensjahres von Kindern in den Waisenhäusern Baltimores berichtet: Man hatte offenbar trotz angemessener körperlicher Pflege die fehlende liebevolle Hinwendung und Betreuung der Bezugspersonen unterschätzt.

Die Entwicklung eines Säuglings, die auch für eine Mutter stets von Stressfaktoren begleitet ist, wird bei realistischer Betrachtung durch Herausforderungen gekennzeichnet sein, die für beide nicht ohne Auswirkungen bleiben. Die Mutter muss z. B. situationsadäquat die Bedürfnislage des Kindes deuten können. Wesentlich für das Heranwachsen des kleinen Kindes ist, bei allen Anfechtungen, die das Leben zu bieten hat, eine durch „Konsistenz" (Antonovsky 1988) getragene Erfahrung. Diese Konsistenz

– wir können auch von *Kontinuität* sprechen – ist getragen von dem wachsenden Vertrauen darauf, dass die so wichtige Bezugsperson im beginnenden Leben des kleinen Wesens zuweilen sehr wohl abwesend sein kann, stets aber wiederkommt. Wesentlich ist also eine Erfahrung, die nicht ständig von Brüchen geprägt ist. Vielmehr sollten innere sowie äußere Stimuli wie auch die Reaktionen abschätzbar und verlässlich sein. Unter diesen Bedingungen wird das Geschehen verstehbar. Ereignisse können zugeordnet und strukturiert werden und die Struktur fördert wiederum die *Verstehbarkeit*.

Unter Rückgriff auf die zuvor geschilderten Kontingenzexperimente tritt nun der Aspekt der *Bedeutsamkeit* in den Vordergrund. Die frühe Beteiligung eines Wesens an Entscheidungsprozessen legt den Grundstein für das Erleben, selbst wichtig zu sein. Der Säugling meldet sich: Er hat Hunger, er empfindet Unbehaglichkeit, vielleicht hat er Bauchschmerzen. Sobald seine Äußerungen von der Bezugsperson positiv aufgenommen und vor allem auch beantwortet werden, bekommt er das Gefühl, am Prozess beteiligt, ja von Bedeutung zu sein. Die Bedeutsamkeit stellt somit die motivationale Komponente des Kohärenzerlebens dar.

In der frühen Entwicklung – wie im Lebensverlauf überhaupt – sind Erfahrungen wichtig, die durch eine Balance zwischen Überlastung und Unterforderung gekennzeichnet sind. Chronische Stressoren verhindern den erforderlichen Ausgleich zwischen Anspannung und Entspannung, sie sind durch Widersprüchlichkeit, Zusammenhanglosigkeit und vor allem durch fehlende Teilhabe an Entscheidungsprozessen charakterisiert. Das Kind kommt früh in Kontakt mit Herausforderungen, nämlich auf Nahrungsgabe warten zu können, sich bei erhöhtem Bedarf zu melden; all diese Bedürfnisse gehen einher mit bereits früh vorhandenen Fähigkeiten wie abwarten zu können, dem Impuls vielleicht nachzugeben. Diese Fähigkeiten werden weiterentwickelt und haben daher eine signifikante Bedeutung für das Erleben der *Handhabbarkeit*. Sobald durch ein ausbalanciertes Reaktionsmuster die sozialen Interaktionen mit Ermunterung und Bestätigung begleitet werden, sobald auf die inneren Regungen und Bedürfnisse des Säuglings geschaut wird, entstehen Gefühle, richtig zu handeln, den Anforderungen gewachsen zu sein, sie handhaben zu können.

Antonovsky (1988) betont den Aspekt der *Konsistenz*, der eine herausragende Bedeutung für eine durch Klarheit und Gewissheit getragene Entwicklung habe. Dieses sei in den meisten Gesellschaften so und gleichermaßen wichtig für eine durchgängig nachvollziehbare unzweideutige Haltung der Bezugspersonen, nicht nur der Eltern, sondern auch der Lehrer wie des sozialen Umfeldes überhaupt. Durch widerspruchsfreie Interaktionen wird auf diese Weise eine zuversichtliche und durch Vertrauen getragene Haltung des Individuums gefördert. In zahlreichen Experimenten zur Konsistenz (Moscovici 1976) konnte nachgewiesen werden, dass eine

zeitstabile Verhaltensweise mit eindeutig vertretener Position hohe Über-
zeugungskräfte selbst von Minderheiten gegenüber Mehrheiten freisetzt.
Es wird heute auch von *konsistenten Systemen* gesprochen, die in ihrer Eigenschaft als angenehm empfunden werden, weil ihre Teile gut zueinander
passen und spannungsfrei erlebt werden. Das Postulat uneingeschränkten
Konsistenzstrebens muss allerdings relativiert werden, kann es doch auch
fortschritts- und entwicklungshemmend wirken. So gibt es in der Realität
permanente Konsistenz denn auch gar nicht. Insbesondere in der Säuglingsforschung wird heute davon ausgegangen, dass unbekannte Reize und
Stimuli in einem mittleren Aktivierungsniveau entwicklungsfördernd sind
und vom Säugling gesucht werden. „Neugeborene suchen bereits aktiv
nach Reizen und können verschiedene Reize voneinander unterscheiden"
(Dornes 1996, 40). In der Hirnforschung wird inzwischen von einem „sich
selbst optimierenden System", dem Gehirn, gesprochen: „Herausforderungen stimulieren die Spezialisierung und verbessern die Effizienz bereits
bestehender Verschaltungen [...] Schwere, unkontrollierbare Belastungen
ermöglichen durch die Destabilisierung einmal entwickelter, aber auch
unbrauchbar gewordener Verschaltungen die Neuorientierung und Re-
organisation von bisherigen Verhaltensmustern" (Hüther 2002, 81).

Kehren wir zur Entwicklung des Kohärenzgefühls zurück: Ohne Zweifel ist die nachfolgende Zeitspanne der Adoleszenz für die jungen Menschen durch eine spezifische Vulnerabilität gekennzeichnet, in der sehr
wohl auch die Erfahrungen der Konsistenz für sie besonders wichtig sind.
Wie alle Entwicklungszeiträume ist auch dieser Lebensabschnitt eingebettet in die unterschiedlichen Kulturen sowie die soziale Schichtenzu-
gehörigkeit und er ist gleichermaßen geschlechtsspezifisch zu betrachten.
(An dieser Stelle soll nicht unerwähnt bleiben, dass geschlechtsspezifische
Entwicklungsverläufe überhaupt eingehender dem Interesse der Erforschung zu unterziehen wären.) Neben den Herausforderungen für poten-
zielle Jungunternehmer werden andere Jugendliche früh mit Drogen, Gewalt und vor allem mit dem Problem fehlender Lehrstellen und schließlich
mit Arbeitslosigkeit konfrontiert. In diesem Lebensabschnitt wird noch
einmal untermauert bzw. in Frage gestellt, ob die Welt als verstehbar, bedeutsam und handhabbar aufgefasst werden kann. Wesentlich für die Ausbildung eines starken Kohärenzgefühls wird in diesem sensiblen Entwick-
lungsabschnitt deshalb sein, die Welt als konsistent erleben zu können, eine Balance zwischen Überlastung und Unterforderung vorzufinden und
über sozial anerkannte Gegebenheiten und Möglichkeiten, die das Leben
zu bieten hat, mit entscheiden zu können.

Im Zusammenhang mit den bisher gemachten Erfahrungen, die uns entweder geschwächt oder gefestigt haben, werden wir – eingebettet in unseren Lebenskontext, dem sozialen Netzwerk und in das ökologische Umfeld – im frühen Erwachsenenalter noch einmal wichtigen Determinanten

des Lebens gegenüberstehen, die unser Kohärenzgefühl prägen. Unter pessimistischem Blickwinkel werden zukünftig die Entwicklungsaufgaben immer schwieriger zu bewältigen sein, treten doch traditionelle Support-systeme wie Kirche und Kernfamilie in zunehmend konsumorientierten Gesellschaften mit ihren immer kürzeren „Verfallsdaten" in den Hinter-grund. Vertrautes soll ungeahnten Freiheiten Platz machen, im Internet werden Ehen geschlossen, die Werbung verspricht Dynamik im Alter mit Überlebensgarantie, die letzte Ufolandung wird vom umherziehenden Guru erläutert, am Bankschalter steht schon lange statt der freundlichen Servicedame der Automat, der gerade wegen Überlastung des Systems den Ausfall meldet. Modernes Identitätsdesign wird auf dem Reißbrett kon-struiert. Unter diesen Bedingungen wird die Ausbildung einer kohärenten Identität zu einer Aufgabe, deren Wesen durch Unsicherheit und Zumu-tungen gekennzeichnet ist (Kapitel 4.3). Und so kommt Keupp (1997, 42) zu folgender Erkenntnis: „Die neuere epidemiologische Forschung ist bei ihren Gemeindestudien auf ein Phänomen gestoßen, das als Demoralisie-rung bezeichnet wurde. Es beinhaltet Einstellungen und Grundhaltungen, die durch ein geringes Selbstwertgefühl, Hilflosigkeit, unbestimmte Zu-kunftsängste und allgemein gedrückter Grundstimmung geprägt sind." Hierdurch käme zum Ausdruck, „daß ein erheblicher Anteil der Bevölke-rung für sich keinen Sinn mehr darin sieht, sich für oder gegen etwas ein-zusetzen" (Keupp 1997, 43).

Im frühen Erwachsenenalter beginnt zudem in der Regel das Arbeitsle-ben, sei es charakterisiert durch Hausarbeit, durch selbständige Tätigkeit oder bezahlte Arbeit im Anstellungsverhältnis. In dieser Zeit – so Anto-novsky (1988) – werden noch einmal ausschlaggebende Zeichen für die Ausbildung des Kohärenzgefühls gesetzt, welches schließlich stärker oder auch schwächer auf dem Kontinuum zwischen Gesundheit und Krankheit zum Ausdruck kommt.

Eine der bereits dargestellten Variablen ist die der *Konsistenz*, die am Arbeitsplatz im kollegialen Miteinander ihren Niederschlag findet. Ist doch eine gemeinsame Sprache zum einen und die Identifikation mit der Arbeitsgruppe zum anderen festigend für das soziale Miteinander über-haupt. Können im so gegebenen Kontext Herausforderungen bewältigt, Unklarheiten erklärt werden, so wird durch das tragende Verständnis für-einander die Erfahrung der Verstehbarkeit gefördert. Wenn wir in der La-ge sind, uns unsere Gegenwart aus den Gegebenheiten der Vergangenheit heraus für zukünftiges Geschehen zu erklären, so erhalten wir einen kon-sistenten Überblick, der den Sinn unseres Handelns interpretierbar macht.

Darüber hinaus wird die Belastungsbalance wiederum für das Erleben der Handhabbarkeit relevant sein: Ist doch eine Ausgewogenheit zwischen Anspannung und Entspannung insbesondere im Arbeitszusammenhang ein entscheidender Faktor, der bei häufiger Überlastung bis zur Dekompensation führen kann. Deshalb ist der Rückgriff auf die vorhandenen Ressourcen in dieser Betrachtungsdimension von besonderer Wichtigkeit. Im Falle von Unterforderung kommen bekanntermaßen die Fähigkeiten und Fertigkeiten des Individuums zu wenig zum Tragen, was dazu führt, dass wichtige Möglichkeiten, vor allem kreative Gestaltungsspielräume brachliegen.

Die Teilhabe an sozial anerkannten Entscheidungsprozessen bietet uns darüber hinaus die Möglichkeit zur Identifikation mit dem Geschehen. Sie führt dazu, dass wir unser Tun als bedeutsam erleben können. In dem Maße, in dem wir mit unserem Handeln von anderen gesehen und damit identifiziert werden, wird das Gefühl der Bedeutsamkeit Festigung erfahren können. Immer geht es darum, eigene Intentionen zu verwirklichen, Einfluss zu nehmen und Entscheidungen befördern zu können. Zusammenfassend dargestellt identifiziert Antonovsky drei Variablen, die aus seiner Sicht für die Entstehung eines starken oder schwachen Kohärenzgefühls maßgebend sind:

- ■ die Erfahrung von Konsistenz im Sinne von Verständnis für die Zusammenhänge machen zu können,
- ■ zwecks Handhabbarkeit der Lebensanforderungen eine Ausgewogenheit zwischen Überlastung und Unterforderung herstellen zu können
- ■ sowie Bedeutung im sozialen Miteinander zu haben, an Entscheidungsprozessen beteiligt zu sein.

Das sind die drei Variablen der „generalized resistance resources" (GRRs), die „generalisierten Widerstandsressourcen" (Kapitel 2.5). Diese „major psychosocial generalized resistance resources-resistance deficits (GRR-RDs)" als „übergeordnete psychosoziale generalisierte Widerstandsressourcen/Widerstandsdefizite" (Antonovsky 1988, 28; Übers. d. Verf.) sind die Grundbausteine zur Ausbildung des Kohärenzgefühls (Abbildung 2). Sie bilden auf einem Kontinuum das Ausmaß des Kohärenzgefühls aus. Wenn auch dieses Konzept einen sehr individuellen Umgang mit den Lebenserfahrungen abbildet, so wird es dennoch als stets mitgedachte Komponente zur Förderung des Kohärenzgefühls einbezogen. Die „generalisierten Widerstandsressourcen" beinhalten „individuelle, kulturelle und soziale Fähigkeiten und Möglichkeiten, Probleme zu lösen und Schwierigkeiten zu meistern" (Bengel et al. 2002, 144).

Die Voraussetzungen zur Ausbildung eines starken bzw. schwachen Kohärenzgefühls sind insbesondere dadurch gekennzeichnet, dass anhaltende Ressourcen oder anhaltende Stressoren die Lebenssituation eines Menschen bestimmen. Die „generalisierten Widerstandsressourcen" wer-

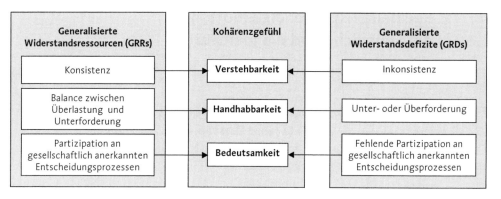

Abbildung 2: Der Einfluss der generalisierten Widerstandsressourcen/Widerstandsdefizite (GRR/GRDs) auf das Kohärenzgefühl

den aktiviert, sobald das Individuum Stressoren ausgesetzt ist, um den Anforderungen im Umgang mit der Anspannung begegnen zu können. Das ist dann möglich, wenn ein starkes Kohärenzgefühl ausgebildet werden konnte. Antonovsky (1988) geht von der Annahme ständiger Herausforderungen an den Menschen aus und verbindet daher die „generalisierten Widerstandsressourcen" mit den „generalisierten Widerstandsdefiziten" zu einem einheitlichen Konzept, wobei Stärken oder Schwächen in ihrer Ausprägung wiederum auf einem Kontinuum platziert werden. Nach den bisher gemachten Erfahrungen im Lebensverlauf wird sich das Kohärenzgefühl – Antonovskys Annahmen zufolge – etwa zwischen dem 20. und 30. Lebensjahr stabil gefestigt und ausgebildet haben. In Bezug auf die Allgegenwart von Stressoren, die die Tendenz haben, das Kohärenzgefühl zu schwächen, wird ein Mensch mit mäßig ausgeprägtem Kohärenzgefühl eher die Tendenz weiterer Schwächung erfahren, da es ihm hierdurch zunehmend weniger gelingt, die „generalisierten Widerstandsressourcen" zu aktivieren. Einschneidende Veränderungen aber, wie z. B. der Neubeginn einer tragfähigen Beziehung, ein Erfolg versprechendes Arbeitsfeld – im Wesentlichen Einschnitte, die Kontinuität versprechen –, können im mittleren Lebensalter Wandlungsprozesse zur stärkeren Seite hin bewirken, „insofar as this stimulus provides a different long-range set of life experiences characterized by different levels of consistency, load balance, and participation in socially valued decision making" (Antonovsky 1988, 123).

4 Spezielle Aspekte: die Emotionen, die Sinnsuche und die Identität

„Und doch sind die Gefühle das Wichtigste im Leben,
weil erst sie die Wucht und Zartheit, den Glanz und das
Trübe in die Welt bringen, von wo her den Menschen
überhaupt erst irgend etwas wichtig ist.“

Hermann Schmitz

4.1 Die Regulierung der Emotionen

Der Aufbau eines positiven Selbstwertgefühls hat entscheidende Bedeutung für die psychische Gesundheit, und so soll an dieser Stelle die Betrachtung dieses Aspekts zunächst vertieft werden.

Wir leben koexistierend in Umweltbeziehungen und sind daher bestrebt, in unserer Umwelt etwas zu bewirken und für unser Handeln, für unsere Wirksamkeit gegenüber unseren Mitmenschen wahrgenommen und geachtet zu werden. Dabei erfährt sich der Mensch als wirksam im Umgang mit unbelebten Dingen und mit belebten Wesen. In der Interaktion werden die persönlichen Konstrukte durch reale Erfahrungen überprüft, das Ich wird in seinen Funktionen des Wahrnehmens, des Denkens, des Fühlens, auch der Realitätsprüfung usw. bestärkt. Eine der wesentlichen Ich-Leistungen ist daher die Ausbildung der Identität, die aus stabil gewordenen Konzepten des Ich und über das Selbst erwächst. Ein positives Selbstwertgefühl kann sich nur entwickeln und erhalten, so lange sich ein Mensch im jeweiligen Kontext angenommen und gebraucht fühlt, so lange er Aufgaben findet, in welchen Bestätigung erhält und sein Leben somit als sinnvoll erfährt. Ein positives Selbstwerterleben entwickelt sich im Angenommensein und Geliebtwerden von der jeweiligen Betreuungsperson im Kleinkindalter; und wer immer dies aufbauen konnte, wird später eher in der Lage sein, andere zu veranlassen, ihm mit freundlicher Ansprache zu begegnen. Beziehungen, die durch achtungsvolle und wertschätzende Aufmerksamkeit des Gegenübers gekennzeichnet sind, haben daher überdauernde Qualität und stellen lebenslang eine der wichtigsten Ressourcen für ein gutes Selbstwerterleben bereit.

Vom Standpunkt der Psychoanalyse aus gesehen, findet der Begriff Selbstwert im Narzissmuskonzept nach Mentzos (1997, 53) seinen Niederschlag, der sich auf Kohut (1979) bezieht: „So ist [...] die narzißtische

Homöostase (die Regulation des Selbstwertgefühls) sehr stark von der narzißtischen Zufuhr, also von den Objekten abhängig. Dies gilt auch für den psychologisch gesunden Erwachsenen, der ‚weiterhin die Spiegelung durch Selbstobjekte (um genau zu sein: durch die Selbstobjekt-Aspekte seiner Liebesobjekte) braucht' [...]“ Spitz und Mahler hatten den Fokus in diesem Zusammenhang auf den *primären Narzissmus* gelegt und sprechen von dem passiven, undifferenzierten Säugling, der hauptsächlich mit seinen inneren Zuständen nach dem Lust-Unlustprinzip beschäftigt sei. Sie hatten noch keine differenzierten Beobachtungskriterien entwickeln können, wie dies heute in der modernen Säuglingsforschung der Fall ist. Ihre Erkenntnisse finden nicht zuletzt ihren Niederschlag in den Erziehungsmaximen ganzer Generationen, ist doch das psychoanalytische Schrifttum seit Freud durchzogen von der Annahme, dass der Mensch erst durch Frustration und Versagung den Blick für die Realität entwickele. So müsse schon der Säugling in der Situation des primären Narzissmus verharren, wenn er auf jede Triebspannung Befriedigung erfahre, und sei daher später nicht motiviert, die Realität wahrzunehmen. Derartige Annahmen sind nach heutigen Erkenntnissen fragwürdig geworden und nicht mehr haltbar.

Dem *primären Narzissmus* folgt nach psychoanalytischer Erkenntnis der *sekundäre Narzissmus*, dem die Tendenz des Individuums innewohnt, Objektbeziehungen zu gestalten, die darauf ausgerichtet sind, das Selbstwertgefühl zu erhöhen. Mentzos (1997, 56) stellt in seinen weiteren Ausführungen vier Kompensationsmöglichkeiten vor, die die Erschütterung des Selbstwertgefühls auffangen helfen:

- ■ „Regressionen in den primären Zustand“, wonach „Verschmelzungsphantasien [...] mit etwas unbegrenzt Großem [...] einen Wert- und Machtzuwachs“ beinhalten sollen.
- ■ „Verleugnung der schmerzlichen Realität mit Hilfe von Größenphantasien“, wonach dem Kind durch die Eltern bestätigt werde, dass es „schön, tüchtig und groß“ sei, und wonach bei Erwachsenen „harmlose Tagträumereien mit Größenphantasien bis zu psychotischem Größenwahn“ Bedeutung erlangen.
- ■ „Kompensierung durch Idealisierung“, wonach das Kind „die Idealisierung bzw. die Rettung seines Selbstwertgefühls durch Identifizierung mit diesen omnipotenten und allwissenden Objekten“ aufgreift. „Das zunächst übertrieben idealisierte Bild der Eltern wird erst allmählich realitätsgerecht korrigiert und relativiert.“
- ■ „Das Ideal-Selbst“, das „den Menschen relativ unabhängig von Lob und Tadel“ macht. „Es ermöglicht innere Sicherheit, Selbstbewusstsein und

ein ruhiges Selbstvertrauen [...] Mangelhafte oder fehlende idealisierte Objekte usw. können zu ‚schwachen Stellen‘ im System führen, die später bei Belastungen manifeste Störungen zur Folge haben können."

Während sich die psychoanalytischen Narzissmuskonzepte zum Teil sehr unterschiedlich, zuweilen widersprüchlich, präsentieren, sind die Aussagen Mentzos' über das Selbstwertgefühl im Grunde noch am verständlichsten. Die angesprochene Regulation des Selbstwertgefühls hat ihre Bedeutung für die Herstellung eines inneren Gleichgewichts, kann doch das Selbstwertgefühl an sich als janusköpfig definiert werden: Starke Gefühle der Selbstachtung, innere Befriedigung und Sicherheit, auch Größenvorstellung und Zufriedenheit können mit Gefühlen der Insuffizienz, des Selbstzweifels, der Minderwertigkeit, des Gekränktseins bis hin zu Gefühlen der Selbstverachtung wechseln.

Psychisch angeschlagen oder gar gestört zu sein stellt eine massive Kränkung des Selbstwertgefühls dar. Während die somatischen Erkrankungen bis auf die spektakulären Erkrankungen eher marginalen Charakter in unserer Gesellschaft haben (werden sie doch mehr oder weniger routinemäßig in Warteschleifenabfertigung mit vorgegebenen Zeitfenstern behandelt), stellt psychische Störung in unserem Kulturraum eher noch einen Makel dar, der das Individuum mit dem Stigma des persönlichen Versagens versieht. Gefühle der Minderwertigkeit sind stets begleitende emotionale Qualitäten, durch die die Psychotherapiestunden inhaltlich charakterisiert sind, muss doch der Mensch berichten, den Alltag nicht regeln zu können, wichtige Angelegenheiten nicht unter Kontrolle, ja das Selbstvertrauen verloren zu haben. Psychische Störung wird solange wie möglich im Verborgenen gehalten und zuweilen verlassen PrivatpatientInnen ihre Heimatstadt, um sich in der Anonymität behandeln zu lassen.

Den Wertlosigkeitsgefühlen und Selbstzweifeln ist in der Psychotherapie dahingehend Bedeutung beizumessen, als im Sinne der Ressourcenaktivierung den positiven Seiten wieder Beachtung verliehen wird, um „fixierte emotionale Lagen zu mobilisieren, eine Variabilität verschiedener Stimmungslagen und Selbstgefühle zu ermöglichen" (Petzold 2003, 633). Es geht dabei darum, positive Selbstgefühle und Selbstsicherheit durch positive Bestärkung zu kommunizieren, um das Selbsterleben und die Selbstachtung insgesamt durch die zudem vorausgesetzte zugewandte therapeutische Haltung zu befördern (Kapitel 6.5). Auf diese Weise kann das stets vorhandene Ungleichgewicht in der therapeutischen Beziehung relativiert werden, müssen sich die Ratsuchenden nicht mehr allein als problembehaftet den Experten gegenübergestellt erleben. In dem Maße, in dem den

Menschen die Gelegenheit geboten wird, sich mit ihren Stärken und positiven Intentionen zu präsentieren, mit den Fähigkeiten wahrgenommen zu werden, positive emotionale Lagen aufbauen zu können, je mehr damit im Prozess der Stunden die Ressourcen an Bedeutung gewinnen können, umso mehr kann sich ein leiblich gegründetes Wohlbefinden etablieren. „Mit Blick auf die klinische Erfahrung kann man feststellen, daß ein sicheres Selbst- bzw. Lebensgefühl, ein gutes Selbstwertgefühl und Selbstvertrauen Prädikatoren für Gesundheit und Lebensglück sind, daß andererseits Selbstwertprobleme, Minderwertigkeitsgefühle, Selbstunsicherheit und Selbstzweifel gewichtige Faktoren für Erkrankung sind und damit zu einem zentralen Bereich psychotherapeutischer Arbeit werden" (Petzold 2003, 632).

Das Entstehen des Selbstwertgefühls ist von Anbeginn der Existenz des Individuums in der Interaktion begründet. Ein starkes Selbstwerterleben ist nur unter Bedingungen zu entwickeln, die von bestätigender Annahme der signifikanten Bezugspersonen getragen sind, wenn nämlich ein Selbstwert erfahren werden konnte. Das maßgebliche Angewiesensein auf die Identifizierungen eben der wichtigen Bezugspersonen ist gerade für die Entstehung der Selbstannahme in den frühen Stadien der Entwicklung zu berücksichtigen, während sich das Selbstwertgefühl darüber hinaus im jeweiligen Kontext in beständigem Wandel befindet. Die Fremd- und Selbstattributionen haben bis an das Lebensende Einfluss auf die Identität und die mit ihr verbundenen Selbstkonzepte. Der Sterbende erfährt nicht selten in seinem Selbstwerterleben entwertende Zuschreibungen, sobald er eingekotet daliegt, mit einem Kind identifiziert wird und vorwurfsvolle Ansprache findet, wie: „Was hast Du denn da wieder gemacht?" Geborgenheit und Hilfe, auch in der Not noch positive Beziehungserfahrungen machen zu können, haben nicht nur Auswirkungen auf unser allgemeines Wohlbefinden, vielmehr können positive emotionale Atmosphären geschaffen werden, die unmittelbar das Selbstwerterleben berühren.

In den vorausgegangenen Ausführungen wurde der herausragende Stellenwert des Selbstwertgefühls für unsere psychische Gesundheit angesprochen und darauf hingewiesen, dass Mentzos (1997) von der permanenten Beschäftigung des Individuums mit der Herstellung eines inneren Gleichgewichts ausgeht. Antonovsky spricht von der „emotionalen Regulation", die neben dem problemlösenden oder instrumentellen Aspekt als Reaktion auf ein Ereignis oder auch ein ausbleibendes Ereignis einsetzt. Wesentlich für die Emotionsregulation sind die Ebenen der Regulierung der Handlungsimpulse, des Gefühlsausdrucks und auch die kognitive Bewertung des Geschehens. „In each case, one is confronted by the dual question: What am I to do? What am I worth?" (Antonovsky 1988, 131).

Bevor nun mit der Betrachtung der emotionalen Aspekte in Verbindung mit dem Kohärenzgefühl fortzufahren ist, sollen Antonovskys Überlegungen zur konzeptionellen Klärung des Stressfaktors an sich kurz angerissen werden.

Welch massiven Einfluss andauernder Stress auf den Organismus hat, untersuchte bereits Selye im Jahre 1956. Er beschrieb eine charakteristische Abfolge von Phasen, die er als Reaktion auf einen Stressor adaptiver Natur darstellen konnte und bezeichnete den beobachteten Ablauf als *allgemeines Adaptionssyndrom*: Auf eine Alarmreaktion folgt eine Phase der Resistenz, in der die Symptome wie Kopfschmerzen und Müdigkeit verschwinden, ehe die Phase der Erschöpfung eintritt, die zur Folge hat, dass der Organismus nicht mehr in der Lage ist, sich der Permanenz des Stresses anzupassen. Selye konnte darüber hinaus nachweisen, dass das Immunsystem durch Stress in seiner Funktion gehemmt wird. Simonton et al. (1995, 73) weisen in ihrer Zusammenfassung der Forschungsergebnisse auf folgendes Kriterium hin: „Entscheidend dabei ist, dass das Ausmaß der durch äußere Ereignisse entstehenden emotionalen Überbelastung davon abhängt, wie der einzelne ein solches Ergebnis jeweils für sich deutet und wie er mit ihm fertig wird. Denn obwohl man auf Grund der Anzahl der stresserzeugenden Situationen im Leben eines Menschen die Wahrscheinlichkeit bestimmen kann, mit der er erkranken wird, wurde doch ein Teil der Probanden dieser Untersuchungen trotz ihres hohen Stressfaktors *nicht* krank. Damit sehen wir uns wiederum vor die Notwendigkeit gestellt, unsere Aufmerksamkeit der individuellen Reaktion auf ein stresserzeugendes Ereignis zuzuwenden."

Diese Feststellung steht in engem Zusammenhang mit Antonovskys Überlegungen, dessen Fragen aus salutogenetischer Perspektive vom abweichenden Fall ausgehen, nämlich Stressoren nicht grundlegend als pathogenetisch zu betrachten. Seine essentiellen Fragen konzentrieren sich darauf, was den Menschen trotz Stresseinwirkung geschützt hat, was als gesunder Einfluss des Stressors betrachtet werden kann. Wenn auch vom pathogenetischen Ansatz her geleitet, so fand Selye immerhin heraus, dass Stressreaktionen in ihrer Auswirkung einen funktionalen Aspekt haben, indem sie u. a. eine mobilisierende Wirkung ausüben können. Zudem unterschied er später zwischen Eustressoren und Disstressoren, doch Antonovsky suchte nach einem Zwischenstadium, um den angenommenen Sachverhalt, dass Stressoren grundsätzlich als Stress produzierende Stimuli aufgefasst werden, differenzierter betrachten zu können. Auch zur Erhellung dieses Aspekts hatte bereits Selye einen Ansatz mit seinem zweiten Stadium des *allgemeinen Adaptionssyndroms* geliefert, der als Zwischenstadium vor der Erschöpfung die Phase der Resistenz beschrieb. Antonovsky (1988, 28) bezeichnete diesen Zustand als „Spannungszustand", der „als wichtigste Auswirkung von Stressoren" erzeugt wird.

In der Motivationsforschung gibt es Hinweise und Überlegungen zu der Frage, welche Dynamik Spannungen, Energien oder auch Kräfte im

Individuum auslösen können und wie sie verarbeitet werden. Heckhausen (1980) setzt sich mit dem „Personen-" und dem „Umweltmodell" Lewins (1936) ausführlich auseinander und stellt dessen „Modellvorstellung von wechselnden Spannungszuständen in verschiedenen innerpersonalen Bereichen" in dessen Personenmodell dar und führt zum Umweltmodell aus: „Kräfte von gegebener Stärke greifen an der Person an" (Heckhausen 1980, 176ff). Im Personenmodell werden Spannungen angesprochen, die im Umweltmodell als Kräfte dargestellt werden, wobei in der Auseinandersetzung mit diesen Zuständen eine homöostatische Dynamik walte, die auf einen Kräfteausgleich statt auf eine Reduktion der Spannung zulaufe. Zum Verständnis dieser Dynamik führt Antonovsky (1988, 130f; Übers. d. Verf.) weiter aus:

> „Die fundamentale philosophische Sicht der salutogenetischen Orientierung ist, dass sich der menschliche Organismus prototypisch in einem dynamischen Zustand eines heterostatischen Ungleichgewichts befindet [...] Spannung bedeutet damit die Anerkennung dessen im Gehirn, dass ein Bedürfnis unerfüllt ist, dass man einer Forderung nachkommen muss, dass man etwas tun muss, wenn man ein Ziel erreichen will."

Stets treten instrumentelle und emotionsregulierende Probleme auf; wichtig sei die Fähigkeit des Individuums, Spannungen lösen zu können, so dass keine Chronifizierung eintrete, die letztendlich den pathogenen Charakter habe.

Wenn dem Menschen Coping-Strategien und Widerstandsressourcen zur Verfügung stehen, dann sieht er sich in der Lage, Unsicherheiten abzubauen und Sicherheiten aufzubauen. Das wiederum verhilft dazu, positives Selbstwerterleben zu fördern und das kann somit – wie eingangs dargestellt – als entscheidender Prädikator für Gesundheit aufgefasst werden. Misslingt dies jedoch, so leiden die betroffenen Menschen unter ihren Stressgefühlen. Die Frage nach dem Unterschied der Persönlichkeit wird hier relevant: Fasst jemand das auftretende Stressgefühl als Aufgabe bzw. Herausforderung auf, die dazu prädisponiert, den Bewältigungsschritt zu bestehen, oder wirkt sich das Stresserleben so wesentlich auf die Person aus, dass sie erst gar nicht den Versuch unternimmt, die Situation als bewältigungsrelevant anzusehen.

Diese Gedanken schließen unmittelbar an Antonovskys Auffassungen an. Er bezieht sich auf Lazarus und Launier (1981), die darstellen, dass Emotionen der kognitiven Bewertung darüber unterzogen werden, wie durch einen Stimulus das Befinden beeinflusst wird und bezeichnet diesen Vorgang als die „Emotionsregulierung" (Antonovsky 1988, 149). Lazarus und Launier (1981) untersuchten das Bewältigungsverhalten (coping) der Menschen im Umgang mit bedrohlichen und stressauslösenden Situationen und fanden heraus, dass dabei zwei Bewertungsstadien – das der primären und das der sekundären Bewertung („primary appraisal and secondary appraisal") – für das Individuum im Zusammenspiel mit seiner Umgebung von Belang sind. Dieses Konzept basiert auf einer kognitiven Bewertung der jeweiligen Situation im Hinblick auf aktivierte Ziele, wodurch das emotionale Erleben beeinflusst wird.

Bei der „primären Bewertung" überprüft das Individuum, ob die Situation mit seinen Zielen im Zusammenhang steht. Sobald persönlich wichtige Ziele im Ansatz gelöst oder gar erreicht werden können, werden positiv getönte Emotionen wirksam. Können persönlich wichtige Ziele nicht erreicht werden oder wird deren Anstreben erschwert, dann erlebt das Individuum negativ getönte Emotionen. Das emotionale Erleben ist darüber hinaus – je nach Entwicklungsstand – mit unserem Selbstbild und Selbstkonzepten (wie zu Beginn dieses Abschnittes ausgeführt) sowie unserer Identität verwoben und deshalb beziehen sich Lazarus und Launier (1981) in ihren weiteren Ausführungen mit sechs Wertekategorien darauf, welche persönlichen Werte des Individuums betroffen sein können:

- Selbstachtung und Ansehen (wie sehe ich mich selbst und wie sehen mich die anderen?),
- moralische Werte (was halte ich für richtig, welche Überzeugungen habe ich?),
- Ich-Ideale (wie stelle ich mir vor, sein zu wollen?),
- Lebenssinn (wie kann ich mein Leben sinnvoll gestalten?),
- andere Personen und ihr Wohlergehen (wie sind Personen meines relevanten Umfeldes über meine Zielperspektive betroffen, die mir wichtig sind?) und
- individuelle Lebensziele.

Antonovsky geht unmittelbar auf dieses Konzept ein. Er geht von der Annahme aus, dass der Mensch, der mit einem starken Kohärenzgefühl ausgestattet ist, die Anforderungen eher als Herausforderung, denn als Stressoren zu betrachten in der Lage ist und seine Ressourcen situationsangemessen und zielgerichtet einzusetzen weiß. Dabei werden häufig auch die Fähigkeiten eingesetzt, die erkennen helfen, in welchen Bereichen wir unsere Stärken haben, die zum Einsatz gelangen sollen. Hüther spricht von der „individuellen Bewertung der Kontrollierbarkeit des Stressors" und führt weiter aus:

> „Wenn sich eine Belastung als kontrollierbar erweist, kehrt sich plötzlich alles um, aus einer Bedrohung wird eine Herausforderung, aus Angst wird Zuversicht und Mut, aus Ohnmacht wird Wille, und am Ende, wenn wir es geschafft haben, spüren wir, wie unser Vertrauen in das, was wir wissen und können, gewachsen ist." (2002, 39f)

Eine vorwiegend gedrückte Stimmungslage als Lebenshaltung, mangelndes Vertrauen in die eigenen Fähigkeiten wird das Individuum eher dazu veranlassen, emotional stark involviert zu reagieren, in einen Zustand von Anspannung zu geraten, der die Voraussetzung bietet, das Geschehen eher stresshaft zu verarbeiten; und Antonovsky fügt hinzu, dass im derartigen Fall eher von einem schwachen Kohärenzgefühl auszugehen ist. Die Anforderungen des täglichen Lebens werden allerdings ganz individuell wahrgenommen und verarbeitet. So wird der Anblick einer schönen Frau den einen Mann herausfordern, auf sie zuzugehen, während ein anderer Mann eher mit verstohlenem Seitenblick kurz hinschaut, sich dann schnell abwendet und sich vielleicht in der ihm bekannten Versagerrolle wiederfindet.

Ausdrücklich geht Antonovsky darüber hinaus auf den Charakter der Ereignisse ein, die trotz grundlegend positiver Tönung Stressoren provozieren können, welche mit Spannungszuständen einhergehen und stets dazu herausfordern, das an uns gerichtete Problem zu lösen und die Emotionen zu regulieren. Betrachten wir einmal die Bankangestellte, der mit erfolgreich durchlaufenem Assessment Center bestätigt wird, dass ihre Kompetenzen überdurchschnittlich ausgeprägt sind, so dass sie in Kürze die ihr zugesagte Schlüsselposition in der Investment-Abteilung der Bank bekleiden wird. Bekommt sie vielleicht ein Problem damit und wie bewertet sie das Geschehen? Wenn wir zu Lazarus' und Launiers Konzept des Bewertungsprozesses noch einmal zurückkehren, kommen wir mit den Vorgängen der „sekundären Bewertung" in Kontakt. Das Individuum prüft zunächst die Verantwortlichkeit, die einem Vorgang beizumessen ist. Die eben beschriebene Bankangestellte wird sich neben ihrer Freude über den positiven Abschluss mit ihrer Angst darüber auseinandersetzen, dass sie den Anforderungen vermutlich nicht genügen könnte. Unterstellen wir einmal, dass sie die Routine in der Investment-Abteilung noch nicht beherrscht, so wird sie sich überlegen, wen sie dann dafür verantwortlich machen kann, dass es so kam, wie es gekommen ist. Sie wird sich vielleicht auch darüber Gedanken machen, ob es überhaupt sinnvoll für sie war, das Assessment Center unter so viel Anstrengungen zu durchlaufen. Sobald sie zu dem Schluss gelangt, dass es sich um ihre eigene Angst handelt und sie niemanden sonst dafür verantwortlich machen kann, wird sie sich mit ihren *Bewältigungmöglichkeiten* auseinandersetzen. Die Beurteilung unseres Coping-Potenzials ist dabei immer an negativ eingeschätzte Ereignisse und die mit ihnen in Verbindung gebrachten Gefühle gekoppelt. Unsere Bankangestellte wird sich also fragen, ob die Situation hätte verhindert werden können, und wird auf diese Weise mit ihren Kontrollüberzeugungen (Rotter, 1966) in Kontakt kommen. Sie wird bewerten, ob das Geschehen außerhalb ihrer persönlichen Kontrolle liegt oder davon abhängt, was sie selbst unternimmt. Und sie wird sich dabei auch fragen, ob das ihr einst wichtige Ziel, die Investment-Abteilung zu leiten, durch ihre Ängste in irgend einer Weise beeinträchtigt sein muss. Diese Erlebnisqualitäten und Gedanken im Zusammenhang mit ihrer starken emotionalen Reaktion müssen ihr allerdings nicht zwangsläufig in das Bewusstsein gelangen.

Die Bewältigungsmöglichkeiten betrachten Lazarus und Launier (1981) noch einmal differenzierter, indem sie zwischen der Bewältigung der Situation und der Bewältigung der mit ihr verbundenen Emotionen unterscheiden. Bleiben wir bei dem Beispiel unserer Bankangestellten, so wird sie von ihrer Angst nicht überwältigt werden, wenn sie sich z. B. daran erinnert, wie sie ähnliche Situationen, ohne Schaden zu nehmen, gemeistert hat. Auch ihr Bewusstsein ist an die Realität im jeweiligen Kontext gebunden. Ihr erstrebtes Ziel und die Wichtigkeit des Ereignisses wird im Zusammenhang mit ihren Zukunftserwartungen im Vordergrund stehen, so dass ihre Angstgefühle und Befürchtungen, der Aufgabe nicht gewachsen zu sein, schnell in den Hintergrund treten können. Sobald sie sich vergegenwärtigt, dass sie zunächst noch eine Weile in ihrer gewohnten Umgebung arbeiten wird, um sich auf ihre neue Aufgabe vorbereiten zu können, wird die Angst in den Hintergrund treten und auch für die Zukunft zunächst keinerlei Relevanz haben. Die bereits angesprochenen Zukunftserwartungen stellen einen weiteren Anteil der sekundären Bewertung dar, wird doch das Geschehen auch dahingehend überprüft, welche Konsequenzen über eine längere Zeitperspektive gegeben sind.

Die hier beschriebenen Prozesse der „primären" und der „sekundären Bewertung" müssen nicht zwangsläufig – wie oben bereits angedeutet – an das Bewusstsein gekoppelte Inhalte sein, dennoch geht die kognitive Bewertung vorwiegend mit der bewussten Verarbeitung einher.

Ehe sie nun in der neuen Umgebung arbeiten wird, wollen wir noch einmal das Beispiel der Bankangestellten bemühen. Sie wird sicher zu der Erkenntnis kommen, dass ihre Ängste ganz regulär und der Situation angemessen sind, wenn jemand mit einer neuen Aufgabe betraut wird. Sie wird das Ereignis überhaupt anders bewerten, wenn sie in der Rückschau zu ihrer ursprünglichen Intention zurückkehrt, die Leitung der Abteilung zu übernehmen und sie wird im Gespräch mit ihrer besten Freundin die Angst noch einmal relativieren können, wenn sie vielleicht auch mit ihr über ihre zum Teil unbegründeten Befürchtungen lachen kann. Diesem Vorgang der Neubewertung (reappraisal), den Lazarus und Launier (1981) ansprechen, ist besondere Bedeutung beizumessen, wird doch auch die emotionale Reaktion durch eine situationsangemessene Bewältigung anders ausfallen.

Mit diesem hier so ausführlich referierten Konzept sei noch einmal zu den Auffassungen Antonovskys übergeleitet, der von den Annahmen ausgeht, dass der Mensch mit einem starken Kohärenzgefühl auf dem Wege

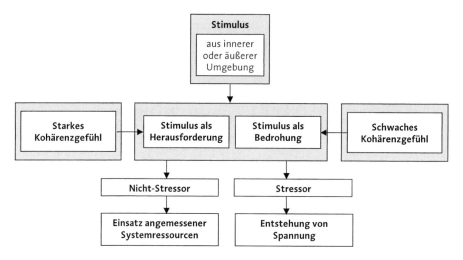

Abbildung 3: Der Einfluss des Kohärenzgefühls auf die Stressverarbeitung nach Antonovsky: „Primäre Bewertung-I"

der primären Bewertung das Ereignis erst gar nicht als stressinduzierend erlebt, seine Ressourcen aktivieren kann, um den Anforderungen gerecht zu werden, und vor allem eine situationsangemessene Anspannung verspürt, die das persönliche Wohlbefinden als Stressor nicht gefährdet. Diesen Vorgang bezeichnet er als die „primäre Bewertung-I" (Abbildung 3).

Wir erinnern uns: Es geht um eine Grundorientierung des Menschen, der mit dem Gefühl des Vertrauens an die Herausforderungen herantritt, dass das Geschehen u. a. erklärbar ist, dass Ressourcen verfügbar sind und dass das Ereignis eine lohnenswerte Herausforderung darstellt, die ein Engagement zur Lösung des Problems erfordert. Der „primären Bewertung" Lazarus' und Launiers fügt Antonovsky eine weitere Betrachtungsdimension hinzu, die der „primären Bewertung-II" (Abbildung 4), prüfe doch das Individuum zugleich, ob der Stimulus für das eigene Wohlbefinden förderlich, bedrohlich oder bedeutungslos ist. Sobald das Ereignis als förderlich oder bedeutungslos definiert werden kann, wird sich nämlich die Spannung auflösen können und sich nicht zum Stress entwickeln. „It is to assume that the tension will soon be dissipated; in essence, it is taking cognitive action toward redefining the stressor as a nonstressor" (Antonovsky 1988, 133).

Bei der Lösung einer schwierigen Aufgabe ist der Mensch im Grunde genommen mehr oder weniger unbewusst und unentwegt damit beschäftigt, wie er in der Vergangenheit ähnliche Situationen gemeistert, wie er seine Ressourcen zur Lösung des Problems vormals aktiviert hat. Sobald

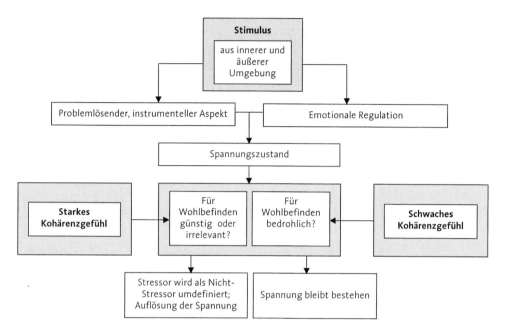

Abbildung 4: Der Einfluss des Kohärenzgefühls auf die Stressverarbeitung nach Antonovsky: „Primäre Bewertung-II"

er die Aufgabe als sinnvolle und herausfordernde Aktivität für sich definieren kann, wird ihm die Zielperspektive, das Problem alsbald gelöst zu haben, lohnenswert erscheinen; er wird weniger Spannungen verspüren und er wird vor allem die Stressgefühle nicht mehr zwangsläufig als negativ bewerten müssen. Die Zukunftsperspektive, die Zukunftserwartungen haben für das Thema der emotionalen Regulation eine bedeutende Relevanz, denn die Vorwegnahme positiver Vorstellungen von einer gelungenen Problemlösung führt einerseits zur Verminderung der erlebten Spannungen an sich und andererseits werden unter der Berücksichtigung individueller Fähigkeiten und Fertigkeiten positive Selbstgefühle bestärkt. Eine Reduktion auf Defizite aus der Vergangenheit kann relativiert werden. Allein die Vorwegnahme der Vorstellung über die bestandene Prüfung mit den anschließenden wertschätzenden Glückwünschen der Anerkennung, das angenehme Gefühl, das ersehnte Ziel erreicht zu haben, verbunden mit dem Erleben, dass sich die Anstrengungen, vor allem die Herausforderung und das Engagement gelohnt haben, vermag den Spannungszustand verbunden mit den bedrohlichen Angstgefühlen vor der Prüfung zu reduzieren. Hinlänglich bekannt ist natürlich auch der umgekehrte Vorgang, wenn nämlich, statt der belastenden Situation selbst unmittelbar ausgesetzt zu sein, stressinduzierende Ereignisse bzw. nur deren Auslöser antizipiert werden.

Diese Ausführungen haben wiederum viel gemeinsam mit dem Konzept der Selbstwirksamkeit von Bandura (1977). Als Hintergrundüberlegung zu seiner Theorie mögen unsere *Vermeidungstendenzen* dienen, wenn wir nämlich Menschen und Situationen meiden, weil wir von uns selbst annehmen, den Anforderungen nicht gewachsen zu sein.

Lazarus und Launier (1981) beschrieben ja die Bedeutung aktivierter Ziele im Zusammenhang mit der „primären Bewertung". Bietet das angestrebte Ziel herausfordernden Charakter, so werden positive Emotionen damit verbunden und unser Handeln wird darauf ausgerichtet sein, dieses Ziel zu erreichen. Czikszentmihalyi, der das Phänomen des Fließerlebnisses (flow-Erfahrung) darstellte, weist auf folgende Gegebenheiten hin: „Und es ist, wie gesagt, für die meisten Tätigkeiten, bei denen sich *flow* einstellt, charakteristisch, dass sie auf eindeutige Ziele ausgerichtet sind, klaren Regeln folgen und dass es sofortige Rückmeldungen gibt – also eine Reihe von außen kommender Anforderungen, die unsere Aufmerksamkeit konzentrieren und unser Können herausfordern" (Czikszentmihalyi 1999, 89f). Und letztendlich beeinflussen angestrebte Ziele unser Selbstempfinden, ja unsere Selbstachtung.

Wenden wir uns jetzt mit Antonovsky eingehender der Emotionsregulierung zu, dem emotionalen Aspekt, der neben der problemlösenden oder instrumentellen Verarbeitung als Reaktion auf ein Ereignis oder auch ein ausbleibendes Ereignis einsetzt. Ein Stressor, der für das eigene Wohlbefinden als förderlich definiert werden kann, wird unterschiedlich erlebte Emotionen hervorrufen. Im Zusammenhang mit der Betrachtungsdimension des Kohärenzgefühls wird der Politiker mit einem starken Kohärenzgefühl den ersehnten Wahlausgang zu seinen Gunsten mit einem Glücksgefühl und mit Freude begrüßen, während der Kollege derselben Partei, dem ebenfalls ein hohes Amt zugesprochen worden ist, im Falle eines schwachen Kohärenzgefühls diese Herausforderung eher als lähmend, anstrengend, ja angstauslösend erleben kann.

Menschen mit einem starken Kohärenzgefühl reagieren auf bedrohlich wahrgenommene Herausforderungen mit Traurigkeit, Furcht, Schmerz, auch Wut, während Menschen mit einem schwachen Kohärenzgefühl auf dasselbe Ereignis eher mit Angst, Scham, Verzweiflung und Hoffnungslosigkeit reagieren. Die hier dargestellten Reaktionen weisen darauf hin, dass die erste Gruppe eher eine motivierend-zielgerichtete Handlungsbasis für sich in Anspruch nimmt, und die zweite Gruppe eher unklar, gefühlsverwirrt bis handlungsunfähig reagieren wird. Im ersten Fall wird über die Ansprache der Bedeutsamkeit ein motivierendes Element aktiviert, ein als emotional empfundener Sinn scheint auf, die Herausforderung wird als wichtig angesehen, sich mit ihr auseinander zu setzen, Engagement walten zu lassen. Hoffnungslosigkeit stellt in diesem Sinne somit Engagement in Frage, da die Bedeutung der Angelegenheit eher einen Charakter hat, auf den das Individuum gerne zu verzichten bereit wäre. Die antizipierten Perspektiven zum Handeln führen in diesem Falle eher zu Vorstellungen über die Aussichtslosigkeit des Handelns.

Gleichzeitig, neben der Emotionsregulierung, verläuft der Prozess der instrumentellen Einschätzung durch das Individuum. Ein starkes Kohärenzgefühl verhilft dem Menschen, das Problem mit größerer Klarheit, differenzierter und vor allem als Herausforderung zur aktiven Auseinandersetzung zu betrachten. Zum Handeln werden sodann die geeigneten Ressourcen ausgewählt, um dem Stressor zu begegnen, während der Mensch mit einem schwachen Kohärenzgefühl von Hoffnung verlassen eher resigniert.

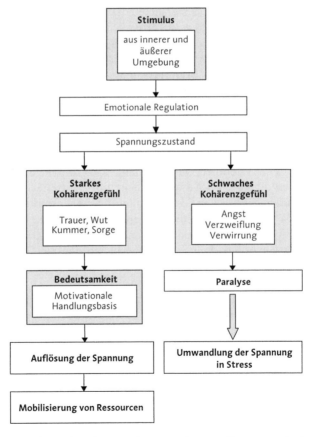

Abbildung 5: Die Wahrnehmung der Emotionsregulierung nach Antonovsky: „Primäre Bewertung-III"

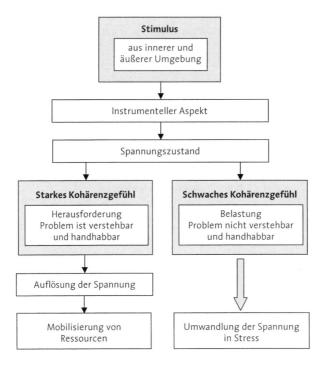

Abbildung 6: Die instrumentelle Problemlösung nach Antonovsky: „Primäre Bewertung-III"

Diesen Vorgang der Emotionsregulierung in Verbindung mit dem instrumentellen Aspekt bezeichnet Antonovsky als „primäre Bewertung-III" (Abbildung 5 und 6). Die Bankangestellte mit einem starken Kohärenzgefühl wird entscheiden, dass sie sich auf einen Prozess der Lernens unter Rückgriff auf ihre Kompetenzen einlassen will, um sich nicht von ihren Sorgen und Ängsten dominieren zu lassen. Sie wird alsbald den Entschluss fassen, sich bei nächster Gelegenheit mit entsprechenden Fachleuten über ihre zukünftigen Aufgaben einmal auszutauschen.

Als letzten Vorgang des Coping-Prozesses beschreibt Antonovsky die „tertiäre Bewertung" (Abbildung 7). Unter Lazarus' und Launiers Perspektive wird bei der „sekundären Bewertung" eine Auswahl adäquater Ressourcen für den Umgang mit dem Stressor getroffen. Sobald die gefundenen Handlungsmöglichkeiten realisiert werden sollen, erhält das Individuum unmittelbare Resonanz aus dem Umfeld. Der Freund möchte den Termin zur wichtigen Unterredung nicht wahrnehmen und gibt am Telefon bereits zu erkennen, dass er sich erkältet hat und sich nicht stark genug für das Gespräch fühlt. Verfügt der Gesprächspartner über ein star-

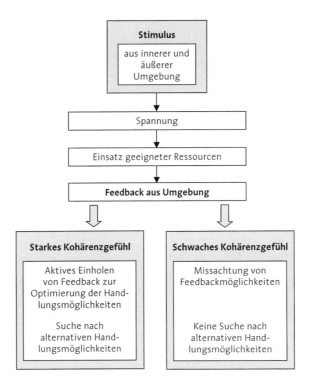

Abbildung 7: Feedback und Handlungsmöglichkeiten nach Antonovsky: „Tertiäre Bewertung"

kes Kohärenzgefühl, so bezieht er bewusst das Feedback in seine weiteren Planungen mit ein, beurteilt es und sucht nach Handlungsalternativen. Verfügt er jedoch nur über ein schwach ausgeprägtes Kohärenzgefühl, so wird er den Hinweis seines Freundes entweder nicht wahrnehmen oder gar ignorieren. Er bleibt bei seinem Vorhaben, versucht es vielleicht dennoch durchzusetzen, statt nach alternativen Handlungsmöglichkeiten zu suchen. Er versucht vielleicht den besagten Freund trotz seines Hinweises zu überreden: „Kannst Du nicht wenigstens eine halbe Stunde kommen? Ich habe doch solche Schwierigkeiten. Nur Du kannst mir helfen." Und – last but not least – wird unsere Bankangstelle mit ihrer Freundin, die auch in ihrer Bank arbeitet, darüber sprechen, wie sie sich bereits frühzeitig ein Unterstützungsnetz aufbauen kann.

Zur Regulierung der Emotionen führt Antonovsky (1988) weiter aus, dass ein jedes Problem, welches durch Stresserleben begleitet ist, zugleich Spannungen hervorruft, während die Emotionsregulierung als Sekundärphänomen stets dabei Bedeutung erlangt. Wenn instrumentell, also auf der

Handlungsebene, zwar eine Lösung möglich wird, dann findet nicht zwangsläufig eine befriedigende Emotionsregulierung statt. Die Gefühle entstehen gleichsam als Begleitphänomene, sobald ein Stimulus als Stressor gewertet und darüber hinaus als bedeutsam für unser Wohlergehen erlebt wird. Bei der oben beschriebenen „primären Bewertung-II" im Zusammenhang mit einem starken Kohärenzgefühl werden Stressoren eher im Sinne zielgerichteter Emotionen mit der Hoffnung verknüpft, eine Lösung auf instrumenteller Ebene – als Herausforderung definiert – zu finden. Die Emotionen werden insgesamt bewusster wahrgenommen, können so auch klarer beschrieben werden und haben daher einen eindeutigeren Situationsbezug.

Darüber hinaus spricht Antonovsky von den Stressoren, die eine Auseinandersetzung mit der Schuldfrage provozieren und meint, dass der Mensch mit einem starken Kohärenzgefühl realitätsangemessener im Umgang mit der Schuld reagiert und sie entsprechend zuordnen kann, ohne Projektionen vorzunehmen und damit der Verantwortung auszuweichen. Der hier aufscheinende attributionstheoretische Ansatz bietet die Perspektive, dass Menschen, die sich selbst beschuldigen – nach Antonovsky sind das diejenigen, die sich durch ein schwaches Kohärenzgefühl auszeichnen – größere Schwierigkeiten damit haben, Probleme zu bewältigen, als die Menschen, die ihr Verhalten überprüfen und Handlungsalternativen aufsuchen. Ihnen fällt es leichter, die Schuldfrage relativ zu ihren charakterlichen Eigenschaften zu sehen.

Insgesamt geht Antonovsky davon aus, dass der Mensch mit einem starken Kohärenzgefühl bei der Regulierung seiner Emotionen Spannungen weniger in Stress umwandelt. Er kann einerseits seine Emotionen anerkennen und deren Ausdruck zulassen. Andererseits wird hierdurch der Weg leichter, sich der instrumentellen Dimension zuzuwenden, das Problem zu lösen. Das Spannungserleben soll uns denn auch über die Botschaft der Emotionen darauf aufmerksam machen, dass ein Handlungs- bzw. Änderungsbedarf gegeben ist, statt handlungsunfähig oder gar mit Krankheit zu reagieren. Werden die Emotionen unterdrückt, so führt das zur Umwandlung der Spannung in Stress. So sei die mit einem starken Kohärenzgefühl ausgestattete Person deshalb im Vorteil, weil „sie im Angesicht eines Stressors die passendsten Ressourcen oder Kombinationen von Ressourcen aktuell mobilisieren kann" (Antonovsky 1988, 138; Übers. d. Verf.).

Positives emotionales Erleben – so Antonovsky – hat über das Zentralnervensystem Auswirkungen auf unser Immunsystem und steigert unsere Immunkompetenz (umgekehrt führt eine andauernde Erhöhung der Stresshormonspiegel zur Unterdrückung der körpereigenen Abwehrmechanismen), wobei positive emotionale Zustände unseren gesundheitlichen Status stabilisieren und auch verbessern helfen.

Insgesamt kann davon ausgegangen werden, dass bei der Ausprägung eines starken Kohärenzgefühls der Mensch in der Lage ist, erlebte Spannungen besser regulieren zu können. Akute oder auch chronische Stressoren können als Herausforderung angemessen über situationsspezifische Auswahl der Ressourcen bewältigt werden, statt dass man der schädigenden Auswirkung langanhaltender Spannungen als Folge chronischer Stressoren ausgeliefert sein muss. Die Bedeutung der Emotionsregulierung ist nicht hoch genug einzuschätzen, werden die Emotionen doch auf dem Wege zur situationsangemessenen Reaktion auf ein Ereignis von der Person zunächst bewusster wahrgenommen. Kann sie – ausgestattet mit einem starken Kohärenzgefühl – den Stressor erst einmal als Herausforderung definieren, dann kann auch die emotionale Anspannung zugunsten persönlichen Wohlergehens nachlassen.

4.2 Sinnfindung und Bedeutsamkeit – Perspektiven Antonovskys

> *„Nichts mit Verachtung betrachten, sondern sich verpflichtet fühlen, zu verstehen, nicht zu richten."*
>
> Albert Camus

So wie Antonovsky verstanden und interpretiert werden kann, legt er keinen Wert auf die semantische Unterscheidung der Begriffe Bedeutsamkeit und Sinnhaftigkeit. Auch aus der englischen Übersetzung lässt sich kein signifikanter Unterschied der Termini herausarbeiten. Die Grundbedeutung des Wortes „Sinn" verweist auf mehrere, ja vielfältige Zusammenhänge:

■ „Sinn" als Nachgehen auf kognitive Weise in Form geistiger Zuwendung zur Welt (bezogen auf die Außenwelt sprechen wir auch von unseren *Sinnen*, z. B. dem *Tastsinn*, und auch von *Sinnlichkeit*; bezogen auf die Innenwelt sprechen wir von *Gesinnung* oder *Sinnesart*) und
■ „Sinn" als Deutung des Verhältnisses, in dem der Mensch zu seiner Welt steht.

Im allgemeinen Sprachgebrauch gibt es zu diesem Begriff viele Konnotationen wie etwa: „Mir schwinden die Sinne, mir steht nicht der Sinn danach, seine fünf Sinne beisammen oder auch nicht beisammen haben, eines Sinnes sein, etwas kommt jemandem in den Sinn, Sinn für Humor haben ..."

Gehen wir von der Dimension der *Bedeutsamkeit* im Sinne Antonovskys aus, so folgert er nach Auswertung von Interviewprotokollen, dass neben dem kognitiven Aspekt die emotionale Bedeutung dieses Terminus entsprechende Tragweite hat. Herausforderungen im Leben als notwendig zu erachten, sich zu engagieren, einen Sinn darin zu sehen, die Anforderungen des Lebens anzunehmen, vor allem auf emotionaler Ebene:

Diese Menschen identifizierte Antonovsky als mit einem starken Kohärenzgefühl ausgestattet. Sie sind in der Lage, den Lebensbedingungen einen subjektiven Sinn zu verleihen, sie mit den eigenen Wünschen und Bedürfnissen in Einklang zu bringen. Im Umgang mit Stressoren reagieren diese Menschen, nachdem sie das Problem verstanden haben und motiviert sind, die Herausforderung als Chance anzunehmen, mit der Suche nach angemessenen Ressourcen. Wenn das Kohärenzgefühl erst einmal im positiven Sinne Wirkung entfaltet, dann wissen Menschen darüber zu berichten, dass sie das Gefühl haben, in der Lage zu sein, auf stabile und anhaltende Fähigkeiten zurückzugreifen. Aspekte wie Resilienz, Durchhaltevermögen und Ausdauer entfalten hier ihre Bedeutung.

Die bereits zuvor beschriebene Zielrelevanz im Zusammenhang mit der primären Bewertung bei Lazarus und Launier (1981) beinhaltet die Verknüpfung mit dem Aspekt der Bedeutsamkeit in motivationaler Hinsicht und bestimmt maßgeblich das daran festgemachte emotionale Erleben. Sofern die Erfahrungen nicht als bloßes Schicksal hingenommen oder als Entfremdung verworfen werden, wird eine Sinndimension zugänglich, die die notwendige Basis zwischenmenschlicher Beziehungen mit dem Ziel sozialer Integration schafft, in der positive Gefühle im tragenden Miteinander Raum finden. Der Aspekt des Engagements, den Antonovsky oft darstellt, ist auch als Verpflichtung zu verstehen, sich einer Sache verbunden zu fühlen, für die sich engagierter Einsatz lohnt. Daraus ergibt sich der Sinn, für Ziele einzustehen, ihnen Bedeutung, ja Sinnhaftigkeit beizumessen. In dieser Weise aktive Menschen folgen ausdauernd ihren Zielen, selbst wenn sie Stressoren ausgesetzt sind; sie können diese zugleich als Herausforderung betrachten, sind doch Stressoren allgegenwärtig im Leben; es gilt sie zu bewältigen, statt hilflos auf sie zu reagieren. Engagement lohnt sich auch in der Wahrnehmung der Entmenschlichung und der Entfremdung, die Sinne für Veränderung und Entwicklung zu nutzen, Sinn zu stiften, wo Sinnlosigkeit herrscht, in einer Welt, in der „Konsum- und Leistungszwang" herrscht, in der „die Spirale der Fortschritts- und Zielorientierung eine unaufhaltsame Eigendynamik entwickelt" (Wirtz/Zöbeli 1995, 62).

Wichtig und bekräftigend für ein positives Selbsterleben sind selbstinitiierte Entscheidungen, die eigenverantwortlich vertreten werden können. Es geht dabei um die Möglichkeiten der aktiven Einflussnahme auf Prozesse, die in einem jeden Betrieb, in einer jeden Institution zu entscheiden bzw. wahrzunehmen sind und über Mitsprache im Sinne der generalisierten Widerstandsressourcen (Kapitel 2.5) gefördert werden können. In Kontexten sozialer Anerkennung machen sich Empfindungen der Bedeutsamkeit fest, eben der tiefer liegende Sinn, sich für eine Sache zu engagieren; und Antonovsky führt weiter aus, dass es dabei ganz wesentlich um die Teilhabe an Entscheidungsprozessen geht, die sozial anerkannt sind. So analysierte Antonovsky eingehend die Rolle der Hausfrau und folgert: „she has decision-making power with respect to process and product in a sphere that, in Western societies, is not held to be of much account" (1988, 93). Becker und Minsel weisen auf die Situation der unterschiedlichen Rollenverteilung und den damit verbundenen unterschiedlichen Chancen der Geschlechter hin: „Im Zusammenhang mit unserem Thema *seelische Gesundheit* ist es nun eine wichtige Frage, ob Frauen, die sich ganz der traditionellen Rolle als Ehefrau und Mutter widmen, in dieser Rolle tatsächlich ihre Erfüllung finden" (1986, 162). Die Autoren zitieren eine Studie von Birnbaum (1975), nach der die Hausfrauen auf große Identitätsprobleme verbunden mit geringem Selbstbewusstsein hinwiesen und sich zudem in Sinn- und Selbstwertkrisen erlebten. Die berufstätigen Mütter hingegen beklagten zwar ihren Zeitmangel und die Sorge darüber, ob sie für ihre Kinder trotz Doppelbelastung noch ausreichend Zeit zur Verfügung hätten, doch sie wirkten ausgeglichener und waren vor allem psychisch gut adaptiert. Maßgeblich also für die Lebenserfahrungen, die ein starkes oder schwaches Kohärenzgefühl konstituieren, sind für Antonovsky die Merkmale, die durch die Arbeitssituation auf den Menschen einwirken, zumal derartige Prozesse auch langwirkenden Charakter haben. Dazu zählt desgleichen das Ansehen des Unternehmens in der Gesellschaft wie die Freude am und Optimismus im Arbeitsgeschehen. Beides wird gefördert, wenn eigene Fähigkeiten und Fertigkeiten eingebracht werden können und Anerkennung finden.

Selbst in der frühen Entwicklung spielt die Teilhabe an Entscheidungsprozessen die Rolle, die für das Gefühl der Bedeutsamkeit förderlich ist. Sobald angemessen auf die Bedürfnisse des Kindes eingegangen wird, ist das Kind auch an entsprechenden Entscheidungen beteiligt, während positive Antworten über den Einbezug in das soziale Miteinander, sei es im Spiel und vor allem die Berührung, die Modulation der Stimme und viele andere wertschätzende Reaktionen der relevanten Bezugspersonen, für das Kind früh eine Atmosphäre der Dazugehörigkeit und Bedeutung vermitteln.

Menschen, die die Erfahrung der Bedeutsamkeit machen können, die Sinn finden in der Erfüllung ihrer Aufgaben, die sich herausgefordert erleben, sie alle verfügen über „deutlich aktivere Stressverarbeitungsstrategien" (Schmitz/Hauke 1999), als Menschen, die eher dazu neigen, Problemen aus dem Wege zu gehen. Sie nämlich reagieren mit „Resignation und

Flucht im Sinne des Unterlassens von Aktivitäten und des ‚Aus-dem Fel-de-Gehens‘ mit Merkmalen der Selbstbeschuldigung, der sozialen Abkap-selung, mit gedanklicher Weiterbeschäftigung (Grübeln), Selbstmitleid und mit allgemeiner Vermeidungstendenz" (Schmitz/Hauke 1999, 42ff).

Wer existenzbedrohlichen Situationen – insbesondere lang anhaltend –, Grenzerfahrungen ausgesetzt ist, dem wird sich ganz elementar die Frage nach dem Sinn, der Bedeutsamkeit aufdrängen. Die Fragen nach der Ver-stehbarkeit und die nach der Handhabbarkeit treten in den Hintergrund, zumal es um die existenzielle Frage des Überlebens geht, um die Qualität und die Stärke des Bedeutsamkeitserlebens, das vielleicht noch Halt zu ge-ben vermag. Und es geht – um in der Flussmetapher mit Antonovsky zu bleiben – nicht mehr darum, gut „schwimmen" zu können, sondern „den Kopf soweit über Wasser halten zu können", dass „Luftholen" überhaupt noch möglich ist. Bedeutung einer Situation, Sinn einem Widerfahrnis ab-gewinnen zu können, bietet Orientierung, zeigt Wege auf und lässt wieder Hoffnung aufkommen.

Viktor E. Frankl war einer der Überlebenden der *Schoah* in Auschwitz. Darüber hinaus blieb es ihm nicht erspart, dem Grauen noch in drei ande-ren Lagern ausgesetzt zu sein. Gleichwohl bemühte er sich – sicher ent-scheidend beeinflusst durch seine Erlebnisse der Gewalttätigkeiten und Quälereien –, der konkreten Situation noch einen Sinn abzugewinnen; und er glaubte an einen Sinn, der seiner Meinung nach stets in den jeweiligen individuellen und situativen Bedingungen zu finden sei und darin, inwie-weit sich der Mensch in seiner Entscheidungsfreiheit von den Umständen bestimmen lässt. Die Freiheit der persönlich gegebenen Entscheidung ver-leihe zugleich dem Individuum die Kraft, widrige Lebensumstände bewäl-tigen zu können. Der Welt liegt nach Frankls Auffassung eine sinngeben-de Ordnung zugrunde und der besonders schwer zu erfassende Sinn des Leidens war für Frankl in Schreckenszeiten Gegenstand seiner eingehen-den Betrachtungen.

Zusammenfassend kann festgestellt werden, dass Antonovsky – zwei-felsfrei von Frankl beeinflusst – der Bedeutsamkeit im Sinne einer moti-vierenden Kraft den entscheidenden Einfluss auf die Gesundheit beimisst. Habe der Mensch erst einmal Lebenserfahrungen gemacht, die durch die eigene Tätigkeit und durch eigene Entscheidungen hervorgebracht seien, dann fühle er sich nicht als Objekt anderer, die die Regeln lediglich vorge-ben. Er finde vielmehr durch eigenes Tun mit anderen Konsens und erlebe dadurch ein Gefühl für die Bedeutsamkeit, die sich durch eigenverant-wortliches Handeln im Miteinander etabliert.

Während Antonovsky eine umfassende und allgemein gültige Theorie der Gesundheit vorlegte, befassen sich Becker (1982) und Becker und Min-sel (1986) unter Rückgriff auf Antonovskys theoretischen Annahmen ein-gehender und im Besonderen mit Erkenntnissen über die *seelische Ge-*

sundheit. Als bedeutungsvolles Kriterium für seelische Gesundheit beziehen sich diese Autoren u. a. umfassend auf die *Sinnfindung* als eine wesentliche Konstituente dafür, dass in Anlehnung an die Grundannahmen der humanistischen Psychologie die Sinnfrage dem Menschen die so wichtige Orientierung bietet. Psychische Erkrankungen dagegen korrellieren deutlich mit dem Erleben des Sinn- und Wertverlustes. Unter Bezugnahme auf Frankls Aussagen kommen die Wissenschaftler zu dem Schluss, dass dessen Auseinandersetzung mit der Sinnfrage als eine bereichernde Dimension in der Auseinandersetzung mit der Frage nach seelischer Gesundheit anzusehen ist.

4.3 Das Selbst, die Identität und das Kohärenzgefühl

Wenn Horst Petri von der „Selbstkohärenz" (Kapitel 2.3) als einem „Kern von Selbstachtung, Selbstidentität und Selbstbewahrung" spricht (Petri 1994, 158), dann ist sicher eine Analyse lohnenswert, in welchem Zusammenhang Selbstkonzepte mit der Identität und dem Kohärenzgefühl des Menschen stehen.

Bereits vorgeburtlich entwickelt der Mensch in der Interaktion mit der Mutter als interpersonales Resonanzgefühl Selbstgefühle, Gefühle, die sich auf die inneren Zustände für sich selbst beziehen. Daran knüpfen sich im späteren Entwicklungsverlauf Bewertungen über sich selbst in Form der so genannten Selbstattributionen und den Attributionen aus dem sozialen Umfeld mit den Dimensionen des Minderwertigkeits- bzw. Wertlosigkeitsgefühls und des Selbstwertgefühls. Den Selbstgefühlen des Menschen wurde wohl deshalb bisher so wenig Beachtung geschenkt, weil es so selbstverständlich und vertraut ist, wie das Verständnis über den Körper, der unhinterfragt „seinen Dienst tut". Erst dann, wenn diese Selbstverständlichkeiten brüchig werden, wenn wir in Krisen geraten, in denen wir uns selber nicht mehr wiedererkennen, ja uns selber nicht mehr verstehen, nicht mehr „Herr im eigenen Hause sind", dann entwickeln wir ein Gefühl für die Bedeutung positiver Selbstgefühle, sich selber vertrauen zu können. Die klinische Erfahrung bestätigt, dass Vertrauen in Verbindung mit einem stabilen Selbstwertgefühl und ein sicheres Selbst- bzw. Lebensgefühl den Grundstein für Gesundheit und Lebenszufriedenheit darstellt.

Die Art und Weise, wie Menschen sich selbst wahrnehmen und bewerten, hat Auswirkungen auf ihr Erleben und Verhalten. Selbstgefühle bestimmen – allgemein gesagt – die Haltung zu sich selbst, wie nützlich usw. ich mich allgemein fühle, und die Selbstbeurteilung, die evaluative Komponente, aus der sich das Selbstwertgefühl formiert. Im Zentrum dieser Selbsteinschätzungen stehen Fragen wie: Wie denke ich über mich selbst?

Welche Bilder über mein Selbst habe ich? Wie beurteilen mich andere? Dabei strebt der Mensch nach wünschenswerten Erfahrungen, die sich in den Bedürfnissen niederschlagen, evaluiert werden und die Selbsteinschätzung bilden. Der emotionale Ausdruck spiegelt sich in der Selbstwertschätzung, der Selbstakzeptanz, aber auch in der Selbsterniedrigung bis hin zum Selbsthass. Das Selbst als Dimension unserer Identität strebt über die Gestaltung von Identitätsprojekten nach positiven Erfahrungen, die wiederum positive Selbstgefühle konstituieren.

Unsere Identitätsentwicklung steht also im unmittelbaren Zusammenhang mit den Selbstgefühlen, entwickeln wir doch im Laufe unseres Lebens ganz unterschiedliche Gefühle zu unserem Selbst. Die Identität als Dimension des Selbst ist in ihrer janusköpfigen Gestalt durch die Selbst- und Fremdbilder aus dem jeweiligen Kontext und innerhalb der Dynamik in der Lebenszeit geprägt. Sie ist also plastisch, formbar im Laufe des Menschenlebens und unterliegt somit permanenten Veränderungen. Der Begriff der *Identität* ist bis William James (1890) zurückzuverfolgen, der die soziale Dimension in das Blickfeld seiner Überlegungen rückte, während Erikson (1959, 1973) den Bergriff individuenzentriert angeht. In der Innenperspektive ist das Identitätserleben zum einen somit als Akt der Selbstwahrnehmung, der Selbsteinschätzung und der Selbstbewertung aufzufassen. Zum anderen wird das Identitätsverständnis außengeleitet über die Perspektive im sozialen Miteinander verstanden, welches auf uns zurückwirkt. Diese beiden Dimensionen bilden unsere Identität aus, sind wir doch als Individuen von Anbeginn unseres Lebens in das soziale Miteinander eingebettet.

An dieser Stelle sollen einmal die unterschiedlichen Identitätsebenen in einem heuristischen Modell dargestellt werden. Petzold unterscheidet fünf Bereiche der menschlichen Identität:

1. **Leiblichkeit**, als tragende Säule der Identität vor dem Hintergrund persönlichkeits- und entwicklungstheoretischer Dimensionen des Selbst, als Basis für der Herausbildung des Ich und der Identität selbst. Sie umfasst u. a. körperliche Unversehrtheit, Gesundheit, Leistungsfähigkeit und auch eine erfüllte Sexualität.

2. **Soziales Netzwerk**, als die Eingebundenheit in soziale Kontexte, ursprünglich die Familie, später kommen freundschaftliche und berufliche Zusammenhänge hinzu.

3. **Arbeit, Leistung, Freizeit**, als Dimensionen der Selbstverwirklichung sowohl durch die Arbeitsleistung, mit der wir von den Mitmenschen gesehen, bewertet, identifiziert werden, als auch durch Freizeitgestaltung

im sozialen Miteinander. In Kulturen, in denen beruflicher Status und Leistung hoch bewertet werden, muss insbesondere dieser Säule eine bedeutungsvolle Rolle zugeschrieben werden.

4. Materielle Sicherheiten, die sich durch die Sicherstellung der Finanzen insgesamt, auch des Besitzes manifestieren, wie Nahrung, Obdach und die ökologische Eingebundenheit. Materielle Güter spielen in unserer Gesellschaft eine herausragende Rolle, deshalb wird oft eigener Wert an sie geknüpft. Finanzielle Möglichkeiten bieten gleichwohl Spielräume, die unser Identitätserleben stabilisieren.

5. Werte und Werthaltungen, zu denen sich der Mensch verantwortungsbewusst bekennt, die Sinnbezüge darstellen, mit denen er sich identifizieren kann und mit denen er identifiziert wird. Eine identitätstragende Quelle ist zweifelsohne die Zugehörigkeit zu Werte tragenden Organisationen, wie sie in Glaubensgemeinschaften, politischen Vereinigungen, humanitären und ökologisch ausgerichteten Organisationen zu finden sind.

Dieses Modell der „fünf Säulen der Identität" (Petzold 2003) in seiner Zusammenschau bietet im Sinne der Erkenntnis lebensbestimmender Strukturen dem Menschen einen Ansatz, sich im Lebensganzen und im So-Geworden-Sein verstehen zu lernen. Dabei ist die Arbeit, der der Mensch nachgeht, neben der Lebenserhaltung und der Sicherstellung materieller Voraussetzungen für seine Verwirklichung und damit die Förderung seiner Identität bestimmendes Element. Die Arbeit gründet auf unserer leiblichen Basis, wir vollziehen sie leibhaftig, unser Leib ist an gesund wie krank erlebten Tagen Gestalter unseres Lebens- sowie Arbeitsvollzugs und kreativen Ausdrucks zugleich. Zudem gestalten wir unsere Arbeit in übergeordneten Zusammenhängen, im sozialen Miteinander. Wir werden durch andere mit ihr über Bewertungen identifiziert und können eine Identifikation von uns aus mit ihr erleben, sobald beide Aspekte, der der Identifizierung wie der der Identifikation mit ihr in Einklang stehen.

In Zeiten gesellschaftlicher Unsicherheiten und vielfältiger Wahlmöglichkeiten kommt dem Zutrauen und dem Risiko besondere Bedeutung zu. Wir leben in einer Phase gesellschaftlicher Umbrüche und Entwicklung, die durch Inkonsistenzen geprägt ist. Vertrautes wird hinterfragt, Gesichertes gerät ins Wanken. Dabei besteht die Gefahr, in Zeiten geforderter Flexibilität und Mobilität die Balance zu verlieren, Identitätseinbußen zu erleiden. Risiken machen es notwendig, gegenwärtiges Handeln im Lichte zukünftiger Folgen zu bedenken, und das Individuum ist gehalten, riskante Aktionen im Lichte zukünftiger Auswirkungen bei aller Flexibilität mit Zurückhaltung anzugehen und trotzdem ein Gefühl von Identität zu entwickeln. Keupp (2002, 54) betont: „ArchitektIn und Bau-meisterIn des eigenen Lebensgehäuses zu werden, ist allerdings für uns nicht nur Kür, sondern zunehmend Pflicht in einer sich grundlegend verändernden Gesellschaft." Wir müssen in einer sich als widersprüchlich und fragmentiert darstellenden Gesellschaft handlungsfähig, insbesondere gesund bleiben und dabei noch eine stabile Identität entwickeln.

Und gerade deshalb sind in der Flut der höchst widersprüchlichen Gesellschaft „Lebenserfahrungen" wichtig, „in denen Subjekte sich als ihr Leben Gestaltende konstruieren können, in denen sie sich in ihren Identitätsentwürfen als aktive Produzenten ihrer Biographie begreifen können …", denn das „sind offensichtlich wichtige Bedingungen der Gesunderhaltung" (Keupp 1997, 57).

Die Verbindung von Identität und Salutogenese hilft den Aspekt zu verfolgen, inwieweit eine stabil und tragfähig entwickelte Identität in einem unmittelbaren Zusammenhang mit dem Kohärenzgefühl betrachtet werden kann. Das Kohärenzgefühl als zentraler Bestandteil der Salutogenese bildet ja bekanntlich die Motivation heraus, dass das Leben selbstverantwortlich und eigenständig zu gestalten und im Vertrauen dadurch getragen ist, indem die stets gegebenen Ressourcen durch das Individuum situationsadäquat eingesetzt werden können.

Für die weiteren Ausführungen ist allerdings Antonovskys Auffassung kritisch zu hinterfragen, ob das Kohärenzgefühl weiterhin als eine stabile Persönlichkeitseigenschaft zu betrachten ist, weil doch die Identitätsarbeit im gesamten Lebensverlauf als prozessuales Geschehen zu betrachten ist (Kapitel 5.2).

Antonovsky bezieht sich in seinen Arbeiten auf das bereits erwähnte und bekannte Identitätsmodell von Erikson (1959, 1973), doch gerade Erikson verweist auf ein normatives Stufenmodell als Phasenmodell, orientiert an der psychoanalytischen Tradition, wonach der Mensch etwa bis zum Ende der Adoleszenz unterschiedliche Entwicklungsstufen zu durchlaufen hat, bis er einen stabilen Kern für eine erfolgreiche Lebensbewältigung herausgebildet hat. Allein deshalb ist dieses Konzept in das Kreuzfeuer der Kritik geraten, geht man doch heute von Entwicklung aus, die lebensfortschreitend, also bis an das Lebensende stattfindet. Der Mensch konstituiert sich über seine gesamte Lebensspanne im Rahmen einer dynamischen Identitätsentwicklung und -veränderung.

Aus diesen Überlegungen ergibt sich naheliegend, dass Identitätsentwicklung wie die Wandlung des Kohärenzerlebens in einen Prozess der fortdauernden Veränderung eingebunden ist, als ein Prozess des eigenen Werdens. Dabei beschäftigt sich der Mensch fortwährend mit ebenfalls im beständigen Wandel befindlichen Vorstellungen über das Selbst, über die eigenen Fähigkeiten und Fertigkeiten im Sinne der Bewältigung des Lebensalltags.

Das Selbstgefühl, die Identität und das Kohärenzerleben erfahren neue Bestimmungen unter den Bedingungen von Kontinuität und Diskontinuität in unserer Gesellschaft. Die Identitätsarbeit vollzieht sich in der alltäglichen Ausbalancierung zwischen den äußeren und inneren Anforderungen, die somit permanent mit der Umwelt kommuniziert werden. Identität stellt sich also im Kontakt, im Dialog mit dem Selbst und dem Anderen dar. Das Selbstgefühl wird dabei über die Qualität und die Art der Beziehung zu sich selbst bedient (sich selbst z. B. ein guter Gefährte im Leben zu sein, sich selbst zu achten) sowie dem Kohärenzgefühl, das über Bewertungsprozesse im Rahmen der Bewältigung des Lebensalltags gegründet wird. So wird das Kohärenzgefühl auch als das Gefühl von Antonovsky (1979) definiert, welches die Beziehung zur Welt darstellt.

Die bereits beschriebene Evaluation der Lebensgestaltung, die auch die Selbstwertdynamik aufrecht erhält, stellt die Grundlage dafür dar, was Antonovsky mit dem Kohärenzgefühl thematisierte. Die selbst- oder auch fremdbestimmten Ziele finden ihren Niederschlag in den Bewertungen des Erlebten bzw. Gestalteten und bilden die selbstreferentiellen Gefühle der Verstehbarkeit, der Machbarkeit und der Sinnhaftigkeit aus.

■ Probleme und Belastungen bei der Realisierung meiner Projekte und angestrebten Ziele kann ich als Weg interpretieren und verstehen, der durch die Umwelt beeinflusst, dennoch maßgeblich durch mein Handeln bestimmt ist.
■ Meine Projekte und angestrebten Ziele sind bei realistischer Einschätzung grundsätzlich als Identitätsprojekte realisierbar und mir stehen dafür Ressourcen zur Verfügung, die ich im rechten Moment einzusetzen in der Lage bin.
■ Es ist lohnenswert, sich für meine Identitätsziele als sinnstiftende Projekte meines Lebens engagiert einzusetzen. Dafür investiere ich Kräfte, die zu gegebener Zeit sinnvoll eingesetzt werden.

Das Kohärenzgefühl und das Selbstgefühl sind das Ergebnis von Identitätsgestaltungsprozessen und dabei muss das Individuum fortwährend eigene Ziele und Bedürfnisse mit von außen vorgegebenen Anforderungen ausbalancieren. Bei erfolgreicher Identitätsarbeit werden auf diese Weise auch das Selbst- bzw. das Kohärenzgefühl bestärkt. Das Kohärenzgefühl ist somit als innere Kraft ein entscheidender Prädikator für gelingende Identitätsprozesse. Diese permanent wirkende Identitätsdynamik kann aber auch stagnieren, wenn nämlich unsere Identität bedroht ist, insbesondere, wenn die Spannungen durch lang anhaltenden Stress nicht mehr gelöst werden können. Dann wird auch das Kohärenzgefühl labilisiert.

Mit Keupps Worten sind wir zur identitätstheoretischen Fundierung des Konzepts „aus der Gesundheitsforschung [...] unversehens in die Sichtweisen der Identitätsforschung übergegangen [...] Kohärenz ist nicht nur eine zentrale Basis für Gesundheit, sondern auch ein klassisches Kriterium für gelingende Identitätsarbeit. Und es mehren sich Versuche, Identitätsarbeit selbst mit salutogenetischen Fragen zu verknüpfen" (Keupp 1997, 63). Die angesprochene Identitätsarbeit findet in prospektiv ausgerichteten Projekten für die Fortentwicklung der eigenen Persönlichkeit, aber auch in Zukunftsprojekten mit anderen zur gemeinsamen Gestaltung unserer Lebenswelt statt. Die Identität wandelt sich so selbst immer wieder, weil sich auch die Lebenswelt im beständigen Wandel befindet. Es handelt sich um komplexe Prozesse, die dem Individuum – heute umso mehr – eine hohe Rollenflexibilität, Ambiguitätstoleranz bis hin zu riskanten Manövern mit allen denkbaren Gefährdungen des Kohärenzerlebens abverlangen, aber auch Chancen für gelungene Lebensbewältigung und Gesundheit bieten.

Beispiel: Dem Tod das Ruder aus der Hand genommen

Im anstrengenden Berufsalltag ist Herr Wagner (der Name wurde geändert) weitgehend beschwerdefrei, als er eines Tages von seiner Frau auf seine Gesichtsblässe aufmerksam gemacht wird. Dann geht alles ganz schnell: Am kommenden Morgen verspürt er ein heftiges Druckgefühl hinter dem Brustbein einhergehend mit massiven Todesängsten. Die besorgte Frau ruft den Notarzt herbei, der sofort eine Krankenhauseinweisung veranlasst. Der Verdacht auf Myokardinfarkt bestätigt sich.

Herr Wagner (52 Jahre) ist unter Fachleuten im In- und Ausland ein überaus geschätzter und kreativer Architekt. Er übernahm das bereits renommierte Architekturbüro des Vaters und beschäftigt sich mit unterschiedlichsten Projekten sowie Wettbewerben, von denen er eine große Zahl gewonnen hat und die ihm stets weitere Aufträge sichern. Im Segelclub ist er sehr beliebt: Er hat dem Verein eine Gaststätte entworfen und gebaut, die mit ihrer guten Küche in der Region als „Anziehungsmagnet" bekannt ist. Dadurch werden auch immer wieder neue Mitglieder dem Verein zugeführt. Zudem gewinnt er mit Leichtigkeit in verschiedenen Bootsklassen immer wieder Segelregatten, hat er doch am Ruder auch bei schwierigen Windverhältnissen eine geschickte Hand und ist in der Lage, die Crew zu motivieren und so zum Erfolg zu führen. Vor zwei Jahren wurde er zum Präsidenten seines Seglervereins gewählt. Seine Freunde mögen ihn auch wegen seines Humors; er ist immer zu einem Scherz aufgelegt. Mit der Ehefrau verbindet ihn seit 27 Jahren eine glückliche

Ehe. Wenn es ihm gelingt „abzuschalten", ist er ein überaus charmanter Partner. Seine beiden Söhne interessieren sich ebenfalls für die Aufgaben des Vaters und er nimmt sie immer wieder zu Auslandsreisen mit. Sie freuen sich sehr über die außerhalb der Ferien stattfindenden Schulunterbrechungen und sind beide sehr gute Schüler. Die erstgeborene Tochter bereitet Herrn Wagner allerdings seit längerer Zeit große Sorgen: Nach Beginn einer Freundschaft mit einem Autoverkäufer will sie die Schule verlassen, um eine Lehre als Friseuse zu absolvieren. Vor einem Jahr verstarb dann auch ganz plötzlich der von ihm so geliebte Vater, der noch bis in das hohe Alter in seinem Beruf gearbeitet und die letzten Jahre im Hause des Sohnes gewohnt hatte. Das war für Herrn Wagner ein schwerer Verlust.

Im Architekturbüro gilt Herr Wagner gegenüber seinen sieben MitarbeiterInnen als sehr fordernder bis zuweilen missmutiger Chef, der hohe Leistungen bei niedriger Entlohnung abverlangt. Sein Lebenswandel ist durch eine hohe Leistungsbereitschaft in Verbindung mit Nikotinabusus und wenig Bewegung gekennzeichnet. Er bemerkt dazu humorvoll: „Meine Bewegung finde ich unterm Wind."

Als wesentliche Ressourcen für Herrn Wagner sind der Familienzusammenhalt, insbesondere seine Ehe mit der sehr fürsorglichen Partnerin und seine Einbindung in das Vereinsleben zu definieren. Sein Hobby stellt zwar wegen seiner auch hier vorfindlichen Leistungsambitionen nicht nur einen Ausgleich zum beruflichen Alltag dar, doch die Aktivität könnte bei sinnvoller Freizeitgestaltung als Ressource sehr wohl dienlich sein. Auch seine humorvolle Grundhaltung in Verbindung mit dem Glaubenssatz: „Was mich herausfordert, macht mich stark" bietet ein Fundament, auf dem psychotherapeutisch angesetzt werden kann. Nach dem Modell der „fünf Säulen der Identität" sind insbesondere in drei Bereichen Defizite feststellbar: auf dem Gebiet des Leibbezuges (wenig Bewegung, Nikotinabusus), der Säule der Arbeit, Leistung und Freizeit, die durch einen hohen Leistungsanspruch gekennzeichnet ist, und auf dem Gebiet der Finanzen. Herr Wagner hat nämlich im Rahmen privater Bauaktivitäten und zum Kauf einer wunderschönen Yacht, mit der er am America's Cup teilnehmen will, mehrere Kredite aufgenommen, die ihm bei genauerem Hinsehen immer wieder Sorgen bereiten. Die nicht realistisch verfolgten Identitätsziele führen – bedingt durch den nie erfüllbaren Leistungsanspruch – in der Distanz zu sich selbst immer wieder zu negativen Selbsteinschätzungen und Selbstgefühlen bis hin zu negativen Veränderungen im Kohärenzerleben. So ist er kaum in der Lage, seine überzogenen Ambitionen zu reflektieren, geschweige denn sie zu verstehen. Der Einsatz der Ressourcen erfolgt nicht situationsadäquat; Herr Wagner ist nicht bereit, seine Grenzen anzuerkennen. Sein Motto lautet: „Alles ist machbar." Hin und wieder fragt er sich inzwischen aber auch, ob denn wirklich jede Anstrengung sinnvoll ist *oder ob es nicht auch noch andere Werte und Ziele im Leben eines Menschen gibt (Wertedimension).*

Nach der medizinischen Genesung in somatischer Hinsicht entschließt sich Herr Wagner, in einen psychotherapeutischen Klärungs- und Veränderungsprozess einzutreten und beginnt – wie er sagt – „sich selbst zum Projekt zu machen". Zunächst geht es darum, wie die vorhandenen Ressourcen genutzt werden können. Es stellt sich heraus, dass er seit acht Jahren in seinem Architekturbüro einen Architekten beschäftigt, der sehr engagiert in die Projektleitung involviert ist. Anfänglich verbucht Herr Wagner die Idee der Abgabe von Verantwortung als Identitätsverlust, doch schließlich beginnt er, unter Einbeziehung seiner fürsorglichen Ehefrau in die Gespräche, über diese Möglichkeit wenigstens nachzudenken. Nach der Umsetzung kann er die frei werdende Zeit zunächst für sich nicht nutzen, doch in einer der nächsten Therapiestunden fragt er, ob er am America's Cup teilnehmen kann, der in einem Jahr stattfindet. Er berichtet sehr ausführlich, welche Leistungsschritte abverlangt werden und wie vor allem das Training gestaltet werden muss. Die anfangs eingebrachten Sorgen über den Fortgang der Arbeiten im Architekturbüro verblassen zugunsten der Freude über die Vorbereitung des Trainingsplanes für das Segelereignis, und Herr Wagner blüht geradezu darin auf, den Trainingsplan in den Stunden mit mir (in aller Ruhe) vorzubereiten. Das Ereignis zieht ihn schließlich so sehr in den Bann, dass er dem Mitarbeiter im Büro sukzessive die Verantwortung für das Geschehen überträgt.

Nach einem weniger erfolgreich verlaufenen Ausscheidungsrennen kommt Herr Wagner an einem Abend völlig enttäuscht und vorwurfsvoll im meine Praxis. Er will die gemeinsame Arbeit mit mir abbrechen, habe ich ihn doch aus seiner Sicht „auf Abwege geführt", statt ihn zur Arbeit zu motivieren. Nachdem er bereit ist, auch Grenzen seines Handelns zu akzeptieren, wird er plötzlich sehr traurig und sagt, dass der Vater ihn stets bis zur Selbstüberforderung zur Leistung angehalten habe, so wie er es mit sich selbst hielt; letztendlich war dieser dann daran auch verstorben. In der Folge vermag sich Herr Wagner heute von diesem krank machenden Faktor zu distanzieren und über den Sinn des Erlebten bis hin zur Integration nachzudenken. Er lernt zunehmend die „Selbststeuerung" reflektiert „in die Hand" zu nehmen und seine Kohärenz wird langsam gefestigt durch prägnant werdende und positive Identitätsgefühle.

Dieses Beispiel illustriert, wie Herr Wagner vor dem Hintergrund seiner individuellen Lebensgeschichte lernt, flexibel mit den Anforderungen umzugehen, insbesondere auf der Handlungsebene geeignete Strategien einzusetzen, um wieder eine Festigung des Kohärenzerlebens zu erfahren. In der Folge plant er realisierbare Ziele, kann sich auch mit kleinen Schritten arrangieren und reflektiert in diesem Zusammenhang noch einmal die Selbstüberforderungstendenzen, die er in Bezug auf seine väterliche So-

zialisation zu verstehen lernt. Als es Herrn Wagner schließlich gelingt, sein Leben in den Dienst eines ausgewogenen Verhältnisses zwischen Arbeits- und Freizeitgestaltung zu stellen und sich in der Teilhabe an bedeutungs- vollen Lebensereignissen dennoch nicht als weniger wert zu definieren, wird auch seine Zukunftssicht wieder sinnstiftend im Sinne positiver Zukunfts- hoffnungen. Am Ende wird er beim America's Cup mit seinem Team Dritter und lernt dabei, sich realitätsgerecht mit den Grenzen des Handelns aus- einander zu setzen, ohne dabei seinen Humor jemals in Frage gestellt zu haben.

5 Andere Konzepte, Stand der Forschung, Anwendungsmöglichkeiten

„Zum Ziel aber wird die Gesundheit erst durch Krankheit.
Die Gesundheit selbst ist unauffällig, nicht weiter bemerkt
(sich ihrer erfreut, was aber unbewusst geschieht); erst ihre
Störung fällt auf und erzwingt ihre Beachtung, zuerst
durch das Subjekt selbst, das sie an sich erfährt, als Leiden,
Einbuße, und dann vor den Arzt zur Abhilfe bringt."

Hans Jonas

5.1 Konzeptionelle Parallelen

Zumindest in Teilaspekten und ohne Anspruch auf Vollständigkeit sei an dieser Stelle auf verwandte Konzepte hingewiesen, die in der Terminologie zur Frage der Salutogenese angesiedelt sind. Die Gemeinsamkeiten dieser Konzepte lassen sich wie folgt zusammenfassen: Es wird zum einen nach Antworten gesucht, die Aufschluss darüber geben, wie die Menschen ihren Umgang mit Stress gestalten, ohne dabei krank zu werden. Zum anderen geht es um die gesundheitsförderlichen Variablen. Darüber hinaus wird in Abgrenzung zu spezifischen Coping-Stilen nach übergreifenden Faktoren gesucht, die das Gesundheitsverhalten förderlich beeinflussen. Schließlich werden Denkrichtungen verfolgt, die sich mit der Interaktion zwischen Persönlichkeitsmerkmalen und sozialer und kultureller Umgebung befassen, sowie der Frage nachgegangen, wieweit diese Dimensionen Einfluss auf die Gesundheit in Stresssituationen haben. Es geht dabei nicht zuletzt – den Auffassungen Lazarus' und Launiers (1981) folgend – um den Einfluss der Beziehungen zwischen Person und Umwelt, die, sobald sie als bedrohlich bewertet werden, Bewältigungsprozesse auslösen.

Viktor v. Weizsäcker beschreibt bereits 1940 die „Kohärenz" im Gestaltkreis. Ihm zufolge kann sie durch die Abwesenheit von Kräften aufgehoben werden, indem Situationen durch das Individuum nicht mehr gesteuert bzw. kontrolliert werden können. Seine Theorie der psychosomatisch-ganzheitlichen, kreisartigen Wirkverbundenheit von Umwelt und Organismus im Zusammenspiel von Wahrnehmung und Bewegung beinhaltet das gesundheitsfördernde Kräftespiel im Sinne der Antonovsky'-schen *Handhabbarkeit* von Anforderungen, die an uns gestellt werden. Im Gestaltkreis befinden sich nach v. Weizsäckers Auffassung Mensch und

Umwelt wie auch Arzt und Patient in einem selbstreferentiellen, kreisför-
migen und untrennbaren Wirkgefüge.

Thure v. Uexküll entwickelte 1987, in Weiterführung des von Jakob von
Uexküll (1864–1944) dargestellten Funktionskreises, das Situationskreis-
modell „für die Interpretation der Beziehungen zwischen menschlichen
Individuen und ihrer Umgebung". Dieses Modell „beschreibt den Aufbau
der individuellen Wirklichkeit als Integrationsleistung, welche die Informationen, die aus dem Körper und der Umgebung stammen, unter dem
Aspekt ihrer Bedeutung für die Bedürfnisse lebender Systeme und deren
Verhaltensmöglichkeiten integrativ zusammenfasst" (v. Uexküll/Wesiack
1988, 318ff).

Thure von Uexküll schuf ein Schema, welches die diagnostische und
therapeutische Interaktion zwischen Patienten und Arzt abhandelt und
beschreibt: „Diese gemeinsame Sache hat für beide sehr verschiedene
Aspekte, die sich überdies in jeder Etappe des diagnostisch-therapeuti-
schen Zirkels sowohl für den Arzt wie für den Patienten durch das Da-
zwischentreten des anderen verändern: Die bedeutungsverwertenden Antworten des Patienten auf die bedeutungsverwertenden Aktivitäten des
Arztes helfen diesem, seine Typisierungen für die Sache Krankheit genauer
zu strukturieren, und die bedeutungsverwertenden Aktivitäten des Arztes
helfen dem Kranken – oder sollten ihm jedenfalls helfen – auch seine
Typisierungen für die Sache seiner Krankheit so zu modifizieren, dass sie
zum Zentrum einer gemeinsamen Wirklichkeit werden kann. Wenn es gelingt, dann zeigt sich auch die Sache Krankheit als das, was Sachen in
Wahrheit sind: ungeschriebene Texte für Szenen, welche verschiedene Personen zwingen, ihre Stichworte, Rollen und Gegenrollen so aufeinander
abzustimmen, dass gemeinsame Handlungen entstehen" (v. Uexküll/We-
siack 1988, 563f).

Im Situationskreis wird beschrieben, wie der Mensch die an ihn herangetragenen Problemsituationen in Form von Bedeutungszuweisungen ver-
arbeite: Zur Entscheidungsfindung spielt er probeweise Möglichkeiten des
Handelns innerlich durch, bis er seine Entscheidung umsetzt. Antonovsky
bietet in seiner Sichtweise ein ähnliches Vorgehen des Individuums an,
welches interne und externe Stressoren zunächst der Bewertung unter-
zieht, ehe es die zur Bewältigung der Situation adäquaten Ressourcen aus-
wählt. Und Becker (1995, 109) spricht in diesem Zusammenhang mit seinem Modell der psychischen Systeme von der Funktion des „Simulators",
in dem eine „antizipatorische Verhaltenssteuerung" im Sinne eines Probe-
handelns stattfinden kann.

Viktor Frankl verweist auf entsprechende Untersuchungen, die eine allgemeine Zunahme des Sinnlosigkeitsgefühls insbesondere in den Indus-
trienationen verzeichnen. Er widmet seine Arbeit eingehend der Frage
nach dem *Sinn*, griechisch „logos", und verwendet bereits ab 1926 den Be-

griff „Logotherapie". Im Rahmen seines Ansatzes benennt er schließlich eine psychische Erkrankung mit dem Begriff der „noogenen Neurose" (Frankl 1967) und führt diesen Begriff auf den griechischen Ursprung „noos", *menschlicher Geist*, zurück. Unbegreiflichkeiten, Hilflosigkeit, Sinnlosigkeit, Normenverlust, existenzielles Vakuum, überhaupt die Frage, wofür es sich in einer eher unberechenbaren, feindlichen Welt bei einer zunehmenden Tendenz der Erhöhung des Freizeitanteiles in der Arbeitswelt zu leben lohnt, sind die wesentlichen Fragen, die Frankl aufwirft und denen er nachgeht. „Nun, nicht weniger als durch das Minderwertigkeitsgefühl kann der Mensch seelisch krank werden, auch durch das Sinnlosigkeitsgefühl, durch die Frustration seines Sinnanspruchs ans Dasein, seines Bestrebens und Ringens darum, möglichst viel Sinn zu investieren in sein Dasein und möglichst viel Werte zu realisieren in seinem Leben" (Frankl 1967, 120).

In diesem Zusammenhang verweist Antonovsky auf das motivationale Element dieser Komponente sowohl in emotionaler als auch in kognitiver Hinsicht, wurde er doch insbesondere in diesem Zusammenhang auf Frankls Werk aufmerksam.

Antonovsky selbst (1988, 35ff) präsentiert das Konzept der „Widerstandsfähigkeit" von Kobasa (1979). Das Konstrukt beschäftigt sich damit, herauszufinden, wie Menschen Stress bewältigen, ohne dabei krank zu werden. In Kobasas Arbeiten werden gesundheitsförderliche Aspekte herausgestellt, die übergreifende Faktoren beschreiben und dabei keine Coping-Stile zur angemessenen Situationsbewältigung darstellen. „In sum, intrigued by the oft-overlooked fact that some persons, despite a high stressor load, maintain and even improve their health status, Kobasa proposes a tripartite hardiness model as a key explanation" (Antonovsky 1988, 38). Im Vergleich mit anderen Auffassungen zur Gesundheit geht Antonovsky insbesondere auf das dreiteilige Modell Kobasas mit der Einheit von *Herausforderung, Kontrolle* und *Engagement* ein. Das Modell untersucht, wie es Menschen gelingt, negative Stressbelastungen elastisch abzufangen, ohne körperliche Symptome zu entwickeln, und warum Menschen in objektiv gleichen Situationen unter Aktivierung ihrer Widerstandsfähigkeit unterschiedlich reagieren.

Hohe Widerstandsfähigkeit führt nach Kobasas Auffassung dazu, Ereignisse des Lebens als *Herausforderung* zu akzeptieren, indem die Personen angemessen und flexibel auf die je gegebene Situation reagieren. Sie fühlen sich durch neue Situationen zur Bewältigung herausgefordert und reagieren neugierig und engagiert auf sie. Während Antonovsky zu diesem Aspekt eher das Verständnis für das Ereignis in den Vordergrund stellt, richtet Kobasa ihre Aufmerksamkeit auf Veränderungsmöglichkeiten, die das Individuum zu verfolgen sucht.

Im Gegensatz zum Konzept der „erlernten Hilflosigkeit" (Seligmann

1999) postuliert Kobasa die Fähigkeit des Menschen, die Ereignisse wie die Herausforderungen des Lebens unter *Kontrolle* zu bringen. Diese Fähigkeit zur Kontrolle ist dem Individuum mit hoher Widerstandskraft gegeben. Die von außen kommenden wie auch die selbstbestimmten Kontrollmechanismen gehen von der Möglichkeit internal-verantwortlichen Handelns aus. Diese Potenz kommt damit dem Ansatz der *Handhabbarkeit* von Antonovsky sehr nahe. Allerdings differenziert er: „Kobasas Gebrauch von Rotters Skala der Kontrollüberzeugungen und Werners Schwerpunkt der internalen Kontrollüberzeugung differiert explizit zu meinen Ausführungen. Diese sehr kulturgebundene Skala bietet nur für zwei Möglichkeiten Platz: Entweder ich kontrolliere die Ereignisse oder jemand oder etwas ‚von außen' macht dies. Sie (Kobasa, Anm. des Verf.) geht von einem fundamentalen Misstrauen in Macht aus, die sich in der Hand von irgend jemandem anderen befindet" (Antonovsky 1988, 52; Übers. d. Verf.).

Das *Engagement* bezieht sich auf das Vertrauen in die eigenen Fähigkeiten der Person wie auch das Vertrauen in die Potenziale eigener angemessener Handlungsfähigkeit, für die es sich auf individueller wie auf sozialer Ebene zu engagieren lohnt. Diese Komponente kommt dem Antonovsky'schen Aspekt der *Bedeutsamkeit* ebenfalls sehr nahe.

Nach Antonovsky kann der mit einem hohen Kohärenzgefühl ausgestattete Mensch seine psychophysische Anspannung abbauen. In diesem Punkt stimmt sein Konzept mit Kobasas Modell unmittelbar überein. Auf der anderen Seite stellt Kobasa die Pufferung heraus, die als Wirkmechanismus auf die Wahrnehmung des Stressors einwirkt. In diesem Falle kann eine indirekte Einwirkung auf die Gesundheit festgestellt werden, durch die die Person befähigt wird, ein erfolgreiches Coping anzuwenden.

Bandura (1977, 1986) hat sein viel beachtetes Konzept zur „Selbstwirksamkeit" vorgelegt, welches die Überzeugung beinhaltet, in einer bestimmten Situation eine angemessene Leistung erbringen zu können. Bandura betrachtet die Selbstwirksamkeit als ein positives Gefühl in das eigene Können, verbunden mit positiven Erwartungen für Ereignisse oder Herausforderungen, die uns noch bevorstehen. Wesentlich dabei ist die Überzeugung, eine Leistung oder eine Aktivität im weitesten Sinne ganz real ausüben zu können, also real umsetzen zu können. Wenn eine Person mit einem starken Kohärenzgefühl vor einer schwierigen Aufgabe steht, dann wird sie mit dem positiven Gefühl für ihre Selbstwirksamkeit eher freiwillig die Aufgabe erledigen. Die Anspannung, die vielleicht noch entsteht, muss nicht mehr als problematisch definiert werden, wenn der Stressor eher als ein herausforderndes Ereignis empfunden wird. Hinzu kommen weitere Anteile, die das Gefühl der Selbstwirksamkeit bekräftigen, z. B. die Wahrnehmung von Leistungen relevanter Personen aus unserem Umfeld, deren bekräftigende und überzeugende Rückmeldungen in unsere Fähigkeiten wie auch unsere eigenen Überzeugungen in diese und die Wahrnehmung positiv emotionaler Gestimmtheit im Vorfeld und während der Erledigung einer Aufgabe.

Die Theorie der Selbstwirksamkeit Banduras bietet für Siegrist (1997, 99ff) denn auch einen Ansatz zur emotionalen Fundierung von Gesundheit und Wohlbefinden, welche an „Einflussnahme und Wirksamkeitserfahrungen im mittleren Erwachsenenalter" (Siegrist 1997, 103) an das Erwerbsleben gebunden ist. In den dargestellten Untersuchungen wird u. a. das „Konzept beruflicher Gratifikationskrisen" angeführt, welches – zwar ausgehend vom pathologiezentrierten Ansatz – dennoch interessante Erkenntnisse bietet, sind doch die für jeden Menschen so wichtigen Gratifikationserfahrungen gerade am Arbeitsplatz von Belang.

Die beschriebenen Selbstwirksamkeitserwartungen sind ein ganz entscheidender Prädikator für die Bereitschaft, gesundes Verhalten zu praktizieren. Sie werden von Bandura situationsspezifisch und nicht als eine stabile Persönlichkeitseigenschaft aufgefasst. Sie befähigen das Individuum, situationsangemessen geeignete Coping-Strategien zum Einsatz zu bringen. Darin ist der wesentliche Unterschied zu Antonovskys Ansatz zu sehen, geht dieser doch bei seinem Konzept von der stabilen Persönlichkeitseigenschaft des Kohärenzgefühls aus. Gleichwohl gibt es signifikante Parallelen beider Konstrukte insbesondere zur Komponente der *Handhabbarkeit*: Nämlich das Vertrauen darin, dass zur Bewältigung der Geschehnisse schon die geeigneten Ressourcen zur Verfügung stehen werden.

Als weiteres verwandtes Konzept ist die „Kontrollüberzeugung" von Rotter (1954, 1966) zu nennen, wonach die Ergebnisse unserer Handlungen entweder von Ereignissen außerhalb unserer persönlichen Kontrolle liegen oder davon abhängen, was wir tun. Die Kontrollüberzeugungen betreffen „die wahrgenommenen Kontingenzen zwischen dem eigenen Handeln und den erwünschten Handlungsfolgen (reinforcements), umfassen also über Kompetenzerwartungen hinausgehend auch Instrumentalitätserwartungen (Erwartungen bezüglich der positiven Konsequenzen erfolgreich ausgeführter Handlungen)" (Schröder 1997, 323). Der Begriff der „Kompetenzerwartungen" verweist – synonym von Schwarzer und Renner (1997) verwendet – auf das Konzept der „Selbstwirksamkeitserwartungen" von Bandura (1986).

Die durch hohe internale Kontrollüberzeugungen motivierten Menschen sind bedingt durch ihre subjektive Überzeugung, Ereignisse und Situationen selbst aktiv beeinflussen zu können, weniger ängstlich und fühlen sich in ihren sozialen Aktivitäten weniger beeinträchtigt. Die Kontrollierbarkeit von Bewältigungssituationen hängt ganz besonders mit dem Wissen und Verschaffen von Informationen darüber zusammen, welche Anforderungen konkret zu bewältigen und welche eventuellen Defizite auszugleichen sind. Denn: Defizite vergrößern die wahrgenommene Diskrepanz zwischen der Anforderung und den eigenen Möglichkeiten der Bewältigung und verstärken die dadurch entstehenden Angstgefühle. Umgekehrt formuliert, generiert jeder auch noch so kleine Zwischenerfolg in bedeutungsvollen Situationen die Überzeugung der Kontrollierbarkeit. Allerdings führt Schröder (1997) weiter aus, dass internale Kontrollüberzeugungen nicht zwangsläufig zu dem Einsatz entsprechender Kompetenzen führen und hinter den Selbstwirksamkeitserwartungen zurückstünden. Das Konstrukt der Selbstwirksamkeit steht somit den wahrgenommenen Kompetenzen weitaus näher, geht es doch bei der Auswahl der Bewältigungsmuster in Reaktion auf Stress um die Überzeugung, einen Einfluss auf das Geschehen nehmen zu können bzw. daran zu glauben, dass eine Bewältigungsmöglichkeit instrumentell gegeben ist, die zielorientiert zum Erfolg führt. Selbstwirksamkeit steht somit unmittelbarer im Bezug zur Kompetenzdimension und beeinflusst die Wahrnehmung, die Motivation und die Leistung selbst.

Die Parallelen zu Antonovskys Konzept des Kohärenzgefühls sind zum einen in der Komponente der *Verstehbarkeit* wiederzufinden, wonach der Mensch danach strebt, sich die Ereignisse erklären zu können, um so die kognitive Kontrolle zu behalten. Andererseits ist die Komponente der *Handhabbarkeit* angesprochen. Dabei geht es um die Mobilisierung der dem Individuum zur Verfügung stehenden Ressourcen, die zur Bewältigung der Lebensthemen erforderlich sind. Und es geht maßgeblich um die Handlungskontrolle, die dem Menschen mit einem hohen Kohärenzgefühl eher gegeben ist, als Personen, die sich als Opfer der Ereignisse erleben und die Kontrolle über das Geschehen verlieren können. Unterschieden werden eine *internale* und eine *externale* Kontrollüberzeugung. Ziele handlungsorientiert unter Einsatz erfolgreicher Mittel (Ressourcen) zu erreichen, bestärkt nicht nur die internale Kontrollüberzeugung, sondern es werden dabei gleichermaßen Gefühle der Selbstwirksamkeit mobilisiert. Dies führt wiederum rückbezüglich zur Bestärkung kognitiver Kontrolle und letztendlich zur Bestärkung des Kohärenzerlebens.

Scheier und Carver (1987) führten das Konzept des „dispositionalen Optimismus" ein und konnten Korrelationen zwischen Bewältigungsformen und Optimismus herstellen. Pessimisten neigen beispielsweise dazu, Misserfolge internal, Erfolge jedoch external zu attribuieren. Optimisten verfahren umgekehrt. Sie schreiben Erfolge ihren eigenen Kompetenzen zu. Menschen mit situationsübergreifenden optimistischen Stimmungslagen sind kontaktfreudiger, hilfsbereiter, haben mehr Zutrauen in ihre eigenen Kompetenzen und die ihrer Mitmenschen. Den Optimisten kann eine hoffnungsvolle und zuversichtliche Grundhaltung im Verhältnis zu den Ereignissen des Lebens zugeschrieben werden. Sie investieren weniger Energien in negativ erwartete Ergebnisse und konzentrieren sich zielorientiert auf das Gelingen ihrer Vorhaben.

Gute Stimmungslagen fördern gleichermaßen den Gebrauch von Problemlösestrategien und die Bereitschaft, der Intuition zu folgen sowie kreative Prozesse in Gang zu bringen. Wesentlich bei der Erörterung des Optimismusaspektes ist gleichwohl eine klare Vorgehensweise der Person, indem sie nicht durch eine unrealistisch geprägte Haltung ihre Bewältigungsmöglichkeiten überschätzt. Wenn auch schwierig zu handhaben, verweist das Optimismuskonzept auf die mehrdimensionale Bedeutung von Bewältigungsmöglichkeiten hin. Immerhin wirkt eine durch Optimismus getragene Einstellung zu den Herausforderungen des Lebens positiv auf das Gesundheitsverhalten von Menschen, sofern die eigene Gefährdung nicht durch verzerrende Kognitionen fehlinterpretiert wird. So stellen Schwarzer und Renner (1997) im Rahmen der oben zitierten Studie dar, dass Optimisten offenbar über eine höhere Lebensqualität verfügen und sich vor allem prospektiv mit den auf sie zukommenden Ereignissen auseinander setzen, sich Informationen verschaffen sowie das vor ihnen liegende Leben – insbesondere nach Erkrankungen – durchdenken und neue Ziele anstreben.

Wenn auch noch nicht endgültig geklärt, welchen Einfluss der dispositionelle Optimismus auf das Gesundheitsverhalten hat, so kann angenommen werden, dass indirekte Effekte Einfluss auf den Einsatz entsprechender Coping-Strategien nehmen. Menschen mit optimistischer Grundhaltung handeln zielstrebig und problembezogen und gehen vor allem auf andere zu, um deren Hilfsangebote zu nutzen. Bengel et al. (2002, 58) stellen fest: „Mehrere Studien bestätigen den protektiven Einfluss von dispositionellem Optimismus auf die körperliche Gesundheit, das psychische Wohlbefinden, die Lebenszufriedenheit, auf Bewältigungsverhalten sowie präventive Gesundheitsverhaltensweisen" (Chamberlain et al. 1992, Scheier/Carver 1987, Wieland-Eckelmann/Carver 1990).

Die Parallelen zu Antonovskys Konstrukt beziehen sich auf die Komponente der *Handhabbarkeit* in Verbindung mit der Komponente der *Verstehbarkeit*, die darauf ausgerichtet ist, verstandene Probleme effektiver lösen zu können als die, die kognitiv schwierig zu erfassen sind. Menschen mit einem stark ausgeprägten Kohärenzgefühl gehen ohnehin zielstrebig an die Lösung von Problemen heran, weil sie sie als Herausforderung für sich definieren können und einen positiven Ausgang antizipieren. Grundsätzlich sieht Antonovsky das Kohärenz-Konstrukt im Zusammenhang mit den sozialen und kulturellen Gegebenheiten und geht somit positiv von Entwicklungsmöglichkeiten aus.

Besondere Beachtung im Rahmen der Vertiefung des Antonovsky'schen Gedankengutes verdient das Konzept von Becker (1982, 1995) sowie von Becker und Minsel (1986), welches deshalb an dieser Stelle eingehender ausgeführt werden soll. Gestützt auf faktorenanalytische und korrelative Studien bringen die Autoren die Persönlichkeitsforschung mit der Sys-

temtheorie in Verbindung. Sie verfolgen ihr Konzept der „seelischen Gesundheit" als Eigenschaft mit der Fragestellung: „Aus welchen Gründen
zeigen bestimmte Personen angesichts objektiv sehr belastender Lebensumstände eine besondere Widerstandskraft gegen psychische Erkrankungen, während andere Menschen unter vergleichsweise geringer Belastung
psychisch dekompensieren?" (Becker 1982, 279).

Die nähere Betrachtung dieses Ansatzes erscheint deshalb wesentlich,
zumal sich daraus Perspektiven ableiten lassen, die Hinweise zur Förderung des Kohärenzgefühls auf der Ebene therapeutischer Interventionen
geben. Bei der eingehenderen Untersuchung dieses Modells werden die
Parallelen zu Antonovskys Ansatz deutlich.

Ausgangspunkt der Überlegungen der oben zitierten Autoren ist die
Bewältigungsleistung des Individuums in Bezug auf die „externen und
internen (psychischen) Anforderungen". „Seelische Gesundheit", so die
Autoren, „ist die Fähigkeit zur Bewältigung externer und interner (psychischer) Anforderungen" (Becker 1995, 188). Die externen Anforderungen, die nicht nur von der Umwelt ausgehend betrachtet werden, sondern
auch umgekehrt die Einwirkung des Individuums auf die Umwelt einbeziehen, sind unter Rückgriff der durch die Umwelt bereitgestellten Ressourcen durch eine aktive Mitgestaltung der Person veränder- und gestaltbar. Sie beziehen sich insbesondere auf die zwischenmenschlichen und
schulischen wie später die beruflichen Anforderungen. Es werden „Kompetenzen und bereichsspezifische Problemlösefähigkeiten" benötigt, die
„im Verlaufe der Entwicklung und Sozialisation als Ergebnis des Zusam-
menwirkens von Anlage- und Umweltfaktoren durch Lernen erworben"
werden (Becker/Minsel 1986, 67).

Zum Verständnis der internen Anforderungen beziehen sich die Wissenschaftler auf das bekannte Freud'sche Instanzenmodell und entwickeln
mit dessen Hilfe ihr hypothetisches „Struktur- und Funktionsmodell der
Persönlichkeit" (Becker/Minsel 1986, 71) mit einer heuristischen Zielsetzung, welches Becker in seinem Werk 1995 noch einmal modifiziert. Es
handelt sich bei diesem Modell um ein Systemmodell des Menschen als
komplexes lebendes System, welches mit entsprechenden intrapsychischen
Subsystemen ausgestattet ist und bezieht sich auf den Umgang des Menschen mit sich selbst. Auf der psychologischen Betrachtungsebene kommt
Becker zu dem Schluss, dass durch das Ich (auch als „Steuerungszentrale"
bezeichnet; Becker 1995, 83) die intern ablaufenden psychischen Vorgänge
koordiniert und die Entscheidungen getroffen werden. Dabei werde das
Ich durch interne Vergleiche zwischen Soll- und Istwerten vor die Aufgabe gestellt, eine Entscheidung zu treffen bzw. einem Mangel durch Handeln abzuhelfen. Zum Verständnis sei auf ein Schmerzgefühl verwiesen,
welches bei entsprechender Beeinträchtigung des Individuums die Entscheidung, den Arzt aufzusuchen, provoziert.

Die Autoren gelangen zu der Erkenntnis, dass durch die Emotionen das Ich veranlasst werde, die Entscheidungen zu treffen, nämlich dann, wenn *Istwert-Sollwert-Diskrepanzen* auftreten. Die Wissenschaftler beschreiben differenziert, welche Vorstellungen sie sich von den Abläufen machen: Bei der Wahrnehmung verdorbener Speisen (= Istwert) nimmt der Mensch z. B. deren üblen Geruch auf, empfindet sodann Ekel und entscheidet schließlich, die Speise zu entsorgen (= Sollwert). Die bereits an anderer Stelle dieser Arbeit (Kapitel 4.1) referierte persönliche Bedeutung eines Bedürfnisses und die mit ihr verbundene Heftigkeit liefert entscheidende Hinweise zum Verständnis der Bedürfnishierarchie eines Menschen, und so sind sich viele Emotionstheoretiker darin einig, dass die Emotionen wohl überhaupt das entscheidende motivationale Steuerungssystem darstellen.

Petzold (2003, 619) spricht in seinen Ausführungen über die Emotionen von Prozessabläufen, die „vom Ich bewusst erlebt" werden, „kognitiven Bewertungen" unterliegen und „Expressionsverhalten in Mimik, Gestik, Haltung und Bewegung" auslösen. Und weiter: „Emotionen haben für das Individuum eine motivierende, orientierende, wertende und sinnstiftende Funktion im Hinblick auf seinen Bezug zur Umwelt und für die Umwelt eine orientierende und Bewertung ermöglichende Funktion im Hinblick auf den inneren Zustand eines Individuums" (S. 620).

Seelische Gesundheit hänge nach Becker zudem maßgebend davon ab, wie gut der Mensch in der Lage sei, seine Bedürfnisse zu befriedigen, Ziele habe, die seinem Leben Sinn und Orientierung verleihen und in der Lage sei, eine Balance zwischen einer Stabilisierung und Veränderung von „Selbst- und Umweltmodellen" herzustellen. Diese Begriffe bedürfen der Erläuterung: „Das Selbstmodell ist ein Produkt der für den Menschen charakteristischen Fähigkeit zur Selbstreflexion, d. h. der Fähigkeit, sich selbst zum Objekt kognitiver Prozesse zu machen. Es enthält Informationen über die eigene Identität bzw. über das Selbst. Darunter fallen vor allem Vorstellungen über eigene psychische und physische Eigenschaften (z. B. eigene Fähigkeiten oder das Körperschema). Daneben können aber auch bestimmte Individuum-Umwelt-Beziehungen zu wesentlichen Aspekten der eigenen Identität werden" (Becker 1995, 143f). Zum Umweltmodell: „Im Umweltmodell ist Wissen über die Struktur und die Funktionsweise der Umwelt gespeichert [...] Solche kognitiven Strukturen (z. B. Schemata) sind nicht nur Grundbausteine des Denkens, sondern beeinflussen unsere Wahrnehmung und unser Erinnern [...] Das Umweltmodell einer Person kann eine weitgehend realistische Widerspiegelung von tatsächlichen Gegebenheiten beinhalten, es kann aber auch aufgrund spezifischer (z. B. traumatischer) Erfahrungen defensiv verzerrt sein; dann besteht eine erhöhte Gefahr einer Fehlanpassung" (Becker 1995, 143). Becker bezieht weiterhin sein Konstrukt über die „Verhaltenskontrolle" in die Überlegungen ein und folgert, dass gering verhaltenskontrollierte Menschen mit z. B. Risikofreude, Veränderungsbereitschaft und Neigung zum Hedonismus eher spontan auf vorhandene Ressourcen zurückzugreifen in der Lage seien. Auf der anderen Seite kann für stark Verhaltenskontrollierte angenommen werden, dass deren Sozialisation eher durch konservative Vorgaben in Richtung auf Orientierung und Sicherheit bis hin zur Ausprägung von zuweilen rigiden Verhaltensweisen bestimmt ist.

Nach Beckers Auffassung steht die Nutzung vorhandener Ressourcen in engem Zusammenhang mit seelischer Gesundheit. Diese Ressourcen sind zum einen externer Natur und werden somit durch die Umwelt als z. b. tragende Bedingungen im familiären, beruflichen oder auch gesellschaftlichen Gefüge bereitgestellt; zum anderen haben sie internen Bezug, d. h. sie sind psychischer Herkunft. Hierunter fallen u. a. personale, soziale und professionelle Kompetenzen und Performanzen.

Die Komponenten des Modells der „seelischen Gesundheit" zeigen deutliche Parallelen zu den durch Antonovsky dargestellten Ausgangsannahmen. Für die allgemein und immer vorhandenen Risikofaktoren sind stets protektive Faktoren mitzudenken, die Antonovsky – wie bereits dargestellt – als „generalisierte Widerstandsressourcen" in Gegenüberstellung zu den „übergeordneten psychosozialen generalisierten Widerstandsdefiziten" sieht und definiert. Dabei ist der Grundgedanke ausschlaggebend, dass die förderlichen Faktoren auf dem Kontinuum zwischen Gesundheit und Krankheit dem Individuum dazu verhelfen, in Richtung Gesundheit zu gelangen, während die Risikofaktoren in Richtung Krankheit disponieren. Becker betrachtet spezielle Persönlichkeitseigenschaften, die er als Disposition zu einem Muster von Verhaltens- und Erlebensweisen sieht. Diese kommen unter bestimmten situativen Bedingungen mit ihren individuellen Ausprägungsgraden zum Ausdruck. Sie sind nicht mit den generellen Aussagen Antonovskys als übergeordnetes Konstrukt gleichzusetzen, doch die von ihm faktorenanalytisch erforschten und dargestellten Persönlichkeitseigenschaften bieten Einblick in die Wechselbezüglichkeit zwischen Situation und Persönlichkeit, die die Beschreibung des Verhaltens und Erlebens auf dem Kontinuum zwischen seelischer Gesundheit bzw. Krankheit zugänglich macht.

Es werden acht paarweise gegenüberliegende und näher bezeichnete Persönlichkeitseigenschaften der eingehenderen Betrachtung unterzogen. Die Hauptfaktoren sind (hohe vs. geringe) „Seelische Gesundheit" als „Fähigkeit zur Bewältigung externer und interner (psychischer) Anforderungen" und die bereits angesprochene (starke vs. geringe) „Verhaltenskontrolle" als Muster von Persönlichkeitseigenschaften mit der Tendenz zur Bewahrung von Ressourcen. Als weitere Dimensionen seines Modells werden „Soziale Anpassung vs. Zügellosigkeit" und „Selbstaktualisierung vs. Gehemmtheit" in Beziehung gesetzt (Abbildung 8).

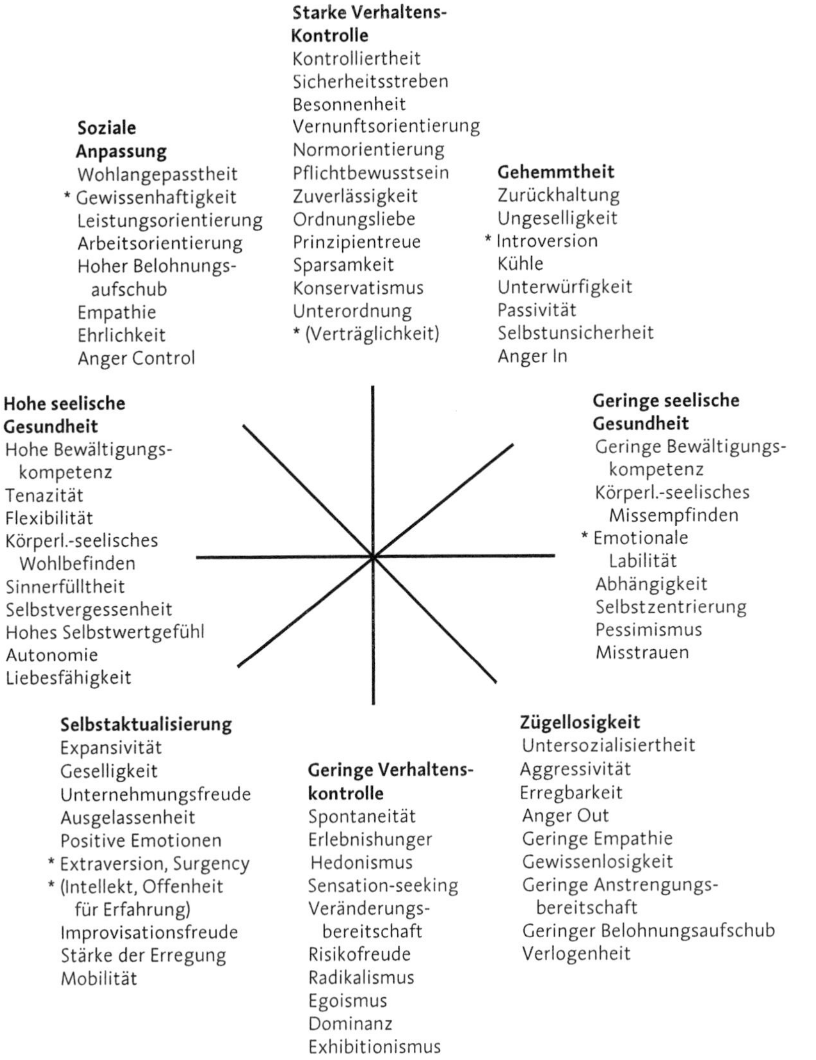

Starke Verhaltens-Kontrolle
Kontrolliertheit
Sicherheitsstreben
Besonnenheit
Soziale Vernunftsorientierung
Anpassung Normorientierung
Wohlangepasstheit Pflichtbewusstsein **Gehemmtheit**
* Gewissenhaftigkeit Zuverlässigkeit Zurückhaltung
Leistungsorientierung Ordnungsliebe Ungeselligkeit
Arbeitsorientierung Prinzipientreue * Introversion
Hoher Belohnungs- Sparsamkeit Kühle
aufschub Konservatismus Unterwürfigkeit
Empathie Unterordnung Passivität
Ehrlichkeit * (Verträglichkeit) Selbstunsicherheit
Anger Control Anger In

Hohe seelische **Geringe seelische**
Gesundheit **Gesundheit**
Hohe Bewältigungs- Geringe Bewältigungs-
kompetenz kompetenz
Tenazität Körperl.-seelisches
Flexibilität Missempfinden
Körperl.-seelisches * Emotionale
Wohlbefinden Labilität
Sinnerfülltheit Abhängigkeit
Selbstvergessenheit Selbstzentrierung
Hohes Selbstwertgefühl Pessimismus
Autonomie Misstrauen
Liebesfähigkeit

Selbstaktualisierung **Zügellosigkeit**
Expansivität Untersozialisiertheit
Geselligkeit **Geringe Verhaltens-** Aggressivität
Unternehmungsfreude **kontrolle** Erregbarkeit
Ausgelassenheit Spontaneität Anger Out
Positive Emotionen Erlebnishunger Geringe Empathie
* Extraversion, Surgency Hedonismus Gewissenlosigkeit
* (Intellekt, Offenheit Sensation-seeking Geringe Anstrengungs-
für Erfahrung) Veränderungs- bereitschaft
Improvisationsfreude bereitschaft Geringer Belohnungsaufschub
Stärke der Erregung Risikofreude Verlogenheit
Mobilität Radikalismus
Egoismus
Dominanz
Exhibitionismus

Abbildung 8: Circumplexmodell der Persönlichkeit (aus Becker 1995, 51)

Erläuterung: Die mit * gekennzeichneten Faktoren gehören als grundlegende Persönlichkeitseigenschaften zu den „Big Five"

Die Bedeutsamkeit in Antonovskys Konzept mit der ihr innewohnenden Komponente der Sinnfrage ist bereits an anderer Stelle dieser Arbeit Gegenstand ausführlicher Betrachtung (Kapitel 4.2) gewesen. Becker und Minsel (1982, 1986) verweisen auf die Vorstellungen Adlers und Frankl:

„Frankl spricht in diesem Zusammenhang vom Sinnbedürfnis des Menschen, wobei Sinn häufig mit bestimmten Aufgaben gleichgesetzt wird, die der betreffende Mensch zu erfüllen hat. Auch Adler verwendet den Begriff der *Aufgabe* und meint dabei unter anderem die großen Lebensaufgaben des Menschen: Beruf, Liebe und Gesellschaft" (Becker/Minsel 1986, 82). Diese Komponente beinhaltet nach Meinung der Autoren die Organisation des Menschen nach bestimmten Wertvorstellungen und deren hierarchischer Gliederung, aufgrund derer sie ihre Aufgaben bzw. Ziele im Lebensverlauf verfolgen. Dabei wird der seelisch gesunde Mensch auf ein gefestigtes und klar gegliedertes Wertesystem zurückgreifen können, welches determinierte und auch erworbene Qualitäten aufzuweisen hat. Seine ursprünglichen Auffassungen über die besondere Relevanz der Sinnkomponente relativiert Becker in seinem Werk 1995, weil aus seiner Sicht der Sinnbegriff oftmals uneindeutig und somit recht vielgestaltig aufzufassen ist. In einem Exkurs zu dem „Bedürfnis des Menschen nach Sinn" äußert er sich sodann weiter wie folgt:

> „Antonovsky (1979, 1988) hat einen bemerkenswerten Beitrag zur Beantwortung der Frage nach der ‚Salutogenese' geleistet; dabei ist zu klären, wieso bestimmte Menschen trotz erheblicher Belastungen und Krankheitsgefährdungen nicht erkranken, sondern ihre Gesundheit bewahren. Nach Antonovsky zeichnen sich jene widerstandsfähigen Menschen durch einen stark ausgeprägten Kohärenzsinn aus. Darunter versteht Antonovsky (1988, 19; Übers. d. Verf.): ‚... eine globale Orientierung, die zum Ausdruck bringt, in welchem Umfang man ein generalisiertes, überdauerndes und dynamisches Gefühl des Vertrauens besitzt, (1) dass die im Verlaufe des Lebens aus den eigenen internen und externen Umwelten stammenden Reize geordnet, vorhersagbar und erklärbar sind, (2) dass einem die Ressourcen zur Verfügung stehen, um die von diesen Reizen ausgehenden Anforderungen zu bewältigen und (3) dass es sich bei diesen Anforderungen um Herausforderungen handelt, für die es sich lohnt, Anstrengungen zu investieren und sich zu engagieren.' Wir interpretieren den von Antonovsky ermittelten Zusammenhang zwischen einem hohen Kohärenzsinn und guter Gesundheit [...] als Ausdruck dafür, dass es dem betreffenden Menschen gut gelingt, ein angeborenes Bedürfnis nach Sinn (bzw. in unserer Terminologie: nach Orientierung und Sicherheit) zu befriedigen." (Becker 1995, 96f)

Das Bedürfnis nach Sinn bzw. das in der Becker'schen Terminologie definierte „Bedürfnis nach Orientierung und Sicherheit" findet nach seiner Auffassung Ausdruck bei stark verhaltenskontrollierten Menschen mit der Bereitschaft zu entbehren und Verzicht zu leisten. Es ist im dargestellten Systemmodell aufgabenspezifisch der Steuerungszentrale zugeordnet. Hier gehe es um die Erfassung einer allgemeinen räumlichen Orientierung sowie einer existentiellen Orientierung, verbunden mit der Frage nach dem Sinn und der Bedeutung einer Situation. „Wenn es einer Person mit

Hilfe der ihr zur Verfügung stehenden Schemata nicht mehr gelingt, eine für sie verstehbare ‚Gestalt' herzustellen, ist sie desorientiert und erfährt sich in einer Situation, die jeglichen Sinns entbehrt" (Becker 1995, 156). Und im vorgestellten Modell der Persönlichkeit verweist Becker auf die Komponente der ‚Sinnerfülltheit' bei Menschen mit hoher seelischer Gesundheit, sind doch seiner Meinung nach seelisch Gesunde gut in der Lage, ihre Bedürfnisse (u. a. im Streben nach Orientierung und Sicherheit) zu befriedigen.

Der Vollständigkeit halber seien in aller Kürze die weiter von Antonovsky favorisierten und verwandten Konzepte genannt:
Boyce (1985) hat den Begriff des *Permanenzgefühls* geschaffen. Antonovsky sieht Parallelen zu allen seiner drei Komponenten: Der Aspekt der *Verstehbarkeit* geht in den vom Autor beschriebenen Lebensroutinen auf, die im Sinne von Vorhersagbarkeit konsistente Erfahrungen begünstigen. Die *Handhabbarkeit* steht für die Wahrnehmung der eigenen Person als kompetent und zuverlässig und die *Bedeutsamkeit* steht im Zusammenhang mit dem Wert von Lebenserfahrungen, die festigenden Einfluss bieten.
Moos (1984) zeigt Beziehungen auf, die einen Systemerhalt durch Klarheit und Konsistenz im Sinne von *Verstehbarkeit* bieten. Die *Handhabbarkeit* findet sich in einer Zielorientierung und Entwicklung der Persönlichkeit wieder und die *Bedeutsamkeit* manifestiert sich in der Partizipation und Unterstützung.
Mit Werner und Smith (1982) verband Antonovsky „ein Gefühl grundlegender Verständigung [...] Als anschließend ihr Buch herauskam, welches den Höhepunkt eines der aufregendsten Forschungsbemühungen darstellte, die ich kenne, war ich überzeugt, dass ich Recht gehabt hatte" (Antonovsky 1988, 43; Übers. d. Verf.). Die *Verstehbarkeit* fand sich wieder in den Aspekten von Struktur und Regeln im Sinne von Konsistenz, während die *Handhabbarkeit* in der internalen Kontrollüberzeugung zu finden war. Die *Bedeutsamkeit* – so die Autoren – ergibt sich durch die soziale Unterstützung mit geteilten Werten und Überzeugungen.
Reiss (1981) benennt explizit den Begriff der Kohärenz und verwendet ihn im Sinne Antonovskys für die *Verstehbarkeit* als strukturgebend für Organisation und Ordnung, die im Leben wichtig ist. Als Parallele zur *Handhabbarkeit* wird nach Reiss die Geschlossenheit in der Familie dargestellt, in der – von Vertrauen getragen – Probleme gelöst werden können. Im Sinne der *Bedeutsamkeit* beschreibt Reiss Lebensweisen von Familien, die bei aller Verschiedenheit ihrer Mitglieder stets den Konsens im Prozess des Teilens zur Fortentwicklung nutzen können.

Abschließend kann im Rahmen von Zusammenhanganalysen festgestellt werden, dass das Konstrukt des Kohärenzgefühls im Sinne seiner Konstruktvalidität zwar erwartungsgemäß z. T. mit den dargestellten Konstrukten verknüpft, aber nicht mit ihnen identisch ist und somit ein eigenständiges Konstrukt darstellt, das den theoretischen Annahmen genügt.

5.2 Empirie und Kritik

In den nachfolgenden Aussagen über die vorliegenden Studien wird im Wesentlichen Bezug zu den Ausführungen von Bengel et al. (2002) hergestellt. Antonovskys Theorie bietet nur wenige konkrete Hinweise darauf, wie Gesundheit in empirischen Studien zum Einfluss des Kohärenzgefühls zu operationalisieren ist. Zur empirischen Überprüfung legt er den „sence of coherence questionnaire" in der Übersetzung von Noack et al. (1991) vor (Anhang). Die drei dargestellten Teilbereiche, der der Verstehbarkeit, der der Handhabbarkeit und der der Sinnhaftigkeit, lassen sich in Auswertungen nicht trennscharf abbilden, so dass auf Empfehlung Antonovskys selbst die drei Bereiche besser nicht getrennt zu interpretieren sind. So erscheint es auch nicht einmal entscheidend, die Annahmen Antonovskys bereits deshalb als grundlegend revisionsbedürftig zu betrachten, weil keine eindeutige empirische Erkenntnisbasis gegeben ist.

Die wissenschaftliche Bedeutung der Salutogenese mit der in ihr enthaltenen Konzeption von Gesundheit bietet bei den vorherrschenden und jahrelang praktizierten Forschungsansätzen innerhalb der Gesundheitswissenschaften in ihrer Abkehr von der pathologiezentrierten Sicht vielmehr den entscheidenden Schritt hin zu einer grundlegend neuen Fragestellung. Es wird dezidiert die Frage gestellt, was trotz aller Schädigung des Individuums als gesund vorzufinden ist. Das ist eine sehr komplexe Frage, die sich nicht darauf beschränkt, symptomorientiert herumzulaborieren, sondern im Zusammenhang mit den unterschiedlichsten Forschungsgebieten steht: Es geht nicht nur um medizinische, sondern auch um psychologische und soziologische Fragestellungen, um nur einige zu nennen, vor allem aber geht es um sehr komplex gestaltete Sichtweisen, die interdisziplinäre Forschungsarbeit erfordern.

In einem kritischen Beitrag stellt Schäfer (2002, 114) fest: „Es ist typisch für die physiologische Unbildung in Kreisen, die sich der Verbreitung der Salutogenese widmen, dass hier von „Abkehr vom Prinzip der Pathogenese" im Rahmen der Psychosomatik gesprochen wird (Franke/Broda 1993)". Und weiter: „Die im Handbuch der Salutognese (Schüffel et al. 1998) enthaltenen klinischen Berichte sagen leider über salutogenetische Effekte buchstäblich nichts!" Sie seien – so Schäfer (2002, 111) – „von beeindruckender Dürftigkeit".

Gegenstand der Kritik war auch oft, dass das Kohärenzgefühl eine zu starke Verschmelzung mit Gefühlen aufweise, weil angeblich die Mehrzahl der Items (die deutsche Übersetzung bezieht sich in insgesamt 11 von 29 Items auf Gefühle) nach Gefühlen frage. Das ist allerdings bei der Konstruktion des Fragebogens (Antonovsky 1988) von Antonovsky keineswegs unbeabsichtigt gewesen, bietet doch der Verlust an Ressourcen physischer, psychischer, materieller und psychosozialer Natur in Verbindung mit Sinnlosigkeitsgefühlen die Basis für Angst und Depression, wie Angst und Depression letztendlich auch das Kohärenzgefühl destabilisieren. So stellt Franke (1997, 172) fest, dass es sich bei dem Kohärenzgefühl „vorwiegend um ein kognitives Konstrukt" handele und bemerkt: „In diversen Faktorenanalysen ließen sich die Skalen Verstehbarkeit und Bedeutsamkeit, die die kognitiv-motivationalen Aspekte des Konstruktes abbilden, besser auffinden als die eher handlungsorientierte Skala Handhabbarkeit".

Die hier zum Teil sehr einseitig vorgetragene Kritik ignoriert, dass seit der Veröffentlichung des Konzepts der Salutogenese bisher nicht viel mehr als 200 Studien vorgelegt wurden und dass diese dargestellten Studien bedingt durch die hohe „Komplexität des Modells" zunächst einmal lediglich „den Zusammenhang von SOC […] mit zahlreichen Parametern psychischer und physischer Gesundheit und Persönlichkeitseigenschaften messen" (Bengel et al. 2002, 42).

Zu den vorgelegten Studien: Eine direkte Verbindung zwischen dem Kohärenzgefühl und der Gesundheit – insbesondere der psychischen Gesundheit – kann entgegen der ursprünglichen Annahmen Antonovskys nachgewiesen werden. Es konnten höhere Kohärenzwerte in Verbindung mit Lebenszufriedenheit und Wohlbefinden dargestellt werden (Chamberlain et al. 1992) und Menschen mit traumatischen Erlebnissen haben insgesamt einen niedrigeren Kohärenzwert als Menschen ohne traumatischen Erlebnishintergrund (Hood et al. 1996). So verweisen vergleichsweise wenige Studien auf einen unmittelbaren Zusammenhang zwischen dem Kohärenzgefühl und der körperlichen Gesundheit (Callahan/Pincus 1995, Gebert et al. 1997, Rena et al. 1996).

Antonovsky geht bekanntlich von stressinduzierenden Faktoren aus, die das Kohärenzgefühl beeinflussen bzw. umgekehrt, dass das Kohärenzgefühl eine Wirkung auf die Stressverarbeitung hat. So konnten McSherry und Holm (1994) bestätigen, dass Menschen mit einem hohen Kohärenzgefühl unter Stresseinwirkung eher in der Lage sind, ihre Ressourcen zu mobilisieren, um Situationen zu bewältigen, als Personen mit einem niedrigen Kohärenzgefühl. Insgesamt kann Antonovskys Annahme bestätigt werden, dass ein hohes Kohärenzgefühl zur Auswahl geeigneter Ressourcen motiviert und dass niedriges Kohärenzerleben eher mit depressivem Verhalten in Verbindung steht (Becker/Minsel 1986).

Die sozialen Ressourcen stehen ebenfalls mit dem Kohärenzgefühl in enger Verbindung. So wiesen Larrson und Kallenberg (1996) einen signifikanten Zusammenhang zwischen der Anzahl der FreundInnen im Zusammenhang mit einem hohen Kohärenzgefühl nach. Je höher das Kohärenzgefühl, desto höher konnte die Anzahl der FreundInnen quantifiziert werden.

Die Stress- und Bewältigungsforschung befasst sich mit dem Einsatz geeigneter Strategien, die als gesundheitliche Ressourcen zur Bewältigung von Stressereignissen betrachtet werden. Die Kompatibilität der Ansätze Antonovskys mit anderen Stresskonzepten ist daher nicht so verständlich und einheitlich darstellbar. Antonovsky konzentriert sich vor allem darauf, dass das salutogenetische Verständnis in den bisherigen Konzepten zur Stressforschung kaum Beachtung findet. Seine Aussagen heben sich insofern vom bisherigen Erkenntnisstand ab, als er Stressoren als lebensbegleitende Phänomene betrachtet, die nicht ausschließlich als pathogenetisch einzustufen sind. Insbesondere geht Antonovsky von einer Grundeinstellung des Individuums aus, die allgemeinen Charakter hat und weniger situationsabhängig zu sehen ist. Die herkömmliche Stressforschung geht von den Reaktionsweisen eines Menschen auf Ereignisse aus, statt sich mit Faktoren zu befassen, die Gesundheit fördern bzw. hervorrufen.

Die immer wieder gestellte Frage, nach der das Gesundheitsverhalten in Verbindung mit dem Kohärenzgefühl steht, konnte bisher nicht eindeutig nachgewiesen werden. Diese mögliche Annahme hat denn Antonovsky auch selbst eher als marginale Frage abgehandelt. So konnten allerdings Bös und Woll (1994) eine höhere Sportaktivität bei älteren Menschen mit einem hohen Kohärenzgefühl nachweisen.

Antonovsky sieht einen Zusammenhang zwischen der Stabilität des Kohärenzgefühls bedingt durch den Aspekt der Partizipation des Menschen an relevanten Entscheidungsprozessen, die soziale Anerkennung verschaffen. Diese Annahme verweist auf Personenmerkmale wie z. B. Geschlecht, Alter und Bildungsstand. So können Larsson und Kallenberg (1996) darauf verweisen, dass Frauen insgesamt ein niedrigeres Kohärenzerleben haben. Franke (1997) kann diese Erkenntnisse im Rahmen klinischer Studien bestätigen. Zur altersgemäßen Ausprägung des Kohärenzgefühls fehlen bisher Studien mit Längsschnittdesign, doch muss bereits zum jetzigen Zeitpunkt Antonovskys Annahme relativiert werden, dass das Kohärenzgefühl von Erwachsenen eher als eine stabile Persönlichkeitseigenschaft betrachtet werden sollte. Vielmehr beweisen Studien von Rimann und Udris (1998), Sack und Lamprecht (1997) u. a. das Gegenteil und es ist inzwischen nicht mehr von der Hand zu weisen, dass das Kohärenzgefühl nicht nur in seinem inhärenten Prozessgeschehen, sondern insgesamt als prozessuales Geschehen zu verstehen ist, welches im gesamten Lebensverlauf Veränderungen unterworfen ist. Die Salutogeneseforschung bezieht sich allerdings bisher vorwiegend auf verschiedene Indikatoren von Gesundheit, auf die das Kohärenzgefühl Einfluss nimmt. Die Forscher haben bisher keine einheitliche Auffassung über den Zusammenhang zwischen Kohärenzgefühl, Bildungsstand und dem sozioökonomischen Status herausarbeiten können. Larsson und Kallenberg (1996) konnten allerdings in ihrer Studie nachweisen, dass höhere Einkommensgruppen in Verbindung mit einem hohen Kohärenzgefühl stehen, während es sich gegenteilig bei Arbeitern und niedrigen Einkommensgruppen verhielt. Höhere Kohärenzwerte finden sich nach Lundberg (1997) sowie Rimann und Udris (1998) vor allem in Berufsgruppen, die im gehobenen Management angesiedelt sind.

Folgerungen: Das Modell der Salutogenese beinhaltet, dass die generalisierten Widerstandsressourcen als Prädikatoren für die Entwicklung des Kohärenzgefühls aufzufassen sind. An dieser Nahtstelle zwischen den generalisierten Widerstandsressourcen und dem Aufbau des Kohärenzgefühls müsste zunächst die Forschung ansetzen, und es ist auch zu hinterfragen, ob Gesundheit ausschließlich über die Bewältigung des Stresserlebens entsteht. Welche Bedeutung hat z. B. in diesem Prozess der motivationale Aspekt der Selbststeuerung des Individuums in der Bewältigung der durch das Leben gegebenen Herausforderungen? Welche Einflüsse sind durch gesellschaftliche Anforderungen für das Kohärenzerleben relevant? Zu der zuletzt genannten Frage bieten bekanntlich Ansätze aus der Identitätsforschung interessante Hinweise (Kapitel 4.3). Die weiterhin in diesem Buch schon mehrfach angesprochene Frage nach der Stabilität des Kohärenzgefühls (Kapitel 6.1) ist ebenfalls ein Bereich, dem in der Forschung verstärkte Aufmerksamkeit zu schenken ist.

Bengel et al. (2002, 89) beziehen sich u. a. auf Faltermeier (1994) und stellen fest: „Das Modell der Salutogenese kann als die erste und am weitesten entwickelte Theorie zur Erklärung von Gesundheit bezeichnet werden." Weshalb das Konzept der Salutogenese allerdings so schwierig in die derzeit praktizierte Gesundheitsversorgung zu integrieren ist, lässt sich schon allein aus dem Umstand heraus erklären, dass gesunde PatientInnen nun einmal nicht zum Arzt gehen, dessen Leistung bekanntlich hoch bezahlt wird. Er müsste zusätzliche Leistungen (über den bisherigen Rahmen hinaus?) erbringen, die sich insbesondere mit dem Gesundheitsstatus des Menschen befassen. Allein deshalb ist das konventionelle Gesundheitssystem derzeit nicht in der Lage, Stärken und Ressourcen der PatientInnen herauszuarbeiten und ihnen so mögliche Wege zu eröffnen, die die Selbstverantwortung fördern helfen (Kapitel 6.5). So wird von Kritikern, die offensichtlich herkömmliche Denktraditionen perpetuieren wollen, immer wieder die Frage gestellt, ob das Modell überhaupt wissenschaftlichen Anforderungen Genüge leistet. Dazu folgern Bengel et al.

(2002, 99): „Wir sind der Meinung, dass hierzu der derzeitige Forschungs-
stand für eine angemessene Bewertung des Modells nicht ausreicht und
mehr Fragen offen lässt als beantwortet."

Kritisch an Antonovskys Ansatz ist anzumerken, dass das Konzept des
Kohärenzgefühls bisher offenbar noch nicht dahingehend untersucht wur-
de, wie es selbst unter spezifischen sozialen Bedingungen ausgebildet wird
und seine Wirkung entfaltet. Sind es doch gerade die sozio-emotionalen
Bedingungen, die entwicklungsbezogen ein Leben lang im jeweiligen Kontext und in der Zeit eine eminente Relevanz haben, so werden auch die
Entwicklungsbedingungen zu Beginn des Lebens stets eine bedeutende
Rolle spielen. Eine emotional getragene Eltern-Kind-Interaktion zum
Aufbau positiver selbstreferentieller Gefühle als Grundlage der Ausbildung positiver Selbstkonzepte und eines positiven Identitätserlebens bieten wesentliche Voraussetzungen zur Entwicklung einer Persönlichkeit,
die das Leben anzunehmen und erstrebenswerte Ziele anzugehen bereit ist
(Kapitel 3.1 und 3.2). Diese Prozesse sind natürlich eingebunden in das
Zusammenspiel von protektiven Faktoren, Risikofaktoren und dem jeweiligen gesellschaftlichen Kontext. In der nachfolgenden Entwicklung spielen denn auch die Interaktion zwischen Individuum und sozialem Umfeld
weiterhin eine entscheidende Rolle, vollzieht sich Identitätsbildung in Be-
zogenheit auf den anderen und die Mitwelt.

Die von Antonovsky „intuitiv" entwickelten „pattern of life experiences" (Antonovsky 1988, 93f) erforschte er nicht systematisch und bezeichnete sie daher allgemein als „Muster von Lebenserfahrungen", die aus seiner Sicht letztendlich das Kohärenzgefühl prägen. Dabei ist die Komponente der Bedeutsamkeit diejenige, die nicht so sehr den kognitiven
Aspekt betont, als vielmehr den emotionalen. Es ist die Bedeutsamkeit im
Sinne einer Orientierungsfunktion für Normen und Werte, für die es sich
zu entscheiden und zu engagieren lohnt. Im emotionalen Sinne geht es bei
diesem Aspekt mehr um übergeordnete Ziele, um Überzeugungen und
Wertwelten, die die Fragen nach dem *Warum, Wofür, Wohin* aufwerfen,
die den im Leben gestellten Aufgaben im existentiellen Sinne Bedeutung
verleihen und motivieren, sich auf die Herausforderungen einzulassen. Bedeutung haben für uns zudem Prozesse und Aktivitäten, die über alltäg-
liche Erfahrungen unser Schicksal prägend beeinflussen, die Wirksamkeit
eigenen Handelns wahrzunehmen, Gratifikation dafür zu erhalten und
vom Vertrauen darüber getragen zu sein, uns in größeren Gemeinschaften
und Zusammenhängen definieren zu können bzw. zu leben: miteinander
gestalten und miteinander handeln; mitmenschliches Miteinander vollzieht
sich im Raum der Intersubjektivität in all unseren Lebensbereichen.

Aus den Darstellungen über die Frage, welchen Anteil Emotionen am
Kohärenzgefühl haben, wird deutlich, dass die Erkenntnisse Antonovskys
kognitionspsychologisch schwerpunktmäßig auf der Basis von Bewer-

tungstheorien belegt sind. Diese Herangehensweise bietet den Nachteil, dass Bewertungsprozesse nur im Nachhinein introspektiv über die Selbstauskunft analysiert werden können. Die Kognition ist gleichwohl an erhebliche unbewusste Wahrnehmungsanteile gekoppelt, denn sonst könnten wir nicht Auto fahren, wie wir Auto fahren. Die unbewussten Verarbeitungsvorgänge, die sich in Sekundenbruchteilen im Gehirn abspielen, wenn z. B. die Gänge geschaltet werden, finden auf die gleiche Weise statt, in der wir uns sprachlich artikulieren, denn Sprache ist gleichermaßen Ausdruck kognitiv ablaufender unbewusster Prozesse, müssten wir uns bei einer Satzaussage sonst erst immer die Grammatikregeln wieder vergegenwärtigen. Der Mensch stützt sich oft auf Vermutungen und die Interpretation von Vorgängen, statt den formalen Prinzipien der Logik zu folgen.

Diese Überlegungen basieren auf den Darstellungen zum deklarativen und zum prozeduralen Wissen aus der Kognitionspsychologie. Das nach heutigen Kenntnissen im Bereich des Hippocampus und der Amygdala angesiedelte Faktenwissen (deklarativ) beruht u. a. darauf, dass beim Autofahren die Positionierung des Schalthebels abhängig von der Geschwindigkeit in Verbindung mit dem Kupplungsvorgang sowie der Dosierung des Gaspedals eingeschlossen dieser Abfolge von Einzelschritten erlernte Fakten darstellen. Was dann als Abfolge zum Teil parallel ablaufender Schritte im Rahmen eines komplexen Zusammenspiels angewendet wird, stellt die Umwandlung deklarativen Wissens in Handlungswissen (prozedural) dar, welches dem Bewusstsein nicht in jedem Fall durch entsprechende Repräsentationen zugänglich ist und daher hauptsächlich als Automatismen abläuft. Parallel ablaufende automatische Prozesse können also – wie aus der Forschung bekannt – ohne Beeinträchtigung des Aufmerksamkeitsfokus ablaufen. Prozedurales Wissen schließt zusätzlich diesen ganz wesentlichen Anteil der Aufmerksamkeit mit ein. Dabei geht es um die situationsangemessene sowie optimale Regulierung des Aufmerksamkeitsfokus und die in der Folge ausgelösten Emotionen. Würde sich der Fahrer die Abfolge der einzelnen Schritte stets neu ins Bewusstsein holen müssen, so müsste er dabei den Fokus seiner Aufmerksamkeit von den relevanten Aspekten des Verkehrs abziehen. Eine Gefährdung mit fatalen Folgen könnte eintreten.

Die vorgetragene Kritik muss allerdings auch die Grenzen der Umsetzung des Salutogenesekonzepts im Zusammenhang mit den Erwartungen von PatientInnen und den gesellschaftlichen Rahmenbedingungen sehen. Wichtig erscheint es zu realisieren, dass der eindimensionale Einsatz dieses Modells bzw. die unmittelbare Anwendung der Kernaussagen in handlungsrelevante Strategien bisher kaum möglich erscheint, die zudem in der Regel mit unrealistischen Erwartungen in Verbindung stehen. Deshalb ist zunächst der so wichtigen, fundierten Kenntnisaneignung über das Salutogenesekonzept Beachtung zu schenken, statt es unreflektiert umsetzen oder gar abqualifizieren zu wollen.

Insgesamt ist bei aller theoretischen Kritik am Salutogenesekonzept festzuhalten, dass dieses hoch komplexe Konzept oft vereinfachend auf korrelative Beziehungen reduziert wird, statt mehr auf qualitative Forschungsansätze zu zentrieren. Zudem können auch die noch offenen Fragen und die nicht vollständig herausgearbeiteten Teilaspekte dieses richtungsweisende theoretische Erkenntnismodell nicht in Frage stellen. Welches Modell ist schon perfekt? Es ist und bleibt ein Modell. Vielmehr gilt es, vorurteilslos mit unkonventionellen Methoden die Salutogeneseforschung voranzutreiben, weil wir – wie oftmals in unserem Denken – uns von Risikofaktoren verfolgt fühlen, statt das Leben als herausfordernden Prozess aufzufassen, der in der permanenten, alltäglichen Problemlösung Belohnung verspricht: „Alles Leben ist Problemlösen" (Popper 1997).

5.3 Wer sind die Gewinner?

Die Gewinner sind vor allem Menschen, die das Prinzip der Selbstverantwortung in ihrem Denken, Fühlen und Handeln praktizieren wollen und darin gefördert werden. Dieser Personenkreis konzentriert sich auf Eigeninitiative, kreative Selbstentfaltung und Selbstsorge (Foucault 1987a) sowie auf die Förderung der Selbstheilungskräfte. Allerdings kollidieren diese in der Regel selbstsicher auftretenden, mit einem hohen Selbstwertgefühl ausgestatteten Menschen in ihrem Tun nicht selten mit VertreterInnen der konservativen und klassisch angewendeten Expertenschaft. Allein die in der Fachliteratur gebräuchliche Semantik bietet Anlass genug, tradierte Vorstellungen zu hinterfragen. Das beginnt mit der sprachlichen Verschlüsselung von Tatsachen, die der Stärkung der eigenen Position dienen, gleichzeitig aber emanzipiertes Handeln im Sinne einer Teilnahme an den relevanten Entscheidungsprozessen verhindern (sollen). Und das endet in Begriffswelten, die diskriminierende Wirkungen hervorrufen (sollen): Der „Fall" wird besprochen, „die Leber" wird operiert, der Patient verhält sich „regelwidrig", er ist „unwillig", die Trauer der Patientin hält „zu lange" an usw. Die Literatur ist voll von derartigen Bemächtigungen. Die narzisstische Gratifikationszufuhr findet dort ihre Grenzen, wo Menschen Vorgaben kritisch hinterfragen, Frageverbote aufweichen, insbesondere dann, wenn einseitige pathologische Festschreibungen getroffen, Menschen stigmatisiert werden (Kapitel 6.5). Gesundheitliche Fragen beschäftigen sich mit dem Verständnis für die dem Menschen aufgegebenen Probleme und Belastungen, die es in übergeordneten Zusammenhängen zu sehen, vor allem zu lösen gilt. Sie helfen dem Individuum bei der Suche nach dem

Einsatz von geeigneten Handlungsstrategien weiter, um einen Sinn für das eigene Handeln zu finden und sich dafür immer und immer wieder eigenverantwortlich zu engagieren.

Dieser Rahmen fordert der Expertenschaft eine sehr hohe Kompetenz (Wissen und Fähigkeiten) und Performanz (Fertigkeit, Kompetenzen situationsadäquat und zielführend einzusetzen) ab, die es in Fortbildungsmaßnahmen immer wieder neu zu erarbeiten gilt. Als Basisvoraussetzung gilt die Bereitschaft, in salutogenetischen Dimensionen zu denken: Welche Gegebenheiten stehen der Person trotz gesundheitlicher Belastungen zur Verfügung, gesund zu bleiben oder zu werden? Welche Ressourcen sind für diesen Prozess mobilisierbar bzw. nutzbar zu machen? Wie kann trotz aller gegebenen Umstände ein Sinn in und für realisierbare und hoffnungsvolle Zukunftsprojekte gefunden werden? Nur so ist es möglich, den Menschen dazu zu verhelfen, Gewinner zu werden und die ihnen innewohnenden gesundheitlichen Potenziale aufzufinden, sie als Schätze zu heben.

Nach diesem allgemeinen Vorspann sollen einzelne selektiv ausgewählte Anwendungsbereiche dargestellt werden. Es sind u. a. spezielle Themenbereiche zu nennen, wie das der *Arzt-Patienten-Beziehung*, der *salutogenetisch ausgerichteten Balintgruppenarbeit*, der *salutogenetisch orientierten Fortbildung*, der *Salutogenese in der Pflege* und das weite Feld der *betrieblichen Gesundheitsförderung*.

In der *Psychotherapie* (wie auch in der *Psychosomatik*) (Kapitel 2.7) wurde das Konzept der Salutogenese bisher nur halbherzig eingeführt. Das hängt sicher nicht allein mit der Komplexität des Themas zusammen, sondern auch maßgeblich mit den Vorstellungen etablierter Schulmeinungen in der Psychotherapie selbst und tradierter Auffassungen über die Heilkunst an sich. Diesem Umstand ist zuzuschreiben, dass die Literatur vergleichsweise wenige Abhandlungen zu diesem Thema zu bieten hat. Deshalb sollen an dieser Stelle einige wenige und spezielle Literaturhinweise (siehe auch die Literaturhinweise am Ende des Buches) gegeben werden:

Becker (1982, 1986, 1994, 1995) greift in seinen Grundkonzepten zur „Seelischen Gesundheit" auf den Ansatz der Salutogenese zurück und entwickelt auf dieser Basis einen sehr gut verständlichen und eigenständigen Beitrag. Franke und Broda (1993) handeln in ihrem Buch „Psychosomatische Gesundheit. Versuch einer Abkehr vom Pathogenese-Konzept" vor allem Definitionsfragen zum Thema Gesundheit an sich ab und kommen zu der Erkenntnis, dass die pathologiezentrierte Sicht in der Psychotherapie wie auch in der Psychosomatik revisionsbedürftig ist. Lamprecht und Johnen (1994, 1997) beschäftigen sich in ihren Ausführungen zum Thema „Salutogenese – Ein neues Konzept in der Psychosomatik" mit den Möglichkeiten der themenspezifischen Anwendung salutogenetischer Gesichtspunkte und der Frage der Einführung des Modells in Psychotherapie und Psychosomatik. Schüffel et al. (1998) haben das Konzept Antonovskys unter psychosomatischen Gesichtspunkten weiterentwickelt und beziehen sich in ihrem Werk „Handbuch der Salutogenese. Konzept und Praxis" insbesondere auf therapeutische und präventive Interventionen in der klinischen Versorgung. Bengel et al. (2002) schreiben unter dem Titel „Was erhält Menschen gesund? Antonovskys Modell der Salutogenese – Diskussionsstand und Stellenwert" über den Stand der Forschung und berichten über konkrete Anwendungsmöglichkeiten, referiert im Rahmen einer Veranstaltung der Bundeszentrale für gesundheitliche Aufklärung.

Der Themenbereich der Psychosomatik impliziert eine dichotome Sichtweise, nämlich die Aufspaltung in körperliche und seelische Phänomene, die in der Wirklichkeit nicht in Erscheinung tritt. So wird in der psychosomatischen Medizin davon ausgegangen, dass eine Wechselwirkung von Körper und Seele im Sinne der Beeinflussung somatischer Vorgänge bedingt durch psychische Einflüsse besteht. Die Psychotherapie wird sowohl klinisch als auch ambulant angewandt und basiert hauptsächlich auf den tiefenpsychologisch fundierten Verfahren, wie der Psychoanalyse, der Individualpsychologie usw. wie auch auf anderen Schulrichtungen, die humanistisch-psychologisch, systemisch oder verhaltenstherapeutisch ausgerichtet sind oder schulenübergreifend wie die Integrative Therapie. Wenn auch Antonovsky (1988) die Auffassung vertrat, dass das Kohärenzgefühl eine durch Psychotherapie kaum beeinflussbare Persönlichkeitsvariable bzw. Erlebenskonstante sei, so konnte in einer Verlaufsuntersuchung (Sandell 1997) nachgewiesen werden, dass zeitextendierte Psychotherapien das Kohärenzgefühl nachhaltig zu verbessern in der Lage sind. Die Begleitung somatischer Behandlungen durch Psychotherapie ist ebenfalls ein inzwischen anerkanntes Instrument in der Behandlung unterschiedlichster Krankheitsbilder, obgleich es bisher noch keine gesicherten Erkenntnisse darüber gibt, ob und wie dadurch z. B. gesundheitsbewusste Verhaltensweisen gefördert werden. Zu diesem Bereich können auszugsweise folgende Themenstellungen dargestellt werden:

- Welche Wechselwirkungen können zwischen dem Kohärenzgefühl und somatischen Beschwerden nachgewiesen werden?
- Können subjektive salutogene Einstellungen den objektiven Gesundheitszustand und das Gesundheitsverhalten beeinflussen?
- Welche psychotherapeutischen Interventionen helfen das Kohärenzgefühl in positiver Richtung zu verändern?

- Wie können Auswirkungen des Stresserlebens auf das Kohärenzgefühl konkret nachgewiesen werden?
- Definitionsfragen zu Gesundheit und Krankheit
- Der Einfluss der Salutogenese in spezifischen Anwendungsbereichen und bei chronischen Erkrankungen
- Welche Auswirkungen hat eine Stärkung der Selbstgestaltungspotenziale/Selbstgestaltungskräfte auf das Kohärenzgefühl (Kapitel 6.5)?

Die *Prävention* untergliedert sich in drei Teilbereiche, die hier kurz erklärt seien: Während bei der *primären Prävention* das Auftreten von Krankheiten überhaupt verhindert werden soll, geht es bei der *sekundären Prävention* um eine Früherkennung von Krankheiten, die es rechtzeitig zu behandeln gilt. Die *tertiäre Prävention* hat sich zur Aufgabe gemacht, eingetretene Krankheitsfolgen zu reduzieren. Der in unserem Zusammenhang relevante Bereich der Betrachtung beschäftigt sich vorwiegend mit der primären Prävention.

Die *primäre Prävention* zielt also darauf ab, Krankheiten zu verhindern und/oder ihnen vorzubeugen. Die Gesundheitsförderung selbst ist ein anders gelagertes Thema. Antonovskys Sichtweise besteht darin, dass Gesundheit und Krankheit zwei gegensätzlich ausgerichtete Pole auf einem Kontinuum darstellen, wobei der Gesundheitspol mit dem Aspekt der Gesundheitsförderung und der Krankheitspol mit dem Aspekt der Prävention in Verbindung zu bringen ist. Dabei geht es nicht nur um die Möglichkeit, von außen vorbeugende Hilfe in Anspruch nehmen zu können, sondern maßgeblich um eine innere Disposition im tieferen Verständnis um die vorfindlichen Gegebenheiten, die einen Sinn in sich haben und die bewältigt werden können. Becker (1997, 519) folgert: „Fragt man […] nach den *Methoden* der Prävention und der Gesundheitsförderung, wird man viele Gemeinsamkeiten entdecken. Unter diesem Blickwinkel bietet es sich an, Gesundheitsförderung als Oberbegriff zu verwenden, der alle Maßnahmen umfasst, die geeignet erscheinen, bei einem Individuum oder in einer Population das Auftreten von Krankheiten zu verhindern (oder zu erschweren) bzw. den Gesundheitszustand zu verbessern."

Die so verstandene Prävention durch Maßnahmen zur Gesundheitsförderung bietet mit Antonovskys Ansatz einen theoriegeleiteten Rahmen, der die Orientierung hin zu Lebensbewältigung unter Berücksichtigung protektiver Faktoren und deren supportiver Valenz eröffnet, statt am Diskurs des klassischen Krankheitsmodells festzuhalten. Für die Umsetzung von Maßnahmen im Sinne der WHO sind insbesondere kommunale, soziale und ökologische Kriterien einzubeziehen und es ist festzustellen, dass der gesundheitspolitische Nutzen, der sich aus der so einzusetzenden

Rahmentheorie darstellt, bei weitem noch nicht ausgeschöpft ist. So stellt Becker (1997, 528) beispielsweise fest, dass die „Prävention psychischer Störungen" bisher weitgehend vernachlässigt wurde und daher „ein genuines Forschungs- und Betätigungsfeld für Psychologen und andere Sozialwissenschaftler" darstellt. Zur Umsetzung des Salutogenesemodells in der Prävention sei auf einige Zielgruppen und Themenbereiche hingewiesen, die sich als förderungswürdig in Forschung und Praxis herausgestellt haben:

■ Trainingsmaßnahmen und Bereitstellung von Weiterbildungsangeboten zur Gesundheitsförderung in spezifischen Anwendungsfeldern (für Psychologen, für Sozialwissenschaftler, für Ärzte, für Pflegeberufe usw.)
 – Prävention im Kontext unterschiedlichster Krankheitsbilder
 – Prävention von Verhaltens- und psychischen Störungen
 – Prävention von beziehungsbedingten Störungen
 – Prävention in kritischen Lebenslagen (Krisen, Suizidalität)
■ Die Gesundheitsförderung in der Arbeitswelt
 – Prävention zur Arbeitsplatzgestaltung
 – Prävention in der Mitarbeiterführung
 – Prävention zur Verhinderung von Mobbing
■ Die Gesundheitsförderung im schulischen Kontext
 – Prävention von physischer und emotionaler Gewalt und sexuellem Missbrauch
 – Prävention von Missbrauch psychotroper Substanzen (Alkohol, Drogen, Rauchen)
 – Prävention in der Aidsaufklärung
 – Prävention zu ernährungsbedingten Fragen
■ Die Gesundheitsförderung in gemeindebezogenen Organisationen
 – Prävention zu Fragen der Lebensgestaltung im Alter
 – Prävention zur Gesundheitsförderung im Alter

Zur tiefer gehenden Diskussion der Prävention in der Gesundheitsförderung sei an dieser Stelle auf folgenden Literaturbeitrag verwiesen:

Schwarzer (1997) richtet in seinem Werk „Gesundheitspsychologie. Ein Lehrbuch" seine Aufmerksamkeit auf kognitive und emotionale Verhaltensweisen zur Gesundheit und handelt die Themenbereiche Rehabilitation und Prävention zu gesundheitsrelevanten Themen ab. Das Buch stellt in umfänglicher Weise die Analyse und Beeinflussung gesundheitsbezogener Verhaltensweisen auf individueller und sozialer Ebene dar.

Der Gegenstandsbereich der *Rehabilitation* beschäftigt sich mit den unterschiedlichsten gesundheitlichen Beeinträchtigungen und hat das Ziel, funktionale körperliche, somatische, kognitive, emotionale und soziale Fähigkeiten wiederherzustellen und dabei insbesondere Folgeschäden zu verhindern sowie Bewältigungsressourcen zu bestärken. Die Auffassungen der *tertiären Prävention* gehen weitgehend in den Fragen zur Rehabilitation auf. Die PatientInnen sollen in ihrer z. T. langfristigen Abhängigkeit des medizinischen Versorgungssystems befähigt werden, aus eigener Kraft weitgehendst stabilisiert wieder einen Platz in der Gesellschaft einzunehmen. Dabei hängt die Krankheitsverarbeitung nicht allein von der Persönlichkeit und der vorfindlichen Lebenssituation der PatientInnen ab, sondern maßgeblich auch von den angebotenen Maßnahmen, die salutogenetisch ausgerichtet sein sollten. Neben den medizinisch-physiologischen Maßnahmen sind mit den heute gegebenen Möglichkeiten insbesondere psychologische und edukative Maßnahmen in der Rehabilitation anzuwenden. Die besondere Aufgabe psychologischer Maßnahmen besteht darin, vorhandene Bewältigungsmechanismen aufzufinden bzw. neue einzustudieren, um Krisensituationen bestehen zu lernen. Edukative Maßnahmen vermitteln ergänzend etwa ein Verständnis zur Regulation der Nahrungsaufnahme und zur geeigneten Lebensmittelauswahl.

Rehabilitative Maßnahmen beziehen sich vorwiegend auf chronische Krankheitsbilder, die sowohl somatischer als auch psychischer Natur sein können. Der salutogenetisch ausgerichtete Behandlungsansatz in diesem Anwendungsfeld ist Erfolg versprechend und noch viel zu wenig integriert. Er fördert die eminent wichtige Auseinandersetzung mit der Bedeutung der Erkrankung und verursacht dabei keineswegs Mehrkosten im Sinne erforderlicher Kostendämpfungsmaßnahmen, ist doch ein wesentlicher Beitrag dieses Behandlungsansatzes in der Krankheitsverarbeitung zu sehen. Sie hängt nicht nur von der Persönlichkeit und der Lebenssituation der Erkrankten ab, sondern auch von den im Rahmen der Rehabilitation angebotenen Maßnahmen. Die Bewältigung der Krankheit ist eben nicht allein „in der Reduktion von Risikofaktoren" (Bengel et al. 2002, 78), sondern sie muss sich vielmehr auf noch vorhandene personale und soziale Ressourcen hin zur weitgehendst souveränen Lebensgestaltung konzentrieren. Dabei hat die Erwartung und das Wissen um die eigene Kontrollierbarkeit der Krankheit und der Gesundheit eine besondere Bedeutung. Das Verständnis für das Geschehen im umfassenderen Zusammenhang spielt ebenso eine Rolle in den vorfindlichen Strukturen, die noch Halt geben, wie die Auseinandersetzung mit der Frage nach der Ausgewogenheit des Lebens im Wechselspiel von Unter- und Überforderung. Und schließlich sucht der Mensch bei allen Widerfahrnissen eine weitgehende Teilhabe an gesellschaftlich relevanten Aktivitäten, die das Leben in Souveränität lebenswert macht.

Diese drei zuletzt genannten Aspekte festigen die Lebensbewältigung im Sinne des salutogenetischen Ansatzes; sie stellen somit determinierende Säulen rehabilitativer Maßnahmen dar. So verstandene Rehabilitation kann nicht auf die Stabilisierung im psychischen Bereich verzichten, ja psychotherapeutische Begleitung muss integraler Bestandteil einer jeden Rehabilitationsmaßnahme werden, sind doch mehr als nur eine Ursache für die Entstehung insbesondere chronischer Erkrankungen für die Betroffenen zu verstehen und zu verarbeiten.

Wie in der Prävention sind auch in der Rehabilitation spezielle Maßnahmen der Gesundheitsförderung anzuwenden, die sich u. a. auf das Gesundheitsverhalten beziehen, wie z. B. sportliche Betätigung und gesunde Ernährung bei weitgehendem Verzicht auf Alkohol- und Tabakkonsum. Dieses bisher vorfindliche Verständnis in Rehabilitationseinrichtungen sollte zukünftig konsequent durch protektive personale und soziale Faktoren im Sinne der Verbesserung der Kompetenzen und Performanzen erweitert werden. Nach ganzheitlichem Verständnis soll neben dem individuellen gesundheitsförderlichen Verhalten gleichermaßen das Verständnis und Bewusstsein in die Umwelt hineingetragen werden. Bestehende Rehabilitationseinrichtungen haben in den vergangenen Jahren ihr Angebot durch gesundheitsförderliche Maßnahmen ergänzt. Sie müssen sich allerdings daran messen lassen, inwieweit die Konzepte der salutogenetischen Ausrichtung tatsächlich durchgängig in das Verständnis nicht nur für die Behandlung, sondern auch in das Bewusstsein der Behandelnden selbst auf allen Ebenen integriert sind. Einige Themen und Anwendungsfelder sollen genannt werden:

- Die Integration des Verständnisses der Salutogenese in die Rehabilitation
- Rehabilitation und Arbeitswelt
- Die Rehabilitation in der Psychosomatik
- Die Bewältigung von Krebserkrankungen im Kindes- und Jugendalter sowie im Erwachsenenalter
- Die Herzinfarktrehabilitation
- Die Rehabilitation in der Schmerztherapie
- Allergische Krankheitsbilder in der Rehabilitation
- Die berufliche Rehabilitation von Dialyse-PatientInnen

Zum weiteren Verständnis sei auf Broda (1995) verwiesen, der zur Kompetenzerweiterung die Einbeziehung salutogenetischer Prinzipien in die Rehabilitation fordert und sich vor allem einem ressourcenorientierten Ansatz verpflichtet sieht. Die immer noch an den Defiziten ausgerichtete

Rehabilitation fördert Sekundärerscheinungen (sekundärer Krankheitsge-
winn), die bei salutogenetischer Ausrichtung im Sinne einer Vergrößerung
der individuellen Gestaltungskompetenz und Eigenständigkeit relativiert
werden. Diese Haltung in konsequenter Anwendung fordert allerdings
den in diesen Einrichtungen tätigen MitarbeiterInnen eine hohe Qualifi-
kation ab, insbesondere unter der Infragestellung tradierten Rollenver-
ständnisses.

6 Zur Frage der Förderung bzw. Veränderbarkeit des Kohärenzgefühls

„Lebensmut ist eine besondere Weisheit: Die Weisheit, das zu fürchten, was man fürchten soll, und das nicht zu fürchten, was man nicht zu fürchten braucht."

David Ben Gurion

6.1 Der Lohn der Herausforderung

Die Stärke des Kohärenzgefühls ist ausschlaggebend für den erfolgreichen Umgang mit Stress und der Bewältigung externer und interner stressauslösender Bedingungen. Auf die hier angesprochenen *externen und internen Bedingungen* wird später Bezug genommen.

Maoz, der mit Antonovsky direkt zusammenarbeitete, formuliert 1998 die Problematik so: „Es ist eine noch offene Frage, ob man den SOC auch noch bei Erwachsenen und Älteren fördern kann. Ebenso ist noch offen, ob man den SOC bei Menschen, die ein Potenzial dafür haben, ihn aber durch Störungen in ihrer Entwicklung nicht ausgebildet haben, vielleicht mit Hilfe einer Therapie weiterentwickeln könnte" (Maoz 1998, 14). In seinen Überlegungen zur Bedeutung der Salutogenese für die Psychotherapie lautet seine vorsichtige Schlussfolgerung: „Wenn es gelingt, in Richtung der drei Komponenten des Kohärenzgefühls (‚comprehensibility', ‚manageability' und ‚meaningfulness') zu arbeiten, schafft sich der Patient mit Hilfe des Therapeuten eine Chance auf ein gesünderes Leben" (Maoz 1998, 20). Es fällt in diesem Zusammenhang bei Maoz der scheinbar nebenbei dargestellte Aspekt der aktiven Gestaltung des Prozesses durch die KlientInnen selbst auf, denn im Gegensatz zur pathogenetischen Sicht wird dem Menschen ein großer souveräner Interpretations- und Handlungsspielraum geboten. „Gesundheit", so stellt Brucks (1998, 36) dar, „ist etwas Individuelles" und so müssen gesundheitsfördernde Maßnahmen ganz wesentlich auf die eigenständige Lebensgestaltung hilfe- und ratsuchender Menschen abgestellt sein.

Im Zusammenhang mit der Stärkung des Kohärenzgefühls ist die bereits mehrfach angesprochene Verfügbarkeit von generalisierten Widerstandsressourcen zu sehen. Umgekehrt führen Stressoren zu Defiziten, die das Kohärenzgefühl schwächen, denken wir z. B. an eine permanente Unterforderung am Arbeitsplatz oder an das Schicksal der von Antonovsky so oft zitierten Hausfrau.

Könnte das Kohärenzgefühl durch geeignete Maßnahmen bestärkt werden, dann müssten dadurch zwangsläufig günstigere Bedingungen zu schaffen sein, die das Individuum gesund erhalten oder nach einer Krankheit Gesundheit wiederzuerlangen helfen. Und wie kann durch psychotherapeutische Maßnahmen – denn das ist der Fokus der hier skizzierten Erklärungsbemühungen – das Kohärenzgefühl positiv beeinflusst werden? Es ergeben sich zwei Betrachtungsperspektiven, aus denen das Geschehen zu beleuchten ist. Zum einen geht es um die therapeutische Aktivität selbst, die ein Instrumentarium nutzt, um zum anderen aus der Zielperspektive des Bemühens eine Veränderung – in diesem Falle die Bestärkung des Kohärenzgefühls – zu induzieren.

Aus individual-psychologischer Sicht geht Antonovsky zunächst davon aus, dass etwa zum Ende des 30. Lebensjahres das Kohärenzgefühl ausgestaltet und als eine zeit- und behandlungsstabile sowie intrapersonelle *trait-Variable* aufzufassen ist, sich also als eine relativ stabile Persönlichkeitseigenschaft darstellt und damit weitgehend keiner weiteren Veränderung unterliegt. Es könnte sich aber auch um ein transaktionales Konzept handeln. Unter Bezugnahme auf die bereits angesprochenen *generalisierten Widerstandsquellen* spricht er von kulturspezifisch abhängigen „pattern of life experiences" (Antonovsky 1988, 91), also Mustern von Lebenserfahrungen; er beschreibt dann für den frühen Entwicklungsverlauf, wie die Erfahrungen der Beständigkeit bzw. Konsistenz den Aspekt der Verstehbarkeit fördern und ein ausgeglichenes Muster zwischen den Polen der Unterforderung und der Überlastung im Sinne einer Belastungsbalance darstellen; dies wiederum spricht den Aspekt der Handhabbarkeit an und befördert ihn. Der Aspekt der Bedeutsamkeit ist – wie ausführlich dargestellt – abhängig von der Teilhabe an Entscheidungsprozessen eingebunden in das soziale Miteinander und verbunden mit der Auswirkung auf das Ergebnis. Antonovsky kommt zu dem Schluss, dass das Kohärenzgefühl bedingt durch die prägenden Muster von Lebenserfahrungen auch infolge „a series of encounters" (Antonovsky 1988, 124), im Rahmen von Begegnungen zwischen KlientInnen und KlinikerInnen nicht signifikant zu verändern sei. Antonovskys weitere Überlegungen zu diesem Thema lassen ihn jedoch sein zunächst gefälltes Urteil dahingehend relativieren, als er eine Veränderbarkeit des Kohärenzgefühls durch psychotherapeutische Einflussnahme um ± 5 Punkte für möglich erachtet, wofür die KlinikerInnen im Falle einer Erhöhung dankbar sein müssten.

Darüber hinaus folgert Antonovsky, dass Veränderungen des Kohärenzgefühls aus seiner Sicht nicht auf Einzelereignisse im Leben des Menschen zurückzuführen seien, sondern allenfalls – wenn überhaupt – lang anhaltende Muster darstellen müssten. Nur dann könne eine allmähliche Veränderung erfolgen. Diese neuen Muster von Erfahrungen müssten seiner Meinung nach wiederum Einfluss auf alle drei dargestellten Komponenten des Kohärenzgefühls ausüben. So bietet er sehr wohl Hinweise auf Veränderungsmöglichkeiten an, die zumindest einen minimalen, aber dennoch möglichen Wandel aus seiner Sicht zulassen. Die veränderungswirksamen Vorgänge bezieht Antonovsky auf die bereits dargestellten Muster, die sich auf die Beziehungsgestaltung konzentrieren: Fühlen sich die KlientInnen in ihrer Beziehung konsistent, d. h. sind die Interaktionen widerspruchsfrei und damit verlässlich? Nur so kann sich auch Vertrauen entwickeln und so lässt sich an vorhandene Strukturen anschließen. Die Ereignisse in der Beziehungsgestaltung werden in ihrer Konsistenz dann als abschätzbar sowie vorhersagbar und damit als verständlich erlebt.

Wenden wir uns nun der Komponente der Handhabbarkeit zu. Ein ausgewogenes Verhältnis zwischen Über- und Unterforderung bietet das rechte Maß an Balance (auch im Therapiegeschehen), die für die Handhabung von Belastungen erforderlich ist. Eine längerfristige Unterforderung – so Antonovsky – führt dazu, dass Potenziale wie auch Fähigkeiten und Fertigkeiten brachliegen bzw. nicht adäquat eingesetzt werden können. Das Problem der Überlastung führt letztendlich bei Wiederholung oder auch Chronifizierung zum Zusammenbruch des Handhabbarkeitserlebens, weil sich das Individuum nach längerer Belastung nicht mehr in der Lage sieht, auf seine noch vorhandenen Ressourcen situationsadäquat zurückzugreifen.

Der dritte Aspekt stellt die immer wieder ins Spiel gebrachte Bedeutsamkeit dar, die nicht nur für das kognitive Verständnis Raum bietet, sondern auch durch die Teilhabe am Therapiegeschehen selbst einen besonderen Einfluss auf das emotionale Erleben und damit motivationalen Charakter hat (Kapitel 4.1).

Zu der hier vorgetragenen Veränderbarkeit des Kohärenzgefühls bietet Antonovsky eine weitere Einflussmöglichkeit an und geht in diesem Zusammenhang noch einmal auf die bereits erwähnte Studie von Coser (1963) über die Entfremdung des Personals auf Krankenstationen (Kapitel 2.2) ein. Er folgert aus dessen Untersuchung, dass maßgebliche Veränderungen eben durch einschneidende Strategien hervorgerufen werden können, wie die der Umbenennung der Station mit Sterbefällen in *Rehabilitationsstation*. Über einen längeren Zeitraum – handele es sich doch um eine veränderungswirksame und institutionalisierte Vorgabe – wäre eine Basis für einen Anstieg des Kohärenzgefühls geschaffen, die das Pflegepersonal wie auch die PatientInnen mit einbeziehen könne.

Antonovskys Theorie der Gesundheit ist letztendlich sehr allgemein gefasst und beschäftigt sich hauptsächlich mit der Unterscheidung zwischen der von ihm differenziert dargestellten „Salutogenese" im Verhältnis zur Pathogenese, wobei er sich schwerpunktmäßig dem Geschehen der Salutogenese widmet. Er unterscheidet nicht zwischen somatischem und psychischem Geschehen (Kapitel 2.7), doch seine Frage nach der Salutogenese bietet den Ansatz, die Bedingungen für das Individuum zu studieren, die die Widerstandsfähigkeit gegenüber psychischen Erkrankungen fördern.

Auf einen wesentlichen Unterschied zwischen der Betrachtung von Persönlichkeitseigenschaften und der Wirkung des Kohärenzgefühls aus Antonovskys Sicht sei an dieser Stelle hingewiesen: Menschen haben sowohl ohne Einwirkung von Stress als auch unter Einwirkung von Stress bestimmte Verhaltensweisen, denen sie auf ihre Weise regelhaft folgen. Das Kohärenzgefühl selbst entfalte seine Wirkung in Stress-Situationen, indem der Mensch selbst beginne, den Stressor zu analysieren, die Anforderung zu prüfen bzw. zu untersuchen, um schließlich auf die vorhandenen Ressourcen zur Bewältigung der Anforderung zurückzugreifen. Menschen mit starkem Kohärenzgefühl seien somit in der Lage, sich adäquat der Herausforderung zu stellen, während ein schwaches Kohärenzgefühl dazu führe, dass gewohnte Verhaltenstendenzen zum Einsatz gelangen, die einen flexiblen Umgang mit dem Stressor erschweren.

Zum Abschluss des Themas werden Antonovskys Hypothesen noch einmal aufgegriffen, die besagen, dass Menschen mit Hilfe eines gut ausgeprägten Kohärenzgefühls dazu befähigt sind, eine günstige Position auf dem Gesundheits-Krankheits-Kontinuum zu erlangen, also sich erfolgreicher auf den Pol der Gesundheit hin zu bewegen.

Antonovsky (1990) selbst benennt insgesamt fünf Möglichkeiten der Beeinflussung des Gesundheitsstatus durch das Kohärenzgefühl, von denen drei als wesentlich herausgegriffen werden sollen:

1. Über die Aktivitäten unseres Gehirns werde die Welt als verstehbar, handhabbar und bedeutsam wahrgenommen, während den weiteren körperlichen Systemen über die Sinnesreize Informationen zukämen, die die Gesundheit positiv beeinflussen. Dieser Aspekt ist – wie die anderen auch – von Antonovsky empirisch nicht bestätigt, doch sprechen einige Befunde dafür, dass der Mensch gerade unter Einwirkung von Stressoren in der Lage ist, Schutzfaktoren zu aktivieren. Selye (1979, 153) formulierte bereits: „Stress läßt sich nicht vermeiden. Er ist die Reaktion des Körpers auf jede Art von Anforderung, und wenn wir keine Anforderungen an unsere Fähigkeiten stellen würden, wären wir tot."

2. Wie schon an anderer Stelle dieses Buches (Kapitel 3.2) vorgetragen, definieren Menschen mit einem starken Kohärenzgefühl Stressoren eher als nicht stresshaft, denn als Herausforderung, mit der es sich umzugehen lohne. Stressoren, mit denen definitiv schwierig umzugehen sei, könnten sie eher ausweichen. Darüber hinaus seien sie eher in der Lage, gesundheitsrelevante Informationen zu verarbeiten, um auf diese Weise

der Gesundheit abträglichem Verhalten zu begegnen. Noch einmal sei Selye (1979, 133) zitiert: „Sobald wir wirklich verstehen, was Stress ist, werden wir jeder unser eigener, bester Arzt sein, denn niemand kann unsere geistigen Bedürfnisse besser würdigen als wir selbst [...] Zu beurteilen, was für uns persönlich am besten ist, ist eine Sache der Übung durch Erfahrung, die jeder für sich selbst erwerben muss."

3. Die Erfahrung selbst ist ein wichtiger Faktor: Als einen der wichtigsten Zusammenhänge zwischen Kohärenzgefühl und Gesundheit bezeichnet Antonovsky seine Annahme, dass Menschen mit einem starken Kohärenzgefühl grundlegend erfolgreicher im Umgang mit Stressoren seien. Allein die Erfahrung, mit einem Stressor erfolgreich umgegangen zu sein, also der Erfahrung gelungener Copings, bewirke nicht nur die notwendige Spannungsreduktion, sie habe bekräftigenden Charakter.

„Aus dem Lebenszusammenhang, aus Familie und Beruf kommen in qualitativer und quantitativer Hinsicht Anforderungen, denen es zu genügen gilt. Gelingt dies, wird Aufgabenerfüllung und Kontrolle des Lebenszusammenhanges erreicht, werden positive Identifikationen mit dem eigenen Lebensvollzug, Kompetenzgefühle, Selbstwertgefühl möglich. Das Individuum wird in seinen Potenzialen, d. h. seiner personalen, sozialen und lebenspraktischen Kompetenz/Performanz gestärkt." (Petzold 2003, 472)

Zur Validierung seiner theoretischen Aussagen entwickelte Antonovsky den „Fragebogen zur Lebensorientierung", den er 1983 zunächst in hebräischer Sprache veröffentlichte. In seinen wissenschaftlichen Ausführungen bezeichnete er ihn auch als „SOC-Fragebogen" oder „Fragebogen zum Kohärenzgefühl" (S.190ff), der im Anhang der Vollständigkeit halber mit dem Auswertungsschema und der Kodifizierung der Items dargestellt wird. Antonovsky entwickelte den Fragebogen in der Zusammenarbeit mit schwer traumatisierten PatientInnen, die trotz dieses Schicksals in der Lage waren, ein gut adaptiertes Leben zu führen. Das Fragebogendesign der endgültigen Fassung umfasst insgesamt 29 Items, deren zu beantwortende Fragen und Feststellungen sich auf generelle Aussagen zum Leben an sich und auf Lebensereignisse bezieht, die zu bewältigen sind, sowie auf die Sinndimension bzw. die Bedeutsamkeit. Erwartet wurde, dass die psychometrische Vorgehensweise eher Langeweile bei den Befragten hervorrufen würde, doch in ersten Interviews sprachen die Menschen davon, sehr wohl *Freude* an der Beantwortung der Fragen empfunden zu haben.

In Deutschland wurde dieser Fragebogen erstmals von Sack und Lamprecht im Jahre 1993 zur Klärung des Sachverhalts eingesetzt, ob Psychotherapie das Kohärenzgefühl positiv verändern helfen kann. Es ergab sich nach ersten Auswertungen, dass in den Studien von Antonovsky höhere SOC-Mittelwerte festgestellt werden konnten. Sack und Lamprecht vermuten den Einfluss kultureller Unterschiede oder auch, „dass die Patienten, die unsere Abteilung aufsuchen, in Übereinstimmung mit Antonovskys Konzeptualisierung des Kohärenzgefühls, über geringere Widerstandsressourcen gegenüber krankmachenden Einflüssen verfügen und deshalb niedrigere SOC-Gesamtwerte erzielen" (Sack/Lamprecht 1997, 188). Durch eigene im ambulanten Setting vorgenommene Befragungen (N = 151) kann die Beobachtung der insgesamt niedrigeren SOC-Gesamtwerte bestätigt werden.

In einer abschließenden Stellungnahme gehen die zitierten Wissenschaftler von der Annahme aus, dass entgegen Antonovskys Annahme das Kohärenzgefühl durchaus einer Veränderung unterliegt, welche sie insbesondere in den beiden Subskalen der Verstehbarkeit und der Handhabbarkeit feststellen konnten. „Der signifikante Anstieg der SOC-Gesamtwerte im Vergleich Aufnahme/Entlassung bei unseren stationär behandelten Patienten um durchschnittlich 8 Punkte kann mit Vorsicht als Hinweis dafür gewertet werden, dass unsere Behandlung die gesundheitsprotektiven Ressourcen fördert. Eine Überprüfung der Verlaufsmessung mit einer Vergleichsgruppe unbehandelter Patienten steht allerdings noch aus" (Sack/Lamprecht 1997, 191). Die inzwischen durchgeführte 2-Punkt-Messung mit unbehandelten PatientInnen ergab keine Veränderung auf der Kohärenzskala. Bei einer Reihe von Personen treten offenbar deutliche Veränderungen in der Höhe der SOC-Werte auf, die als nicht messfehlerbedingt angenommen werden dürfen. Fraglich bleibt bisher „ob der von Antonovsky entwickelte Fragebogen tatsächlich das Konstrukt Kohärenzgefühl erfasst oder ob er nicht vielmehr die seelische Beschwerdesymptomatik misst" (Sack/Lamprecht 1997, 192).

Wie das Kohärenzgefühl konkret durch Psychotherapie beeinflusst bzw. befördert werden kann, kann somit von dieser Arbeitsgruppe nicht erschöpfend beantwortet werden; gleichwohl mag das Konzept in der psychotherapeutischen Arbeit durchaus „als Anregung dienen, die Einstellung des Patienten zu seiner inneren und äußeren Umwelt, zu seiner Lebensgeschichte und zu seinen persönlichen Zielen im Sinne einer Förderung von Ressourcen in der Behandlung gezielt anzusprechen" (Sack/Lamprecht 1997, 192). Diese Empfehlung kann beinhalten, dass der Mensch wieder lernt, sich auch in Notsituationen ganz elementare Schutzmaßnahmen zu organisieren, indem er sich von Freunden und Angehörigen Trost und Zuspruch zur Verarbeitung des Geschehens erschließt. Dafür ist die Gestaltung und Pflege eines intakten Beziehungsnetzes eine eminent wichtige und tragfähige Voraussetzung. Auch Liebesbeziehungen bieten – unter Umständen ein Leben lang – eine der wichtigsten Ressourcen mit beständiger Bestätigung des Selbstwertes. Ein Lebenspartner kann wichtiger sein und eine größere Bedeutung haben als eine lang währende und stabile Freundschaft. Auch Beziehungen zu Menschen, die aktuell nicht gepflegt werden, können bei Bedarf reaktiviert werden und bieten zuweilen in besonderen Problemsituationen eine wichtige Rückhalt gebende psychosoziale Ressource. Noch einmal sei darüber hinaus die Sinndimension angesprochen und aus der Sicht von Sack und Lamprecht (1997, 192) kommentiert: „Wenn aber tatsächlich Antonovskys Kategorie ‚Meaningfulness‘, also die Sinnorientierung der entscheidende Faktor innerhalb des Konzeptes Kohärenzgefühl ist, dann sollte die Sinnhaftigkeit in der therapeutischen Arbeit mehr Berücksichtigung finden. Konkret könnte den Aspekten der Lebensorientierung, der Sinnhaftigkeit und der Glaubenseinstellung mehr Gewicht in der Behandlung gegeben werden.“

Abschließend kann vorsichtig gesagt werden, dass Antonovsky im Rahmen seiner zentralen Aussage zur Salutogeneseforschung die Fragen nach gesundheitsfördernden Bedingungen unter Stresseinwirkung aufwarf und unter Einführung seines SOC-Konzepts die Basis für eine empirische Überprüfung begründete. Daraus erklären sich heute die maßgeblichen und weiterführenden Ausgangsüberlegungen für Maßnahmen zur Förderung, Erhaltung oder Wiederherstellung der Gesundheit.

Mit der nun eingehender abzuhandelnden Frage nach der Förderung des Kohärenzgefühls werden ohne Anspruch auf Vollständigkeit einige Aspekte herausgegriffen, die für die Beantwortung der Frage wesentlich erscheinen. Viele der hier vorgetragenen Hypothesen sind fragmentarischer, ja häufig auch spekulativer Art; vielfach handelt es sich nicht einmal um nachgewiesenes Material. Das mag unbefriedigend sein, doch aus der dargestellten Sicht soll mit allen gegebenen Kenntnislücken dennoch der Versuch unternommen werden, Gesichtspunkte zur Förderung des Kohärenzgefühls zusammenzutragen, die Herausforderung genug bedeuten und für die es sich weiter zu engagieren lohnt.

Die im weiteren Verlauf des Buches dargestellten Dimensionen zeichnen sich in ihrer Komplexität oftmals durch den Charakter ihrer Ambiguität aus. Die nicht rauchende Ehefrau mag für den Raucher, der sich das Rauchen abgewöhnen will, eine hilfreiche Ressource des sozialen Rückhalts sein. Es kann aber auch sein, dass die wohlgemeinten Empfehlungen der Frau eher als soziale Kontrolle aufgefasst und verarbeitet werden. Auf diese Weise sind stets die Unterschiede der jeweils theoretischen Perspektive und allein die Fragestellungen von herausragender Bedeutung. wie auch zu bedenken ist, dass mitunter hoch divergente Interpretationen möglich werden.

Der Gegenstand der Betrachtung der Konstrukte Gesundheit und Krankheit hat diese Komplexität schlechthin zum Inhalt und oftmals erscheinen die Dimensionen Saluto- und Pathogenese als zwei voneinander unabhängige Dimensionen, die es in Wirklichkeit ja nicht sind. Wenn es dem Betrachter gelingt, die inhärente Vielgestaltigkeit eines Sachverhalts anzuerkennen, die dichotome Festlegung zugunsten einer komplementären Sichtweise aufzugeben, dann ergeben sich Perspektiven, die eine fruchtbare Basis für weiterführende Überlegungen begründen. Beide Konstrukte, Gesundheit wie Krankheit, laden unabhängig voneinander ein, den Menschen als entweder gesund oder krank zu betrachten, statt die Gesundheit in der Krankheit zu akzeptieren und statt den Menschen mehr gesund als z. B. krank zu sehen, wenn es darum geht, eine Diagnose zu stellen. Auch der prozessuale Aspekt sowie der kontextuelle Rahmen wird oft zugunsten dessen, was in der akuten Situation manifest ist, aus dem Auge verloren. Dies führt häufig dazu, dass das Individuum fragmentarisch mit der Tendenz zur Entfremdung als zu behandelndes Objekt betrachtet wird. Und nicht zuletzt werden die Daten zur Pathogenese – keineswegs auch stets die Daten zur Salutogenese – retrospektiv erschlossen, statt die Daten fortlaufend zu aktualisieren. Die Komplexität der Gegebenheiten wird weiterhin durch quantitative Bedingungen beeinflusst: Zuviel Sport kann ebenso schädigend sein wie zu wenig, eine zu hohe Medikamentendosis schädigt, während eine zu geringe keine Wirkung zeigt.

Zur Frage der Förderung des Kohärenzgefühls werden des Weiteren Bewältigungsmöglichkeiten/-potenziale bzw. stabile Persönlichkeitseigenschaften der Betrachtung unterzogen. Hierbei handelt es sich z. B. um Persönlichkeitseigenschaften wie Selbstbehauptung und Optimismus, wobei Antonovsky den Schwerpunkt seiner Betrachtung auf die Fähigkeit des Menschen richtet, anpassungsfähig mit Herausforderungen des Lebens umgehen zu können, flexibel auf Anforderungen reagieren zu können, statt eine bestimmte Coping-Strategie zu konzeptualisieren. Bei der Bewältigung werden bekanntlich zwei Hauptrichtungen des Vorgehens genannt: Bei der problemorientierten Vorgehensweise beschäftigt sich der Mensch mit dem Problem selbst und den Stress auslösenden Bedingungen. Emotionszentrierte Bewältigung fokussiert auf die Veränderung der mit dem Problem im Zusammenhang stehenden Gefühle, statt die Situation selbst verändern zu wollen. Antonovsky lenkt bei der Anerkennung der Allgegenwart von Stressoren den Fokus auf „a pervasive, enduring though dynamic feeling of confidence" als ein „durchdringendes, andauerndes und gleichwohl dynamisches Gefühl des Vertrauens" (Antonovsky 1988, 19; Übers. d. Verf.) der Person in die eigene Fähigkeit, mit belastenden Lebensereignissen erfolgreich umzugehen. Gleichwohl ist bei den weiteren Betrachtungen davon auszugehen, dass zur Verstärkung des Kohärenzgefühls zielgerichtete Interventionen in Richtung übergeordneter Dimensionen, insbesondere das Vertrauen des Menschen in die eigenen Fähigkeiten, bekräftigend wirken können.

Wenn sich insbesondere Persönlichkeitseigenschaften im Hinblick auf ihre Veränderbarkeit eher als relativ stabil definieren lassen, weil sie nicht nur genetisch determiniert sind, sondern auch vor dem Hintergrund einer spezifischen Biographie als Anpassung des Individuums an seine Umwelt darzustellen sind, so wirkt sich sicher dennoch eine Bestärkung auch der anschließend dargestellten Persönlichkeitsdimensionen motivational-förderlich auf den Menschen aus. Und letztendlich korrelieren Bewältigungsmöglichkeiten/-potenziale und Persönlichkeitseigenschaften miteinander. Wer auf die Ressource eines tragfähigen sozialen Netzes zurückgreifen kann, es nicht nur im Hintergrund hat, sondern die Kontaktmöglichkeiten auch zu aktivieren in der Lage ist, der wird sich in seinem Selbstwerterleben bekräftigt fühlen.

6.2 Zur Ressourcendimension – Ressourcen nutzen, Ressourcen stärken

Ressourcen sind Hilfsquellen, die zur Erledigung oder Bewältigung von Anforderungen und Aufgaben mobilisiert werden können. Zur Erreichung von Zielen in den unterschiedlichen Lebenskontexten werden Möglichkeiten der Hilfe und Unterstützung genutzt, um absichtsvolle und vor allem zielführende Handlungen durchzuführen. Ressourcen werden somit in zielorientierten Handlungen eingesetzt. Zu unterscheiden sind innere (interne) Ressourcen wie z. B. Demarkations-, Introspektionsfähigkeit und Realitätssinn und äußere (externe) Ressourcen, die z. B. das soziale Netz, Obdach, Nahrung und Geld ausmachen. Ressourcen dienen insbesondere in Krisen- und Überforderungssituationen als Pufferung und der Stabilisierung der Persönlichkeit, aber auch eines Familiensystems. Zudem *entfalten sie ihre Wirkung* in übergeordneten Systemen wie Organisationen. Ressourcen helfen *Kompetenzen* (Kapitel 6.4), *Selbstgestaltungspotenziale/Selbstgestaltungskräfte* (Kapitel 6.5) freizusetzen, die kritische Situationen nivellieren, ihre positive Fortentwicklung fördern, oder auch kreative Prozesse in Gang setzen.

Modelle des Gesundheitsverhaltens stellen heute insbesondere auf die Ressourcenwirkung ab und Antonovsky selbst sieht die Ressourcenperspektive als zentralen Aspekt seiner Analysen. Die Mobilisierbarkeit der Ressourcen im Umgang mit herausfordernden Alltagssituationen hängt vom Niveau des Kohärenzgefühls ab. Das hier dargestellte Verständnis bezieht sich auf die Manifestation von *Schutzfaktoren* bzw. *Hilfsmitteln* und *Handlungsmöglichkeiten*, die nicht allein stress- bzw. copingthematisch zu betrachten sind, sondern im allgemeinen Sinne Möglichkeiten zur Adaption an ein Problem bereitstellen. So verstanden sind Ressourcen Moderatorvariablen, die als Potenziale aktiviert werden können oder auch nicht. Das Individuum kann auf diese Hilfsmittel – soweit vorhanden und wahr-

genommen – in herausfordernden Lebenssituationen zu deren Bewältigung zurückgreifen. Ressourcen beziehen sich auf alle psychischen wie
auch physischen und die durch das Umfeld dem Menschen gegebenen und
zur Verfügung stehenden Mittel und Möglichkeiten wie u. a. Leiblichkeit,
Aussehen, Eingebundenheit in zwischenmenschliche Zusammenhänge,
Motivation, Wissen, Interessen, Arbeit, Hobbys, Finanzen, Wohnung,
weltanschauliche und religiöse Überzeugungen. Grundsätzlich sind als gesundheitsförderliche Ressourcen zu unterscheiden: *personale Ressourcen*,
die individuellen bzw. subjektiven Charakter haben, und *situative Ressourcen*, die u. a. durch soziale, ökologische und institutionelle Bedingungen gekennzeichnet sind. Die so dem Menschen individuell gegebenen
Möglichkeiten haben entweder stützenden und bestärkenden oder umgekehrt defizitären Charakter.

In der Auseinandersetzung mit diesem Thema bemerkt Becker (1995,
421): „Derartige (und sonstige) ‚Stärken‘ des Klienten kann und sollte sich
der Therapeut zunutze machen (vgl. das therapeutische Prinzip der ‚Res-
sourcen-Aktivierung‘ von Grawe, 1994).“ Becker geht vor diesem Hintergrund von der Grundannahme aus, dass bei der Bewältigung externer und
interner (psychischer) Anforderungen die externen und internen Ressourcen von entscheidender Bedeutung sind. Und, falls mit einem starken
Kohärenzgefühl nach Antonovsky (1988) ausgestattet, ist der Mensch wir-
kungsvoller in der Lage, die an ihn herangetragenen bzw. die von ihm erlebten Anforderungen bewältigen zu können, verfügt er doch dann über
das so wesentliche und ihn unterstützende Vertrauen in seine ihm zur Verfügung stehenden Ressourcen.

Ressourcen wie Wissen über Zusammenhänge, Ausdauer, Motivation,
materielle Sicherheiten, ein stabiles soziales Beziehungsnetz, um nur einige Bestandteile bewältigungsrelevanter Möglichkeiten zu nennen, stellen
die Quellen dar, aus denen Menschen schöpfen können, um positive Haltungen in Richtung auf mehr Veränderungsbereitschaft zu befördern, damit – zunächst antizipierte – und angestrebte Lebensziele weniger angstbesetzt der realistischen Umsetzung zugeführt werden können. Umgekehrt ist der einseitig ausgerichtete Blick darauf, weshalb ein angestrebtes
Ziel noch nicht erreicht werden konnte, deshalb problematisch, weil der
Mensch einseitig auf seine Mangelperspektive reduziert wird. Diese Betrachtungsweise fördert eher das depressive Erleben von Menschen, bei
denen im Sinne der „kognitiven Trias“ ein „negatives Selbstbild, eine negative Interpretation der Lebenserfahrungen und eine nihilistische Sicht
der Zukunft“ vorherrscht (Beck 1979, 74).

Wenn es gelingt, auf vorhandene Ressourcen zurückzugreifen, an positive Möglichkeiten und Hintergründe anzuknüpfen, dann fühlen wir uns
nicht nur im sozialen Miteinander zugehörig und verstanden, sondern es
stellt sich auch ein Erleben der Selbstakzeptanz auf individueller Ebene

ein. Gleichermaßen ist für ein konkret praktiziertes Gemeinschaftsgefühl die Bereitstellung und Sicherstellung gesellschaftlicher Ressourcen wesentlich, wären sonst generativ angelegte Zukunftsperspektiven, die auf individueller Ebene ihren Niederschlag finden, in Frage gestellt. Diesen externen Ressourcen wie soziale Eingebundenheit, Bildungschancen, vor allem Arbeit sowie die Freizeitgestaltung etc. stehen die internen Ressourcen wie Hedonismus-, Entscheidungs-, emotionale und kognitive Fähigkeiten und z. B. auch Wissensbestände gegenüber. Der Freizeitgestaltung als externe Ressource kommt in den letzten Jahren durch flexibler werdende Arbeitszeitregelungen zur Stabilisierung psychischer Gesundheit besondere Bedeutung zu, rücken doch ganz persönliche Interessenlagen in den Vordergrund, wie gleichermaßen die Aktivierung von Möglichkeiten auf sozialer Ebene. Dadurch werden weitere Ressourcen erschlossen, die rückbezüglich ihre Wirkung zur Bewältigung kritischer Lebensereignisse in Familie und u. a. im Beruf entfalten.

Einen wichtigen Aspekt der internen Ressourcen stellen die emotionalen Fähigkeiten dar. Deren Regulierung wie auch die Bewältigung emotionaler Anforderungen stehen im unmittelbaren Bezug zum allgemeinen Wohlbefinden, vor allem zur psychischen Befindlichkeit und damit zur Aufrechterhaltung von Gesundheit. Alkoholabusus steht u. a. im unmittelbaren Zusammenhang mit der Angstbewältigung und kann darüber hinaus im Sinne eines Selbstheilungsversuches betrachtet werden, die Probleme lösen zu wollen, während ein Wutausbruch zwar für das Individuum eine entlastende Wirkung haben kann, jedoch im sozialen Miteinander negativ attribuiert wird. Als bestätigende Aussage der Forschung kann gesagt werden, dass eine auf Problemlösung ausgerichtete und optimistisch gefärbte Bewältigung emotional kontrollierten Ausdrucks den Vorrang gegenüber Rückzug und Vermeidung des Konflikts haben.

An dieser Stelle soll noch einmal auf das Forschungsprojekt „SALUTE" (Udris et al. 1992, Bengel/Belz-Merk 1997, 31) aufmerksam gemacht werden (Kapitel 2.4). Es ist angelehnt an Antonovskys Perspektiven und richtet in einer Teilstudie den Blick auf folgende Aussagen zu den Ressourcen von Berufstätigen und der mit ihnen verbundenen Aufrechterhaltung der Gesundheit:

„1. Die Gruppe der ‚Normal Gesunden' gibt an, bisher nicht krank gewesen zu sein, nicht viel zu unternehmen, um gesund zu bleiben, sich wenig Gedanken um Gesundheit zu machen, bei Belastung zunächst auf sich selbst zu vertrauen, ‚einfach gesund zu sein'.

2. Die zweite Gruppe umfasst die so genannten ‚Präventiv Gesunden'. Diese Personen tun aktiv etwas für ihre Gesundheit. Sie vermeiden Ri-

sikofaktoren (ungesunde Ernährung, Nikotin, Alkohol) und sorgen für eine aktive Stabilisierung des Organismus (Bewegung, Sport, Schlaf). Sie geben an, lustbetont, aber bewusst und zielgerichtet zu leben. Des Weiteren sind sie um eine Übereinstimmung zwischen Seele und Körper bemüht und streben nach einer positiven Sinnfindung in ihrer privaten Lebenssituation und in ihrer Arbeit.

3. Die dritte Gruppe wird als ‚Gesunde nach Lebenskrisen‘ bezeichnet. Sie haben zum Teil schwerste Belastungssituationen oder kritische Lebensereignisse bewältigt. Sie konnten ihrem Leben einen neuen Sinn verleihen, haben ihre Gesundheit wieder hergestellt oder sind erst gar nicht krank geworden.“

Sich selbst zu vertrauen und insbesondere das Motiv der Sinnfindung sind stabilisierende Faktoren ressourcenorientierter Natur. Bengel und Belz-Merk (1997, 34) stellen allerdings abschließend fest: „Theoretische Rahmenvorstellungen, die Struktur, Inhalte und Funktion von subjektiven Gesundheitsvorstellungen, ihre Entwicklung und Wirkweise erklären könnten, sind erst in Ansätzen vorhanden.“

Eine bedeutsame Ressource ist die Therapie selbst, sobald es TherapeutInnen verstehen, Gesundheitsbewusstsein und Gesundheitsverhalten dahingehend entwicklungs- und ressourcenorientiert zu fördern, indem sie ihre Interventionen auf die vorhandenen Möglichkeiten, Fähigkeiten und Fertigkeiten sowie die Motivationen der KlientInnen abzustimmen wissen. Die TherapeutInnen sind immerhin selbst Teil des sozialen Netzes, in dem sich die Rat suchenden Menschen bewegen.

In seinem „Circumplexmodell des selbstbezogenen Verhaltens“ (Abbildung 9) verweist Becker (1995, 303) auf die Aspekte „Selbstachtung vs. Selbstabwertung“ und stellt dar, dass die Menschen sich nicht nur untereinander achten oder abwerten, sondern dass diesem interpersonalen Verhalten auch ein intrapersonales Verhalten gegenübergestellt werden kann, neige der Mensch doch gleichermaßen dazu, sich selbst zu achten oder sich selbst zu entwerten. Diese Dimension entspreche als Konstrukt aus der Selbstkonzeptforschung dem Selbstwertgefühl. Sich selbst zu vertrauen, sich selbst anzunehmen, sich selbst wertzuschätzen, all das sind Eigenschaften, die in der Regel den Hilfe suchenden durch Verlust- und auch Defiziterfahrungen nicht vollends gegeben sind, wegen derer sie um therapeutische Hilfe nachsuchen. Allein deshalb hat eine dergestalt nachgeholte Erfahrung auch in der Therapie eine erhebliche Ressourcenwirkung, die dem so wesentlichen Bedürfnis der KlientInnen – der Menschen im sozialen Miteinander überhaupt – nach Achtung Rechnung trägt.

Oftmals ergibt sich bei differenzierter Betrachtung des Ausdrucksge-

Starke
Selbstkontrolle
sich Anordnungen
  erteilen
sich überwachen
von sich Befriedigungs-
  aufschub verlangen
sich Grenzen setzen
sich zu etwas
  zwingen

Selbstanleitung
sich anleiten
sich selbst
  beobachten
sich unterrichten
sich fördern
sich engagieren
sich vor Gefahren
  warnen
sich belohnen

Selbstunterdrückung
überstreng zu sich sein
sich kritisieren
sich überfordern
sich entmutigen
sich bestrafen
sich etwas verbieten

Selbstachtung
sich aufwerten
sich annehmen
sich lieben
für sich Verständnis
  aufbringen
sich vertrauen
sich pflegen

Selbstabwertung
sich ablehnen
sich verachten
sich herabwürdigen
sich hassen
sich angreifen
sich verletzen,
  quälen
sich misstrauen

Selbstbestätigung
sich bestätigen
sich ermutigen
sich selbst behaupten
sich befreien
sich verzeihen
zu sich großzügig sein
sich etwas erlauben

Geringe
Selbstkontrolle
sich keine Grenzen
  setzen
an sich keine
  Forderungen stellen
aktuellen Bedürfnissen
  nachgeben
sich gehenlassen

Selbstvernachlässigung
sich vernachlässigen
sich übersehen
sich vergessen
zu sich inkonsistent sein
sich gegenüber
  gleichgültig sein
sich Gefahren aussetzen

Abbildung 9: Circumplexmodell des selbstbezogenen Verhaltens (nach Becker 1995)

haltes des ausgebildeten und vorfindlichen Symptoms eine dem Menschen selbst zur Verfügung stehende Ressource. So wird nicht selten im Verlaufe der gemeinsamen Arbeit im biographischen Bezug deutlich, dass die entwickelte Störung das Ergebnis intensiver Anstrengung ist, mit der die KlientInnen die schwierige Lebenssituation zu bewältigen bemüht waren. Die Funktionalität der Symptomatik eröffnet zudem nicht selten im Zusammenhang mit den anstehenden Lebensthemen Möglichkeiten der Sinnfindung und damit einen wesentlichen Beitrag zur Gesundheitsförderung an sich.

Von besonderer Tragweite sind unsere sozialen Netzwerke, die in der Forschung nachgewiesenermaßen Ressourcenstatus haben. Wir bilden im

Laufe der Jahre – abgesehen von den uns primär gegebenen Beziehungen zu den Eltern, Geschwistern, Verwandten, später auch zu Arbeitskolleginnen und -Kollegen – unsere selbst gewählten Netzwerke aus, indem wir entwicklungsbedingt entscheiden lernen, mit wem wir unser Leben wie lange verbringen wollen, wen wir um uns haben wollen. Die uns so gegebene Entscheidungsfreiheit findet allerdings dort ihre Grenzen, wo wir uns zuweilen massiven Sach- und gesellschaftlichen Zwängen zu unterwerfen haben, um überhaupt Zugang zu den Ressourcen zu haben. Zweifellos aber sind Menschen, die ein soziales Miteinander auf der Basis eines wechselseitigen Gebens und Nehmens leben können, im Vorteil: Sie haben teil an sozialer Unterstützung für empfundene Herausforderungen ihres Lebens, wie sie in den alltäglichen Widerfahrnissen, ja auch in Krisen unter Rückgriff auf die insbesondere brachliegenden Ressourcen zu bewältigen sind. Leid kann durch Mitteilen geteilt werden, das besagt schon sinngemäß ein bekanntes Sprichwort, deshalb entwickelt die Anteilnahme von Bezugspersonen, mit denen wir uns über unser Verlusterleben austauschen können, ihre Kraft als eine der bedeutendsten Coping-Ressourcen, auf die wir zurückgreifen können.

Geschwisterliche Entwicklung erfährt in ihrer Dynamik um die Teilhabe an den begrenzten Ressourcen ihrer Eltern eine oft sehr unterschiedliche Ausrichtung. Die Verschiedenheiten über die vielfach kontrovers ausgetauschten subjektiven Auffassungen von Geschwistern mögen u. a. darin zu sehen sein, dass sie nicht selten um die Aufmerksamkeit ihrer Eltern rivalisieren müssen und auf diese Weise unbewusst die ausgebildeten Strategien als Muster ihrer Erfahrungen in später aufgebaute Beziehungswelten hineintragen. So kann deren weiter führende Entwicklung über nachgeholte Bewusstwerdung eine besondere Qualität erfahren, wenn es ihnen womöglich erst nach dem Tode der Eltern gelingt, den vielleicht jahrelangen Zwist beizulegen und im Anschluss eine tief empfundene Zuneigung zueinander zu entwickeln. „Wenn das Eis nach dem langen Schweigen gebrochen ist, sind die Geschwister wieder frei, ihre Vergangenheit zu verarbeiten und ihre Gegenwart und Zukunft neu zu gestalten" (Petri 1994, 188).

Implikationen für die Praxis

Besondere Aufmerksamkeit ist der Diagnostik zu schenken, die in der Therapie verlaufsorientiert, prozessual angewendet Festschreibungen verhindern kann und die veränderungswirksame Dynamik einbezieht. Die zugrunde liegenden Überlegungen wenden sich konsequent ab von der symptomfixierten und ökonomisch einseitig ausgerichteten Sichtweise. Ökonomie muss sein, doch sie darf nicht Entfremdungsprozesse einleiten, die letztendlich Pathologie – nur auf einer anderen Ebene – provozieren.

Soll jedoch Gesundheit befördert werden, dann geht es, wie schon zuvor dargestellt, darum, die ganze Geschichte des Individuums in den Blick zu nehmen, heilsame Faktoren wie auch krank machende zu erschließen, stehen doch Gesundheit und Krankheit in ihrer Komplexität in komplementärem Verhältnis zueinander. Zum einen wird darunter eine detaillierte Analyse der Lebensgeschichte einschließlich der soziokulturellen Bezüge unter Berücksichtigung der stets vorhandenen Ressourcen und Bewältigungsstrategien verstanden. Auf der anderen Seite wird dieser über den gesamten Therapiezeitraum verlaufende Prozess im intersubjektiven Miteinander als hermeneutisches Vorgehen gestaltet, indem die KlientInnen ihre Lebensgeschichte mit den Symptomen und Verhaltensweisen wahrnehmen, erfassen, verstehen, sich erklären können und damit annehmen lernen. Darüber hinaus werden die biographisch ausgebildeten Strukturen in ihrer Wirkung als funktional, aber auch als dysfunktional geltend herausgearbeitet, um die Zukunftsperspektiven überprüfen und gegebenenfalls neu ausrichten zu können.

Mit Hilfe dieser Vorgehensweise werden die Rat suchenden zu Mitgestaltern des Prozesses und zugleich ressourcenorientiert in ihrem Autonomie-/Souveränitätsbestreben gefördert und anerkannt, während der Mensch in seiner gesamten Persönlichkeit gesehen und vor allem nicht auf pathologisches Geschehen reduziert wird. Das Erkennen vorhandener Ressourcen begünstigt dabei zugleich die konstruktive Bewältigung zukünftiger Herausforderungen im Leben. Die Menschen werden mit ihrer ihnen eigenen und gegebenen Gesundheit zu verantwortungsbewussten Personen mit ressourcenorientierter Aufmerksamkeit auf ihr Gesundheitspotenzial im Sinne von Antonovskys generalisierten Widerstandsquellen bzw. -ressourcen. Sie lernen ihre Coping-Strategien einzuschätzen und einzusetzen, gewinnen Erkenntnisse über ihre ihnen mitgegebenen, stets vorhandenen Schutz- und Stabilitätsfaktoren und lernen ihre Willensstärke, ihre Beharrlichkeit, ihre Befähigungen situationsadäquat einzusetzen. Diese prozessorientierte Arbeit ist zugleich in sich eine ressourcenorientierte Vorgehensweise, orientiert sie sich doch am Individuum selbst und nicht an vorgegebenen Lerninhalten. Sie berücksichtigt die individuell vorgefundene und herausgearbeitete Lerngeschichte und kann damit auch auf die Begabungen eingehen. Das Salutogenesekonzept mit den Dimensionen der Verstehbarkeit, der Handhabbarkeit und der Sinnhaftigkeit kann somit flexibel auf die KlientInnen im Rahmen intersubjektiver Auseinandersetzung abgestimmt werden. Auf diese Weise wird zudem die Compliance gefördert, die in diesem Zusammenhang als Kooperation auf der Grundlage einer vertrauensvollen Beziehung verstanden wird.

Ressourcen werden erkundet, der Beurteilung zugänglich gemacht und insbesondere in das Bewusstsein gehoben. Dabei bieten, zur Vorbereitung von Interventionen die bildnerische Gestaltung in der kreativen Anwendung vor dem Hintergrund des Ansatzes der Integrativen Therapie mit seinen kunsttherapeutischen Methoden eine bedeutungsvolle Möglichkeit, in der vorausgegangenen Analyse Ziele zu definieren. An dieser Stelle soll das breit angelegte Instrumentarium dieses vielfältigen Einsatzes mit Hilfe imaginativer Vorgehensweise (Petzold/Orth 1991, 1993, Reddemann 2002) lediglich in verkürzter Form bezogen auf die Frage nach den Erschließungsmöglichkeiten von Ressourcen dargeboten werden. Um mit den KlientInnen die zur Verfügung stehenden Eigen- und Fremdressourcen zu erschließen, bietet sich die Möglichkeit der Analyse dieser zur Verfügung stehenden Ressourcen, indem der Mensch im Hinblick auf seinen identitätsstabilisierenden Hintergrund betrachtet wird. Es bietet sich hierzu als „Arbeitsfolie" das Konzept der „fünf Säulen der Identität" an (Kapitel 4.3). Es gilt den Menschen „als ganze Person wahrzunehmen", der „über ein enormes Maß an inneren und äußeren Ressourcen verfügt", die dabei helfen „seine Krankheit zu überwinden und wieder Sinn in seinem Leben zu finden" (Schnyder 1998, 65).

Zudem kann eine biographische Überschau pathogener wie auch salutogener Lebenspfade im Hinblick auf eine Reaktivierung der inneren Bilderwelt erschlossen werden. Mit Hilfe dieser Technik wird das Leben ganzheitlich statt fragmentarisch in den Blick genommen, so dass sich die so wichtigen Sinnbezüge erschließen lassen. Diese Veräußerung der inneren Bilderwelt bietet somit einen reichhaltigen Materialfundus abhängig von der Indikation und den zu erschließenden Sinnzusammenhängen im gemeinsamen Bemühen der intersubjektiven Hermeneutik.

Bei der Externalisierung innerer Prozesse ist festzuhalten, dass die Vorteile dieser projektiven bildhaft-gestaltenden Auseinandersetzung mit dem Lebensweg darin bestehen, aus der Vergangenheit über die Gegenwart hinausgehend Zukunftsentwürfe mit Hilfe der Symbolik darzustellen, die sonst vielleicht der verbal-hermeneutischen Bearbeitung verschlossen geblieben wären. Im Schutz gebenden Raum können unzensiert angstbesetzte Erinnerungen, aber auch bedeutsame heilende Ereignisse symbolhaft erschlossen, dem Wahrnehmen, Erfassen und Verstehen sowie der Erklärung sinnbezüglich zugänglich gemacht werden. Bei der Beschreitung der Wege der Kreativität hilft ganz maßgeblich die Erschließung der zuweilen brachliegenden Potenziale und bedeutungsvollen Ressourcen.

Die Persönlichkeit mit ihren Anteilen und insbesondere mit den ihr zur Verfügung stehenden Ressourcen zu verstehen, bietet somit weiterführende Möglichkeiten insofern an, als in unkonventioneller Weise der Blick nicht einseitig auf pathologische Gegebenheiten fixiert ist. Vielmehr sind Rat suchende Menschen in ihrem Bedürfnis nach Auflösung ihrer individuell vorfindlichen Fixierung darin zu fördern, das Geschehen mehrperspektivisch zu betrachten und ihre salutogenen Schätze bei allen Widerfahrnissen zu heben. Die Analyse der Einflussnahme der Eltern auf

das Kind darf nicht mehr einseitig auf die Perspektive der negativen Ein-
wirkungs- und Entwicklungsaspekte ausgerichtet sein; vielmehr muss zugleich darauf geschaut werden, was den Menschen in seiner bereits frühen
Sozialisation Schutz und Sicherheit gab, welche salutogenen Einflussfaktoren deutlich werden. Diese Herangehensweise ist nicht zuletzt für den
therapeutischen Prozess von grundsätzlicher Bedeutung, lernen doch die
KlientInnen sich an Schutzfaktoren zu erinnern, die sie in Notzeiten zu
mobilisieren in der Lage sind. Im Verlauf des Therapieprozesses selbst ist
die Erinnerung auch an stärkende und schutzgebende Momente in Zeiten
des krisenhaften Erlebens kompetenz- und performanzfördernd.

Auf diese Weise gilt es zugleich souveränitätsfördernde Prozesse zu bestärken, die das Leben in Selbstbestimmtheit und Eigenverantwortung bewältigen helfen (Kapitel 6.5). Letztendlich ist für das Selbstwerterleben
von überdauernder Bedeutung, dass sich der Mensch unter Rückgriff auf
seine ihm zur Verfügung stehenden Ressourcen und Potenziale als fähig
erlebt, in eigener Angelegenheit wirksam zur Bestärkung seines Selbstwertgefühls tätig zu werden. Antonovsky (1991, 127) spricht vom Selbstvertrauen darauf, dass „Ressourcen verfügbar sind, um den durch die
Stimuli gestellten Anforderungen gerecht zu werden; und diese Anforderungen sind es, die ein inneres und äußeres Engagement lohnen." Anzumerken wäre noch, dass die KlientInnen ja in der Regel mit ihrem Lei-
densdruck unter problemorientiertem Blickwinkel um Rat und Hilfe

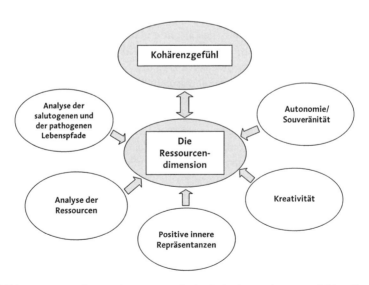

Abbildung 10: Förderung bzw. Veränderbarkeit des Kohärenzgefühls: die Res-
sourcendimension

nachsuchen und oftmals deutlich spürbare Entlastung erfahren, sobald sie ermuntert werden können, den Blick auf ihre Ressourcen und Potenziale (Abbildung 10) zu richten.

Imaginative Verfahren helfen, dem Menschen die innere Bilderwelt zugänglich zu machen. So können einstimmende Übungen auf den kreativen Erlebensausdruck vorbereiten, es können aber auch die kreativen Übungen selbst die Angst reduzieren helfen, sich der inneren Bilderwelt zuzuwenden. Im Rahmen dieser Arbeit kommt es sehr darauf an, an positive innere Bilder anknüpfen zu können, die nicht von Traumatisierungen durchflutet sind, um die so wichtigen Prozesse der Selbstheilung zu befördern.

Beispiel: Die Frau, die ihre Sprache wiederfand

Im Erstkontakt berichtet Frau Ganz: „In den vergangenen Jahren habe ich anfallende Auslandsreisen mehr und mehr an zwei Mitarbeiterinnen delegieren können. Sie sollen schließlich auch ihre Erfahrungen sammeln. Jetzt habe ich allerdings ein Problem mit denen."

Sie erscheint zum Erstgespräch in einem sehr eleganten, kurzen Kostüm in der Praxis. Frau Ganz ist 52 Jahre alt und seit 15 Jahren als leitende Mitarbeiterin in einem kleinen expandierenden Unternehmen der pharmazeutischen Industrie tätig. Ihre guten russischen und türkischen Sprachkenntnisse nutzt die Geschäftsleitung, um sie, inzwischen seit zehn Jahren, zu Geschäftsreisen in diese Länder zu schicken.

Im Erstgespräch beginnt Frau Ganz, kaum, dass sie Platz genommen hat, ihre Schwierigkeiten hastig zu schildern: „Das Problem mit diesen Mitarbeiterinnen kann in unserem Betrieb kaum aufgefangen werden. Ich wollte ihnen mehr und mehr das Feld überlassen, weil sie vor allem als jüngere Mitarbeiterinnen noch sicherer in der Fremdsprache verhandeln lernen müssen. Ausgerechnet jetzt fällt eine von beiden krankheitsbedingt aus, so dass ich auch noch für die weiteren und damit längeren Reisen nach Russland einspringen muss. Die Frage ist für mich überhaupt, ob ich das bei meiner Auslastung bewältige."

Während ihrer Darstellungen erhebt sie sich immer leicht, um mit dem Rock ihre Oberschenkel zu bedecken. Ich gebe ihr den Hinweis, dass sie ruhig erst einmal ankommen und sich Zeit lassen könne. Auf meine anschließende Frage, was denn konkret ihr Problem sei, spricht sie leiser und vorsichtiger: „Na ja, in Wirklichkeit fühle ich mich gerade in der Verhandlungsführung mit meinen russischen Sprachkenntnissen nicht mehr so sicher und allmählich wird das auch bei dem forcierten Auslandsgeschäft zu einer Belastung für mich. Ich bin besorgt und unsicher (= Angst, Anm. d. Verf.) darüber, dass ich mein Gegenüber nicht mehr so wie früher überzeugen kann. Ich kann es weitaus besser ertragen, wenn meine Mitarbeite-

rinnen Fehler machen; diese Fehler dürfen mir in meiner verantwortungs-
vollen Position nicht unterlaufen. Und, was ich Ihnen noch anvertrauen
möchte: Ich leide, zumindest im Privatleben, unter meinen stärker werden-
den Selbstzweifeln und meinem zunehmenden Rückzug. Oft mache ich mir
auch Sorgen darüber, wie das alles so weiter gehen soll."

Ich denke an meinen eigenen Perfektionsanspruch und äußere die Ver-
mutung, dass die Angst, über die sie spreche, sicher eine Bedeutung habe,
die wir auch bestimmt noch erfahren würden; dass es zunächst aber hilf-
reich wäre, ihre sonstigen Fähigkeiten neben denen ihrer Sprachkenntnisse
einmal genauer zu ergründen.

In der Folgestunde frage ich Frau Ganz, wann und wo sie sich das letzte
Mal so richtig entspannen konnte: „Ja, das war vor zwei Jahren, als ich mit
meinem Mann in Israel am Toten Meer trotz der dortigen Krise einen sehr
erholsamen Urlaub verbrachte." Ihr Blick hellte sich auffällig auf und sie
fährt fort: „Das mineralhaltige Wasser und die Sonnenbäder ließen in mir
eine solche Ruhe aufkommen, die ich schon lange nicht mehr erlebt hatte.
Vor allem gelang es uns beiden so gut abzuschalten, dass wir begannen,
uns an schöne frühere Erlebnisse zu erinnern und so in eine innere Kraft-
quelle eintauchen konnten, die uns völlig den Alltag ausblenden half."

Meinen Vorschlag für eine Imagination zu diesem Thema nimmt sie
gerne auf und ich lasse diese inneren Bilder in ihr wach werden. Es gelingt
ihr schon bald, die zunächst flache Atmung in tiefe, entspannte Atemzüge
münden zu lassen. Die weiteren Instruktionen gebe ich mit viel Zeit und
Pausen, so dass innere Resonanzen und Stimmungen in ihr aufkommen, in
denen die Bilder und Szenen plastische Gestalt annehmen können:

„Ich werde nun einige Bereiche Ihres Lebens ansprechen und Sie brauchen
nur meinem Erzählfluss zu folgen. Zu den Bereichen werden Gefühle, Stim-
mungen, Szenen und innere Bilder, vielleicht auch Farben und Gerüche in Ih-
nen wachgerufen, die Ihnen jetzt wichtig sind. Konzentrieren Sie sich einmal
nur auf das Positive, das, was gut für Sie ist, Freude macht und Ihnen Kraft
spendet. Wenden Sie sich jetzt Ihrer körperlichen Gesundheit zu, Ihren Kräf-
ten, Ihrer Vitalität und Ihren Fähigkeiten, die Sie Kraft Ihres Körpers haben.
Sie bemerken vielleicht schon das angenehme Gefühl, einmal ganz bei sich
anzukommen, zu spüren und die Bilder zu sehen, die Sie mit Ihren Freund-
Innen verbinden, schöne Zeiten der Gefühle der Liebe und Intimität. Auch
dort, wo Sie herkommen, aus Ihrer Ursprungsfamilie kommen in Ihnen Er-
innerungen daran auf, wohin Sie gerne noch einmal hinschauen möchten,
wo Sie unbeschwert mit sich und den anderen sein konnten. Und Sie wen-
den sich nun Ihren beruflichen Fähigkeiten, wie auch den kreativen Gestal-
tungsmöglichkeiten zu, die Ihnen Ihr Beruf und Ihre Erfahrungen bieten.
Von besonderer Bedeutung für Sie ist sicher auch Ihre Freizeitgestaltung, in
der Sie sich ganz Ihren Vorlieben und Hobbys widmen können. Dabei wer-
den Sie sich immer wieder an Menschen erinnern, die Ihnen wohlwollend

begegneten, die gut zu Ihnen waren. Ihnen wird vielleicht auch schon deutlich, dass Sie Ihr Leben bis heute auch in materieller Hinsicht gemeistert haben, ja sich an dem einen oder anderen Erinnerungsstück und Gegenstand erfreuen können. Am Ende begegnen Ihnen Ihre Werte, für die es sich aus Ihrer Sicht zu engagieren lohnt, das, was für Sie Herausforderung im Sinne einer guten Sache bedeutet. In irgendeiner Weise glauben sicher auch Sie an eine höhere Kraft, vielleicht an Gott. Sie genießen Ihre humorvollen Anteile und Ihre Erinnerungen an schützende und unterstützende Erlebnisse aus Ihrer Lebensgeschichte und Ihr Vertrauen in die Kraft, diese Quellen jederzeit, wann immer Sie wollen, wachrufen zu können. Gute Erinnerungen, die Sicherheit und Hoffnung spenden für eine gelingende Zukunft mit vielversprechenden Plänen. Und wenn Sie gleich wieder hier in dieses Zimmer zurückkehren, so geben Sie Ihren inneren Impulsen Raum, das Erlebte, die inneren Bilder zu malen oder dazu zu schreiben, wie immer Sie sich jetzt ausdrücken wollen."

Frau Ganz war inzwischen völlig entspannt und entschied sich, die inneren Bilder in Textform zu beschreiben:

„In dieser Überschau meines Lebens sehe ich die vielen Erfahrungen, die ich im Laufe der Zeit insbesondere auch in beruflicher Hinsicht gemacht habe. Ich erlebe sie so wie ein Fundament, welches mich trägt, und ich empfinde, dass mir mein Alter überhaupt nicht mehr so viel Sorgen zu bereiten braucht. Diese Sicht geht mir im beruflichen Einerlei oft verloren. Eigentlich kenne ich meine Fähigkeiten für vorausschauende Planung, für Weitsicht und auch dafür, den Überblick zu behalten, was nur allzu oft wieder in den Hintergrund tritt. Mit zunehmendem Alter konnte ich meine ursprünglich massiven Unsicherheiten zugunsten eines Gefühls der Besonnenheit abbauen. Ich sehe jetzt meine Entschlusskraft, die mein einstiges Zögern und meine Sorgen vor Fehlentscheidungen relativiert. Wenn ich einmal allein auf meine beruflichen Aktivitäten zurückblicke, dann wird mir jetzt deutlich, dass ich überwiegend die richtigen Entscheidungen getroffen habe, die mir letztendlich Selbstvertrauen gaben, weil sie klar waren. Selbst mit meinen Fehlentscheidungen hat immerhin mein Erfahrungsschatz zugenommen. Meine beruflichen Sachkenntnisse, die ich immer wieder in Fortbildungen auffrischte, gelten auch für meine MitarbeiterInnen als zuverlässige Informationsquelle, die ich gerne zur Verfügung stelle. Letztendlich habe ich durch die vielen Begegnungen mit anderen Menschen eine sichere Menschenkenntnis entwickeln können, die mir hilft, gute Verhandlungen zu führen. Selbst schwierige Sachverhalte kann ich mit meiner profunden Allgemeinkenntnis zielstrebig reflektieren und meine KollegInnen wissen das zu würdigen. Ich kann jetzt auch deutlicher ihre Stärken und Bereitschaften einschätzen. Aber" – Frau Ganz lächelt verschmitzt – „man darf nicht überheblich werden. Ich verspüre ebenso meine Unsicherheiten in unbekannten Gewässern, stürze mich oft bis zur Erschöpfung in die Arbeit und will oft al-

les mit Perfektion sehr genau machen. Manchmal wirke ich auch kühl auf andere, statt einmal ein freundliches Wort zu sagen."

Wir kommen noch einmal auf ihre inzwischen konkret gewordenen Ängste vor dem Alter zu sprechen, das sie gegenüber jüngeren MitarbeiterInnen oftmals als „Wettbewerbsnachteil im beruflichen Selbstbehauptungskampf insbesondere gegenüber den männlichen Kollegen" auffasste. Sie sagt dazu: „Das war mir vorher nicht klar, dass meine Lebenserfahrungen und Fähigkeiten einen Pool darstellen, aus dem ich schöpfen kann. Ich brauche überhaupt nicht so argwöhnisch zur Seite zu schauen, wenn ich auf das zurückgreife, was ich kann. Und schließlich kann ich die Angst als Signal verstehen, dazuzulernen, wenn ich will."

Zur nächsten Sitzung vereinbaren wir ein kleines „Experiment", in dem Frau Ganz bereit ist, die ausländischen GeschäftspartnerInnen insbesondere in Russland anzurufen, um ihren Informationsstand zu aktualisieren und – soweit möglich – neue Projekte zu besprechen. Sie erscheint zum nächsten Termin sichtlich gelöst und entspannt: „Meine KollegInnen haben sich sehr gewundert und einige GeschäftspartnerInnen haben sogar ihre Freude darüber ausgedrückt, dass ich mich nach den Jahren wieder gemeldet habe. Ein Partner in Kasachstan berichtete zunächst ausführlich über seine Absicht, sein Hobby auszubauen. Er ist Kunstkenner und will demnächst mit Künstlern in Gurjew am Kaspischen Meer eine Vernissage über zeitgenössische Malerei veranstalten. Am Ende unseres Gespräches lud er mich und meinen Mann zu einer 3-tägigen Reise durch die Region mit einem abschließenden Besuch der Ausstellung ein. In mehreren anderen Städten habe ich bereits Termine gemacht."

Salutogenetisch ausgedrückt lässt sich der Prozess wie folgt beschreiben: Frau Ganz lernte die Hintergründe und den Sinn ihrer Angst zu verstehen und diese schließlich anzunehmen. Sie vermochte über die Ressourcenanalyse ihre bisherige negative Sicht bis hin zur negativen Triade zu revidieren und wieder Vertrauen in ihre Ressourcen zu entwickeln. Sie konnte das Experiment als Herausforderung annehmen und wurde am Ende für ihr Handeln belohnt.

6.3 Zur Dimension des Selbstwertgefühls

Unsere Ressourcen sind die Lebensquellen, aus denen wir schöpfen: z. B. Werthaltungen, Fähigkeiten, Ausdauer, soziale Eingebundenheit, finanzielle Sicherheit, auch physische Merkmale wie u. a. unser Aussehen; all das sind habituell und bezogen auf die jeweilige Situation identitätssichernde Quellen, die das Selbstwertgefühl des Menschen versorgen und stabilisieren helfen. Ganz wesentlich wird das Selbstwertgefühl aus den Quellen der Wahrnehmung und Bewertung eigener Leistung, über den sozialen

Vergleich im Miteinander und der sich daraus ergebenden Bewertung sowie der Anerkennung durch das Gegenüber gespeist. Das Selbst kann als psychologische Komponente der eigenen Person verstanden werden, während das Selbstwertgefühl als evaluative Komponente eng mit dem Selbstbild (Selbstkonzept, Persönlichkeitsbild) zusammenhängt. Das Selbstbild kann sich im Laufe des Lebens mehrfach verändern und beinhaltet, wie die Person sich selber sieht, was sie von sich hält, welches Persönlichkeitsbild sie von sich hat. Und es kann als subjektives Bild der eigenen Person im Sinne einer subjektiven Theorie über die eigene Person betrachtet werden. Das Selbstwertgefühl – auch als zentraler Aspekt des Selbst bezeichnet – hat Einfluss auf die Selbstwertregulation, die das Ziel verfolgt, das Selbstwertgefühl einerseits zu schützen bzw. zu stabilisieren, es andererseits auch zu verbessern.

Der Begriff Selbstwertgefühl lässt sich an sich nur schwer fassen. Es gibt zwei Perspektiven, aus denen der Begriff betrachtet werden kann: Zum einen wird der kognitive Hintergrund des Konstrukts angesprochen, der ausgehend von dem Selbstkonzept vorwiegend an die bereits angesprochene Leistungsorientierung anknüpft, während auf der anderen Seite auf emotionales Erleben hingewiesen wird, d. h. auf das Gefühl für sich selbst. So hegen wir Gefühle des Stolzes, der sich in selbstbewusstem Verhalten verbunden mit dem Gefühl der Selbstanerkennung auszudrücken vermag. Wir sind aber auch in unserem Selbstwerterleben verletzlich bzw. kränkbar. Je unsicherer die Selbsteinschätzung ist, desto eher neigen wir dazu, aus dem Schmerz der Verletzung heraus den Kontakt mit anderen Menschen abzubrechen. Der Nährboden für ein gefestigtes Selbstwertgefühl ist denn auch in unseren stabilen Beziehungsvernetzungen zu finden und in allen Aktivitäten zu sehen, die die Förderung der Souveränität und der Ichstärke bekräftigen.

Im Folgenden werden die Begriffe *Selbstwertgefühl* und *Selbstwerterleben* synonym verwendet, ohne eine einseitige Festlegung darüber treffen zu wollen, ob die Begriffe positiv oder negativ aufzufassen sind. Bisher wurden diese Begriffe bekanntlich vorwiegend positiv aufgefasst. Im Alltagsverständnis wird, soweit allein von *dem Selbstwertgefühl* der Person gesprochen wird, in der Regel ein Individuum, das mit einer besonderen Fähigkeit ausgestattet ist, gemeint. Diese Auffassung ist durch neuere Forschungsergebnisse nicht mehr zu halten. Auf innovative Begriffskreationen soll jedoch verzichtet werden, wobei der Begriff des Selbstwerterlebens stärker auf eine subjektive Konnotation verweist. Soweit eine Differenzierung zur konkreteren Darstellung erforderlich ist, werden zum Verständnis die Adjektive *positiv*, *negativ*, oder auch *hoch* und *niedrig* hinzugefügt.

Fraglose Daseinsberechtigung versichert uns in unserem Selbstwertgefühl und fördert das Vertrauen, liebenswert und liebesfähig zu sein. Umgekehrt führen Handicaps z. B. im Kindesalter, bereits früh aufgetretene körperliche Probleme und familiendeterminierte Versagungen zu einem verunsicherten Selbstwertgefühl in Verbindung mit einem negativen Selbstbild, vor allem dem Gefühl, sich selbst nicht für liebenswert zu halten. Das Gefühl des Selbstwertes ist aber auch von der jeweiligen Lebenssituation und von äußeren glückhaft erlebten oder traumatischen Ereignissen abhängig; es ist durch unterschiedliche Lebensbegebenheiten beeinflussbar und verändert sich permanent im Laufe der Entwicklung. In Umbruchsituationen haben wir ein weniger sicheres Gefühl von uns selbst und durch die Inanspruchnahme von Therapie wird in aller Regel das Selbstwerterleben von KlientInnen relativiert, weil ja die Grenzen eigener Möglichkeiten erreicht sind und auch Schamgefühle entstehen. Deshalb sind stützende Interventionen gerade am Anfang von Therapieprozessen so wichtig, die darauf abzielen, das Selbstwertgefühl zu stabilisieren. Vielleicht hat die Person schon lange zuvor versucht, eigenes Insuffizienzerleben zu verbergen und war bemüht, den Selbstwert auf diese Weise zu schützen. Gerade deswegen ist die bedingungslose bestätigende Annahme von entscheidender Bedeutung für das Gelingen des Therapieverlaufs. Der Rat suchende Mensch wird nicht allein auf sein Scheitern reduziert, wird nicht auf die bereits entwertenden Erfahrungen zurückgeführt, sondern er findet zugleich Gehör für Bewältigungen, die er im Leben gemacht hat; er kann über Freude und Erfolge berichten, mit denen er Selbstbestätigung und auch Bestätigung durch andere bekam, um an positives emotionales Erleben anzuschließen, welches das Selbstwertgefühl bestärken hilft. Denn: Gelebte Freude und deren erlaubter Ausdruck fördert ganz entscheidend unsere Schaffenskraft und den Willen kreativer Lebensgestaltung.

Salutogenese verweist bekanntlich auf die Auseinandersetzung mit und die Bewältigung (Coping) von Stresserfahrungen, und die Forschung stellt dar, dass ein auf günstigem Niveau ausgeprägtes Selbstwertgefühl Sicherheit für positive Bewältigungserfahrungen im Sinne effektiven Umgangs mit Belastungen bietet. So erweist sich positives Selbstwerterleben – wie von Beutel (1989) dargestellt – zudem als ein Prädikator für die Bewältigung von Krankheiten. Und von Whisman und Kwon (1993) wird angeführt, dass ein stabiles Selbstwertgefühl als Puffer für Belastungen betrachtet werden kann. Menschen mit hohem Selbstwertgefühl interpretieren Belastungen eher als Herausforderung, die es zu bewältigen gilt, denn als Ereignisse, die das Selbstwerterleben strapazieren und dieses letztendlich bei Misserfolg mindern. Der Misserfolg wird wiederum als Bestätigung für Unfähigkeit und Unvermögen von Personen mit gering ausgeprägtem Selbstwertgefühl aufgefasst. Allerdings – und das muss auch gesagt werden – strebt die mit hohem Selbstwertgefühl ausgestattete Person mehr den individuellen Erfolg zum Eigennutzen an, während Menschen mit niedrigem Selbstwertgefühl die Beziehung als höherwertig gegenüber individuellem Erfolg betrachten. Daraus folgt, dass bei Maßnahmen zur Erhöhung des Selbstwertgefühls stets der soziale Aspekt im Zusammenhang mit positiven Auswirkungen auf die Fähigkeit zur Kooperation zu berücksichtigen ist, der in den weiteren Ausführungen zum Thema sozialer Kompetenz und Performanz (Kapitel 6.4) abgehandelt wird. Ein gesundes Maß an Fähigkeit zur Selbstkritik sollte ebenfalls in Verbindung mit wertschätzender Haltung gegenüber InteraktionspartnerInnen Vorrang haben, wobei bei Menschen mit niedrigem Selbstwerterleben der Weg der Wahl in der Steigerung der Selbstakzeptanz liegt.

Becker (1995, 208) sieht eine unmittelbare Beziehung zwischen der seelischen Gesundheit und dem Selbstwertgefühl. Er empfiehlt: es „sollte ein positiver Zusammenhang zwischen Gelegenheiten zur Befriedigung des Bedürfnisses nach Achtung und der seelischen Gesundheit" gegeben sein. So sei denn auch die Erledigung von Aufgaben, die durch andere als wesentlich erachtet werden, sowie deren Bestätigung durch sie ein essentieller Prädikator zur Förderung des Selbstwertgefühls. Hier klingt wiederum Antonovskys Konzept der generalisierten Widerstandsressourcen an, wonach die Teilnahme an sozial anerkannten Entscheidungsprozessen fraglos einen Einfluss auf die Bestärkung des Selbstwertgefühls hat und damit das Kohärenzerleben fördert. Die Leistungsmotivationsforschung hat Untersuchungen über das Selbst einbezogen, weil die Erkenntnis, dass Leistung bewertet wird und somit auch das Selbstwerterleben damit verknüpft ist, von wesentlicher Tragweite ist. „Es wundert nicht, dass die Einbeziehung des Selbst schon früh im Zusammenhang mit Misserfolg erfolgte. Denn Misserfolg blockiert die Handlung, widerlegt Erfolgserwartungen und zieht die kritische Aufmerksamkeit auf sich – lauter Anlässe für den Handelnden, seine Aufmerksamkeit auf sich selbst zu richten und sich mit dem Bild von der eigenen Tüchtigkeit und einer möglichen Revision konfrontiert zu sehen" (Heckhausen 1980, 585). Anders formuliert: Für Leistungen Rückmeldung und Anerkennung zu erhalten, ja mit dem Tun gesehen zu werden, sind denn auch bedeutungsvolle selbstwerterhöhende Erfahrungen, die uns das Gefühl vermitteln, anerkannt und in der Gemeinschaft eingebunden zu sein. In Abhängigkeit von ihrer Qualität sind Arbeitserfahrungen prägend durch die soziale Anerkennung, die sie bewirken, sowie in ihrer Bedeutung für die Entwicklung persönlicher Identität und dem Selbstwertgefühl. Der Aufrechterhaltung des Selbstwertgefühls misst Epstein (1990) allgemein *die* zentrale Bedeutung insofern zu, als Personen mit einem niedrigen Selbstwertgefühl nach seiner Darstellung extrem kritisch auf Misserfolge und nur kurzfristig positiv auf Erfolge reagierten, somit mit geringer Frustrationstoleranz ausgestattet seien und insgesamt eine pessimistische Einstellung dem Leben entgegenbrächten. Ursache hierfür seien negative Kindheitserfahrungen mit feindseligen und dem

Kinde nicht zugeneigten Eltern, wobei sich derartige Haltungen gegenüber Veränderungen außerordentlich resistent verhielten. Anfangs wurde bereits darauf verwiesen, dass eine unhinterfragte Daseinsberechtigung, welches die Empfindung, gewollt und geliebt zu sein, das Vertrauen, liebenswert und liebesfähig zu sein, fördert. Umgekehrt ist aber auch zu sehen, dass leistungsbezogene Überschätzungen zu Misserfolgen führen.

Wenden wir uns eingehender den Persönlichkeitseigenschaften zu. Sie sind zum einen abhängig von genetischen Determinierungen wie auch von Umweltbedingungen bzw. deren Wechselwirkungen. Die Persönlichkeit ist insbesondere durch die bedeutungsvollen Bezugspersonen geprägt, die bereits früh auf die Entwicklung des Individuums einwirkten und somit entscheidenden Einfluss auf dessen späteres Leben haben. Dass Verhaltens- und Erziehungsstile Einfluss auf das Verhalten der Kinder haben, darüber sind sich die Forscher einig. Es gibt allerdings sehr unterschiedliche methodische Ansätze. Als wesentliche Bedingungsfaktoren zur Entwicklung eines stabilen Selbstwertgefühls sieht Coppersmith (1967) die Akzeptanz von den Eltern, klar definierte Grenzen und Regeln, Respekt vor den Handlungen des Einzelnen und große Freiheiten innerhalb der gesetzten Grenzen. Wertschätzende Einflüsse sowie frühes Erleben von Teilhabe sowie die Entwicklung altersgemäßer Eigenständigkeit bzw. Souveränität und Bindungsfähigkeit führen letztendlich habituell zu einem ausgeglichenen Selbstwerterleben. Wenn es gelingt, innerhalb des Familiensystems ein Gefühl für das Miteinander in guten wie auch schlechten Zeiten, eine Anteilnahme am je individuellen Erleben seitens der Eltern zu fördern, dann wird das Kind mit einer hinreichenden Basis für ein stabiles Selbstwertgefühl ausgestattet. In diesem Umfeld ist die Voraussetzung gegeben, ein Gefühl für persönlichen und zwischenmenschlichen Wert zu entwickeln. Weitere Einflussfaktoren werden im schulischen Umfeld gesehen. Engel und Hurrelmann (1989) untersuchten unter anderem den Zusammenhang zwischen Problemen in der Schule bzw. dem Elternhaus und Selbstwertstörungen.

In der Psychoanalyse wird unter Rückgriff auf die (alten und z. T. widersprüchlichen) Narzissmustheorien davon ausgegangen, dass die narzistische Zufuhr, die gespeichert werden konnte – etwa in Form freundlicher Zuwendung, die in der inneren Welt des Menschen repräsentiert ist –, eine innere Stabilität gegenüber entwertenden Außeneinflüssen bewirkt. Mentzos (1996) spricht von einem intrapsychischen „Bankkonto", welches in der Kindheit durch die Zuwendung der Eltern gefüllt werde und auf welches unter widrigen Bedingungen zurückgegriffen werde, soweit die narzisstische Reserve vorhanden sei. Letztendlich sei die Depression eine Reaktion auf eine Störung im narzisstischen Regulationssystem oder es handele sich um eine neurotische Depression mit narzisstischer Problematik, die unter widrigen Bedingungen aktiviert werde. Entscheidend seien immer die Erfahrungsniederschläge aus den realen Beziehungen zu signifikanten frühen Bezugspersonen. „Überwiegen dabei die positiven Erfahrungen, so entsteht schließlich ein benignes ‚internalisiertes Objekt', was von dem Betreffenden als eine Art beruhigende, tröstende, stärkende, allenfalls wohlmeinend kritische, aber auch dann empathische, tragende, ermutigende ‚innere Stimme' als ein innerer Zuspruch erlebt wird" (Mentzos 1996, 44). Die Zuspruch gebenden frühen Bezugspersonen vermittelten eben auch Bestätigung, wichtig, bedeutsam und liebenswert zu sein.

An dieser Stelle soll noch einmal an einen Beitrag Beckers (1995) angeschlossen werden, der von der Prämisse ausgeht, dass das von wichtigen frühen Bezugspersonen vermittelte Verhalten das Verhalten der Menschen auch sich selbst gegenüber beeinflusst, welches er als „selbstbezogenes oder auch intrapersonales Verhalten" definiert (Becker 1995, 302). Dieses selbstbezogene Verhalten manifestiert sich u. a. in der Selbstkommunikation, die bisher noch wenig erforscht ist. Ergänzend sei gesagt, dass das selbstbezogene Verhalten gleichermaßen abhängig von später im Leben gemachten Erfahrungen ist, insbesondere denen, die über einen längeren Zeitraum Bedeutung erlangen und somit insbesondere interpersonalen Ursprungs sind. Langfristige Entwertungen z. B. im partnerschaftlichen Verhältnis, aber auch im beruflichen Umfeld führen zur inneren Selbstdemontage verbunden mit Selbstzweifeln und Selbstabwertung bis hin zur Selbstaufgabe. Inzwischen ist hinreichend bekannt, dass durch stark entfremdete Arbeit und in Zeiten wachsender Arbeitslosigkeit ein Zirkel des Versagens mit der Lähmung der Schaffenskraft in Gang gesetzt wird.

Zurückkommend auf die Selbstkommunikation wirkt sich auch diese über längere Zeiträume praktiziert wiederum auf das Verhalten des Individuums aus. Petermann (1999) geht zum Konzept der „erlernten Hilflosigkeit" von Seligman (1999) davon aus, dass dessen Erkenntnisse auch entwicklungstheoretische Relevanz haben. Entsprechende Studien ergaben Erkenntnisse darüber, „dass der Attributionsstil der Mutter – bezogen auf ungünstige Ereignisse – mit dem entsprechenden des Kindes und den depressiven Symptomen des Kindes in Beziehung stand. Zudem lagen bei Müttern und Kindern vergleichbar ausgeprägte Symptome vor" (Petermann 1999, 244). Die Studien sollen den Aspekt belegen, „dass die Kinder durch gemeinsame Erfahrungen mit den Müttern oder Imitationslernen von den Müttern diesen Attributionsstil übernehmen" (Seligman/Peterson 1986, Petermann 1999).

Unter der Selbstkommunikation des Menschen ist zunächst einmal jegliche Art der inneren Auseinandersetzung einer Person gedanklicher Natur zu verstehen, bezogen auf ihr Erleben bzw. auf Ereignisse in Verbindung mit der Umwelt bzw. im zwischenmenschlichen Miteinander. Es handelt sich um innere Selbstgespräche. Der Mensch steht mit sich selbst im permanenten „inneren Dialog", in „innerer Zwiesprache", mit den Dimensionen seiner Persönlichkeit, die er gelegentlich laut – in der Regel, wenn er sich unbeobachtet fühlt – bespricht. Bereits Platon bezeichnete dieses Phänomen als den „inneren Dialog". Eine Durchführung der laut abgehaltenen Selbstkommunikation wird ja oftmals durch das soziale Umfeld vorurteilsbehaftet dem Bereich der akustischen Halluzination und damit als dysfunktional zugeordnet. Gleichwohl sind wir stets in der Auseinandersetzung mit den inneren Stimmen bemüht, einen bestmöglichen Weg antizipierend für unser Erleben und Handeln zu finden und „so erweist sich das ‚Ich', das nach Übereinstimmung mit sich selbst sucht, als ein multiples Gebilde, erweist sich die innere *Pluralität* als menschliches Wesensmerkmal" (Schulz von Thun 1999, 16).

Obwohl nicht explizit so definiert, gehört m. E. zum Komplex der Selbstkommunikation der von Becker und Minsel (1986, 73 und 1995, 109) dargestellte „Simulator", mit dessen Hilfe das Individuum in der Lage sei, auf antizipatorische Weise Probleme zu durchdenken und probeweise eine Handlung zu planen, ehe sie in die Realität umgesetzt wird. So werde vorausschauendes Denken und Planen ermöglicht, ohne von vornherein den Alltagsgefahren unmittelbar ausgesetzt zu sein. „Nicht zuletzt verbessert sich die Entscheidungseffizienz dadurch, dass mit Hilfe gedanklicher Abstraktionsprozesse Probleme vereinfacht oder umstrukturiert und damit einer Lösung näher gebracht werden können, die auf anderem Weg unlösbar bleiben" (Becker 1995, 147). Ist die Selbstkommunikation – u. U. lang anhaltend praktiziert – vorwiegend durch selbstkritische, selbstentmutigende bis hin zu selbsterniedrigenden Gedanken dominiert, dann ist auch das Selbstwertgefühl schwach ausgeprägt in dem Sinne, dass über die Selbstabwertung eine misstrauische und ablehnende Haltung nicht nur anderen gegenüber, sondern auch sich selbst gegenüber aufgebaut wird. Umgekehrt gehen Menschen – so Becker – mit einem gut ausgeprägten Selbstwertgefühl wertschätzend mit sich selbst um, indem sie sich selbst achten, ihre Stärken wie auch ihre Schwächen kennen; außerdem seien sie mit einer bejahenden Einstellung zu verschiedenen Aspekten ihres Selbst ausgestattet. Becker (1995, 302) schließt sich nicht bedingungslos der von anderen Autoren vertretenen Introjektions-Hypothese an, sondern geht dabei der Frage nach, wie „der Mensch aufgrund seiner Fähigkeit zur Selbstreflexion mit sich selbst in eine Beziehung tritt". Diese Form der Selbstbezüglichkeit bietet Aufschluss über wesentliche Aspekte der Persönlichkeit, die in der Therapie zu nutzen sind, weil ein wertschätzender Umgang mit den KlientInnen seitens der TherapeutInnen die so wesentliche Voraussetzung zu bieten vermag, sich selbst wichtig zu nehmen und daraus die Kraft für die so bedeutungsvolle wertschätzende Selbstannahme zu schöpfen.

Als Persönlichkeitsvariable ist das Selbstwertgefühl in Verbindung mit dysfunktionalen Kognitionen und des emotionalen Erlebens u. a. in der Schmerztherapie von besonderer Relevanz. Dabei wird davon ausgegangen, dass negative Gedanken und entmutigende Selbstgespräche das Schmerzerleben verstärken, weil dadurch eine passive Opferhaltung gegenüber dem Schmerzerleben eingenommen wird. Häufig werden verallgemeinernde Selbstgespräche dahingehend geführt, dass der Versuch, den so dominierenden Schmerz unter Kontrolle zu bekommen, sowieso keinen Sinn mehr mache. Es geht in der Schmerztherapie letztendlich darum, die Gesundheit insoweit zu fördern, als Bewältigungsmöglichkeiten wie positive Selbstinstruktionen zum aktiven Umgang mit dem Schmerzerleben eingebettet in Entspannungstrainings erlernt werden.

Friedman und Rosenman (1975) widmeten sich in der Auseinandersetzung mit ihrer Beschreibung des „Typ-A-Verhaltens" Patienten, die an koronaren Herzerkrankungen (KHK) litten. Bei deren signifikant hohen Identifikation mit ihren beruflichen Zielen werden auf der psychosozialen Ebene Verhaltensmerkmale beschrieben, die sich insbesondere durch erhöhte Leistungsorientierung verbunden mit permanenter Ungeduld bis hin zu Feindseligkeit in Verbindung mit Konkurrenzverhalten zu erkennen geben (Beispiel Kapitel 4.3). Vor allem konnte festgestellt werden, dass dabei der eigene Wert von der beruflichen Leistung abhängig gemacht wird, um für sich selbst daraus die soziale Anerkennung finden zu können. „Auf Seiten der Person erscheint uns deren labiles Selbstwertgefühl von zentraler Bedeutung zu sein. Ein labiles Selbstwertgefühl – im Gegensatz zu einem generell niedrigen Selbstwertgefühl – beinhaltet, dass die betreffende Person sich ihres persönlichen Wertes (insbesondere im Hinblick auf positiv bewertete Eigenschaften, wie Intelligenz und Kompetenz, die sie zur wichtigen Grundlage ihres Selbstwertes macht) nicht sicher ist" (Becker/Minsel 1986, 242). Diese Menschen benötigen die Sicherheit und das tragende Gefühl, auch ohne besondere Leistung grundsätzlich akzeptiert und geliebt zu sein. Sie pflegen oftmals das Besondere, dies jedoch auf kompensatorische Weise, in der Hoffnung, dem Gefühl zu entgehen, ungeliebt, nicht gesehen, nicht wertgeschätzt zu werden. Dabei gelingen ihnen durchaus hervorragende Leistungen, doch ihre hohen Ansprüche verursachen oft eine Kreativitätshemmung verbunden mit der Schwierigkeit, aus sich selbst heraus etwas zu entwickeln. Sie sind oftmals durchdrungen von der Tendenz zum destruktiven Konkurrenzverhalten und beobachten zuweilen aus ihrer Unsicherheit heraus argwöhnisch und voller Neid das Leistungsstreben und die Erfolge anderer in ihrem Umfeld. Ein wesentlicher psychotherapeutischer Beitrag im Umgang mit diesen Menschen ist, darauf zu fokussieren, dass sie sich annehmen lernen, so wie sie sind, dass sie lernen, Freude auch an kleinen Erfolgen wahrzunehmen und auszudrücken sowie die Zusammenarbeit mit KollegInnen im entwicklungsorientierten Wettstreit miteinander zu gestalten.

Die bislang für diese Patientengruppe pathogenetisch ausgerichteten Behandlungsmodelle – so Albus und Köhle (1997) – waren denn auch nicht effektiv, ging es doch bisher darum, den Lebensstil dahingehend zu verändern, dass die Risikofaktoren reduziert werden sollten. Unter Berücksichtigung des Salutogenesekonzepts ist daher aus der Sicht dieser Autoren „ein multimodales, längerfristig angelegtes Therapiekonzept geeignet, der Komplexität der Problematik gerecht zu werden und die Chancen eines umfassend verbesserten Gesundheitsverhaltens nutzbar machen zu können" (Albus/Köhle 1997, 149).

Die Höhe des habituellen Selbstwertgefühls wird u. a. mit Hilfe der Frankfurter Selbstkonzeptskalen (Deusinger 1984) erfasst. Für zukünftige Forschungsvorhaben wird eine deutlichere geschlechtsspezifische Differenzierung hilfreich, weil neuere Studien belegen, dass die Frauenrolle in Verbindung mit niedrigem Selbstwertgefühl eher dazu disponiert, besonders vulnerabel in Belastungssituationen zu sein, während Männer mit niedrigem Selbstwertgefühl gekränkt auf Kritik reagieren und sich insgesamt weniger beziehungsorientiert erleben, sich stattdessen in der Hoffnung der Selbstaufwertung über Leistung definieren.

Die Forschungsaussagen zum Thema Selbstwertgefühl als Persönlichkeitsvariable bieten einen weitgehenden Konsens darin, dass ein hoch ausgeprägtes Selbstwertgefühl als erstrebenswert, während eine niedrige Ausprägung als problematisch angesehen wird. Eine niedrige Ausprägung wird eher dysfunktionalen und depressiven Lebensstilen zugeordnet, wobei die hohe Ausprägung als Prädikator für Leistungsfähigkeit und mit hoher Selbstachtung und Zuversicht konnotiert wird. Das von Freud geschaffene Konzept des Narzissmus wurde in den weiterführenden Narzissmustheorien bis hin zur dysfunktionalen narzisstischen Persönlichkeitsstörung aufgenommen, welche insbesondere im sozialen Kontext Bedeutung hat. Naheliegend ergibt sich aus diesen Theorien die Vorstellung, dass ein überzogenes bzw. überhöhtes Selbstwerterleben mit der Entwertung anderer zur persönlichen Selbstwerterhöhung einhergehen kann. Überlegenheitsgefühle führen dann zu herabsetzender Kritik und Haltung gegenüber anderen, wie es oft im Alltag zu beobachten ist. Hinter einer Fassade vorgegebener Sicherheit verbirgt sich dann eher ein instabiles Selbstwerterleben, welches dadurch gekennzeichnet ist, dass diese Menschen in ihren Interaktionen eigenes Wohlbefinden über das Gelingen sozialen Miteinanders insbesondere in Konfliktsituationen stellen, Konflikte jedoch auf diese Weise in Beziehungen verstärkt auftreten. Abschließend kann gesagt werden: Die bisherigen Annahmen, wonach ein hoch ausgeprägtes Selbstwertgefühl als erstrebenswert gilt, müssen insofern revidiert und bedacht werden, als es sich dabei eher um eine Extremvariante handeln kann, die sich im interaktiven Miteinander negativ auswirken kann und umgekehrt ein niedrig ausgeprägtes Selbstwertgefühl verstärkt Tendenzen zur Entwertung des Selbst provoziert. Derartige Überlegungen sind bereits bei Helmke (1992) zu finden, wobei heute davon ausgegangen werden kann, dass eine positive Selbstbewertung im mittleren Bereich für die individuelle und soziale Betrachtungsebene als erstrebenswert anzusehen ist.

Implikationen für die Praxis

Die Selbstkonzeptforschung geht von einer in der Sozialisation erworbenen hierarchischen Organisation selbstbezogener Kognitionen aus, innerhalb derer übergeordnete Selbstschemata existieren und wodurch die psychischen Manifestationen der Person maßgeblich gesteuert werden. Der Mensch hat demnach unbewusst ausgeformte Erwartungen an sich und seine Umwelt, die – hierarchisch organisiert – zum einen statisch, aber auch dynamisch durch Anpassung und Wandel ein Leben lang weiterentwickelt werden. Psychotherapie sucht diese sozusagen im Hintergrund wirkenden Kräfte zu verstehen, Selbstexploration, vor allem die Selbstakzeptanz zu fördern und dysfunktionale Selbstkonzepte zu verändern sowie deren Integration zu bewirken.

Hervorzuheben sei noch, dass die Konzepte der Selbstwirksamkeitserwartungen (Bandura 1986) und der Kontrollüberzeugungen (Rotter 1966) in motivationaler Hinsicht hierher gehören und einen deutlichen Bezug zum Selbstkonzept haben. „Generalisierte Selbstwirksamkeitserwartungen […] beziehen sich explizit auf die persönlichen Handlungskompetenzen und beinhalten die Überzeugung, schwierige Anforderungen durch eigene Aktivitäten bewältigen zu können" (Schröder 1997, 323). Die Umsetzung einer Handlung hängt von der subjektiven Bewertung der Kontrollierbarkeit ab. Damit werden die Kontrollüberzeugungen angesprochen, die darüber eine Aussage machen, ob der Mensch das Geschehen durch eigenes Handeln für beeinflussbar hält (internale Kontrolle) oder den Einfluss eher den Umweltfaktoren zuschreibt (externale Kontrolle). Internale Kontrollüberzeugungen stehen eindeutig im Zusammenhang mit dem Gewinn an Souveränität, während externale Kontrollüberzeugungen diese schwächen und Abhängigkeitserleben bestärken. Ein hohes Maß an internaler Kontrollüberzeugung führt dazu, Ziele unter Einsatz adäquater Möglichkeiten zu erreichen, Kontrolle über die Angelegenheiten des Lebens zu haben, während dabei gleichzeitig das Gefühl der Selbstwirksamkeit bestärkt wird. Ziel psychotherapeutischer Einflussnahme im Rahmen motivationaler Förderung könnte somit darin bestehen, Selbstwirksamkeitserwartungen und Kontrollüberzeugungen dahingehend zu bestärken, dass Erwartungshaltungen zu effektivem Gesundheitsverhalten aufgebaut und verankert werden, um ein positives Selbstwerterleben zu ermöglichen.

Die Sicht aus der Intersubjektivität, der Verbundenheit mit den Mitmenschen sowie mit den Dingen in der Welt und in der Zeit, bilden als Basisvoraussetzungen den Grundpfeiler, auf dem Verstehen, Entwicklung, ja Veränderungsprozesse erst möglich werden. Therapieprozesse können nur gelingen, wenn im verständnisvollen Miteinander das Geschehen erschlossen wird, denn nur auf diese Weise können salutogene Prozesse befördert werden. Personale, soziale und professionelle Kompetenz und Performanz sind auf Seiten des Behandelnden gefragt, denn nur wer sich als Mensch dem Mitmenschen – auch darin, Krankheit und Leid erfahren zu haben und diese Lebensqualitäten nachvollziehen zu können – präsentiert, wird wirklich verstehen und ein Gefühl für Wertschätzung und Achtung vermitteln können. Selbstachtung ist getragen von dem Wissen über die eigenen Fähigkeiten, aber auch die persönlichen Grenzen, und wer sich mit seinen Möglichkeiten und den Begrenzungen anzunehmen weiß, wird derartige Prozesse bereits durchlebt und seine Folgerungen daraus gezogen haben.

Das Leben stellt uns vor An- und Herausforderungen, die die Selbstachtung und das damit zusammenhängende Selbstwertgefühl bestärken oder auch schwächen können. Im therapeutischen Setting sind Anteilnahme und eine akzeptierende, zugewandte Haltung zur Bestärkung des Selbstwerterlebens in das intersubjektive Miteinander einzubinden. Im permanenten Bemühen um wechselseitiges Wahrnehmen, Verstehen und Erfassen der eigenen Geschichte, des gegenwärtigen Lebensvollzugs und der in die Zukunft gerichteten Aspekte, kann das Erkannte geteilt und das Geteilte mitgetragen werden. Durch diese Form des gemeinschaftlichen Bemühens werden Möglichkeiten eröffnet, die das Kohärenzerleben fördern und bestärken helfen. Wer sich verstanden fühlt, entwickelt die Bereitschaft, eigenes Erleben zu hinterfragen, sich selbst zu verstehen. Wer den Sinn des Geschehens zu klären sucht, wird es aus verschiedenen Perspektiven betrachten, um letztendlich auf der Ebene der Handhabbarkeit neue Dimensionen des Handelns erschließen zu können. Bei all diesen Bemühungen um Verständnis leistet der Aspekt des „Erklärens" entscheidende Hilfe. Erst wenn das Geschehen erklärt werden kann, der Hintergrund und dessen Sinn deutlich wird, kann ganzheitlich verstanden und es können neue Handlungsspielräume eröffnet werden, die das Kohärenzerleben zu bekräftigen helfen.

Ein Ansatz zur Steigerung des Selbstwertes ist zweifelsohne in der schöpferischen Auseinandersetzung mit kreativen Mitteln zu sehen, als Ausdruck autonomen Gestaltungswillens und Freude spendender Schaffenskraft. Letztendlich werden über kreatives Tun das Vertrauen in die eigene Schaffenskraft und der lebendige Glaube an entwicklungsförderliche Prozesse bestärkt. Drei Sichtweisen sollen für den kreativen Prozess als besonders bedeutungsvoll herausgestellt werden:

1. In der kreativen Tätigkeit erhalten die Dimensionen unseres inneren Erlebens auf bereichernde Weise eine Form des Ausdrucks, die den Menschen bekräftigt, ihm innewohnende Gestaltungskräfte zu leben, zu entwickeln und vor allem leibnah zu spüren und ausdrücken zu können.

2. Es können im symbolischen Ausdruck alternative Sichtweisen und verbindende Elemente hervorgebracht werden, die dem Individuum ohne die Möglichkeit dieses Ausdrucks verborgen geblieben wären und die ihm neue Einsichten gewinnen helfen.

3. Unsere Wahrnehmungsfähigkeit wird gelenkt und erhöht. Es erfolgt eine Steigerung der Sensibilität der Leiblichkeit durch Fokussierung der Aufmerksamkeit auf einzelne Sinnesaktivitäten.

Becker (1995) kommentiert das Verhalten von Menschen mit hoher seelischer Gesundheit in Verbindung mit geringer Verhaltenskontrolle wie folgt: Diese Menschen sind „weniger an Sicherheit als an der Erkundung des Neuen und Unbekannten sowie an der Entfaltung ihrer Fähigkeiten und Anlagen interessiert [...] Da sie sich wenig an Konventionen orientieren, können sie – vor allem bei überdurchschnittlicher Intelligenz – hohe Kreativität entfalten" (Becker 1995, 220f). Unter den Autoren dieser Provenienz, die sich mit der kreativen Seite des Menschen auseinander setzen, sind sich die meisten wohl darin einig, dass eine bestätigende, Erlaubnis gebende und förderliche, sichernde Umgebung in Verbindung mit Wertschätzung schon in der frühen Kindheit die Bedingungen eröffnet, unbefangen an Neues heranzugehen, Gefühle und Ideen zu äußern, Kreativität walten zu lassen. Allerdings – und das fällt bei der Durchsicht der Fachbeiträge auf – gehen wiederum vergleichsweise wenige Autoren auf den Aspekt der Kreativität des Menschen überhaupt ein. In vielen wissenschaftlich-psychotherapeutisch ausgerichteten Publikationen kommt denn auch der Begriff *Kreativität* nicht einmal im Sachwortregister vor. Vom wissenschaftlichen Standpunkt aus betrachtet, passt das Unplanbare, nicht Begründbare, Spontane und Kreative nicht in den Raum, der den Kriterien wissenschaftlicher Erforschung standhalten muss.

Dennoch: Kunsttherapeutische Interventionen sind von besonderem Belang. Menschen, die psychisch, psychosomatisch bzw. psychosozial erkrankt sind, können zur Aneignung ihrer eigenen Lebensgeschichte über kreative Gestaltungsmethoden, über ihr eigenes sinnorientiertes Tun wieder einen Zugang zu sich selbst finden, weil oftmals die Sprache nicht ausreicht, um das Erlebte auszudrücken. Ihnen sind zuweilen so schwere Schicksale widerfahren, sie haben sich vielleicht jahrelang in sich verschlossen, so dass sie über den Zugang künstlerischen Ausdrucks ihre ihnen gegebenen Potenziale zunächst entdecken, um sie anschließend in Worte fassen zu können.

Die emotionale Wirkung selbstgestalteter Realität auf künstlerischer Ebene ermöglicht nachhaltige Erlebnisqualitäten, entfaltet doch im kreativen Tun die Kraft des persönlichen Ausdrucks – zuweilen aus dem vorsprachlichen Raum – ihre Wirkung. „Das habe ich bisher so noch gar nicht gesehen", oder „ich hätte nie gedacht, dass ich mich auch auf diese Weise auszudrücken vermag" sind oftmals Aussagen von Personen nach Beendigung ihrer künstlerischen Aktivität, die mit verborgen gebliebenen und unbewussten Anteilen in Kontakt kommen und bei der bewussten Auseinandersetzung Integrationserfahrungen machen können. Auf diese Weise werden sie in ihrem Selbstwerterleben unmittelbar angesprochen, bisher überhöhte Ansprüche wie auch verminderte Selbstwertgefühle können relativiert werden.

So wird insbesondere die Ebene der Souveränität aus der salutogenetischen Perspektive angesprochen. Es geht um Förderung der Selbstwahrnehmung im kreativen Tun, sich zu spüren und das Erlebte beschreiben zu lernen. Der Mensch wird in seinem Lebensvollzug, in seiner Handlungsfähigkeit und in seinem Selbstwerterleben bestärkt und nicht in einem diagnostischen Manual „eingeordnet", ja verdinglicht, sondern entwicklungsfördernd als Persönlichkeit in die Mitverantwortung genommen, die ihn darin fördert, die Anforderungen des Lebens als Herausforderung zu deren Bewältigung anzunehmen. Die KlientInnen werden über ihre ihnen gegebenen Möglichkeiten auf der Verständnisebene und im Zusammenhang mit Veränderungsmöglichkeiten unmittelbar beteiligt und auf der weiteren Ebene der salutogenetischen Grundsätze der Sinnfindung in der Erörterung des gemeinsamen Handelns angesprochen. Die stets mit zu denkende und oftmals deutlich spürbare Angst kann relativiert und das Selbstwertgefühl durch unmittelbares Beteiligtsein und die Mitgestaltung am Geschehen bestärkt werden.

Auch die rezeptive Auseinandersetzung mit der Kunst, „Impressionen", Sinnes- und Gefühlseindrücke, Wahrnehmungen aufzunehmen, für sie sensibel zu werden, bietet zur Förderung und Erhaltung perzeptiver Fähigkeiten ein breites Feld möglicher Beschäftigung. Die vom Menschen geschaffene Kunst in der gemeinsamen Betrachtung, in der erbaulichen Hingebung sich anzueignen, sich von ihr in den Bann ziehen zu lassen, ergreifen zu lassen, sich kreativer Schaffenskraft hinzugeben, all das vermag seine Heilung spendende Wirkung im Menschen zu entfalten. Und mehr noch: Wir erhalten Impulse, über die es sich bei allem erfahrenen Leid zudem noch zu verständigen lohnt, wechselseitige Anregungen in der kommunikativen Auseinandersetzung auszutauschen.

Zum Thema der Selbstkommunikation ergeben sich ebenfalls entscheidende therapeutische Handlungskonsequenzen. Innere Repräsentanzen können als Kraftquellen imaginativ mobilisiert werden. Die Anreicherung mit und die Vorstellung von hilfreichen Gedanken, einstmals gesprochenen Worten, Farben, Personen, Szenen und Kraft spendenden Orten vermag insbesondere in Notzeiten selbstwertstärkende Wirkung zu entfalten. Allein die innere Vorstellung kann für den Menschen heilsame Wirkung bieten und Ressourcen aufschließen helfen. Bedenkenswert sind allerdings realitätsverzerrende Selbstsuggestionen, wie sie von Heilsbringern im amerikanischen Stil oftmals etwa wie folgt gebetsmühlenartig vorgetragen werden: „Ich kann alles, wenn ich nur will; mein Glaube an mich vermag Berge zu versetzen." Derartig optimistisch realitätsverzerrende Erwartungen schüren oft den Glauben daran, dass sich die Dinge schon von allein entwickeln werden, und bestärken eine Haltung, die eigenes Engagement minimiert, weil „einem doch alles zufällt". Dies führt zur Überschätzung der eigenen Fähigkeiten und Ressourcen im Sinne von Fehleinschätzungen und Verzerrungen als so genannter *defensiver* oder *naiver* Optimismus. Dazu bemerken Schwarzer und Renner (1997, 47): „Die Erforschung des defensiven Optimismus wird vor allem deswegen so intensiv betrieben, weil man glaubt, hier einer zentralen Ursache für die Unterlassung gesundheitlich präventiven Handelns auf der Spur zu sein." Derartige Haltungen provozieren letztendlich darüber hinaus ein Muster von narzisstisch getönter Selbstaufwertung.

Im Sinne der Selbstkommunikation in der Manifestation innerer „Stimmen" (Bach/Torbet 1985) eröffnet das Aufspüren und der Nachvollzug unserer inneren Gedankenwelten vielfältige Möglichkeiten der Auseinandersetzung mit den Botschaften, die unsere Innenwelt repräsentieren. Ein hilfreicher Ansatz findet sich denn auch in den Ausführungen Schulz von Thuns (1999) mit einem breit angelegten Handlungsinstrumentarium in der Beschreibung seiner Metapher vom „Inneren Team". Er schreibt: „Die Modellvorstellung vom Inneren Team [...] bietet bei kundiger Anwendung aussichtsreiche Möglichkeiten der Hilfe zur Selbstklärung – auch im (von Rollenkonflikten geprägten) professionellen Kontext; und auch für psychologisch „Unvorbelastete", die mit diesem Modell in der Regel sehr schnell etwas anfangen können" (Schulz v. Thun 1999, 17f). Es handelt sich hierbei um einen kreativen Umgang mit sich selbst zur Bestärkung positiven Selbstwerterlebens (Abbildung 11).

Beispiel: Der Schneider am seidenen Faden

In einem sehr eleganten Anzug kommt Herr Lawes (der Name wurde geändert) sichtbar angeschlagen zum Erstgespräch und berichtet zunächst über seine Schlaflosigkeit, verminderten Appetit und das deutlich erkennbare Nachlassen seiner Konzentration insbesondere bei der Arbeit.

Mir fällt zunächst auf, dass Herr Lawes den Blickkontakt vermeidet, und

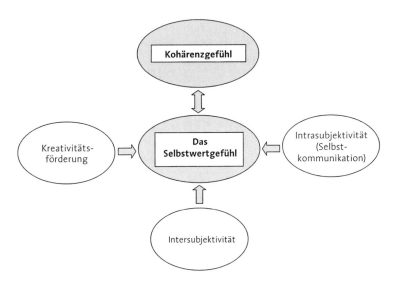

Abbildung 11: Zur Förderung bzw. Veränderbarkeit des Kohärenzgefühls: das Selbstwertgefühl

bei genauerem Hinsehen hat er einen leicht einwärts gerichteten Strabismus des rechten Auges. Er berichtet weiter über „Gefühle der Wertlosigkeit", die ihn an seine „Versagensängste in der Schulzeit erinnern", als er seinerzeit in der 9. Klasse „das Klassenziel nicht erreicht" hatte und daraufhin nicht versetzt wurde. Der Klassenlehrer hatte ihn damals erst sehr spät über die Versetzungsproblematik informiert, während er zuvor noch anlässlich des Elternabends gegenüber seinen Eltern von „ausreichenden Leistungen gesprochen" hatte. Nach dem Schulabgang habe er seine „Schneiderlehre mit einem sehr guten Abschluss" absolviert und habe sich in seiner Freizeit autodidaktisch verschiedene Wissensgebiete umfassend erschlossen, was ihm nicht schwer gefallen sei. Besonders gern habe er sich der Gebiete der Zoologie und der Geschichte gewidmet, mit denen er sich bis vor einem halben Jahr eingehend beschäftigt hatte. Er sei nun recht „betrübt" darüber, dass er seitdem nicht mehr die Kraft verspüre, sich noch weiter in seiner Freizeit mit diesen Wissensgebieten auseinander zu setzen. Im Alter von 30 Jahren schloss Herr Lawes die „Meisterschule mit Auszeichnung" ab, wonach er eine Anstellung in einem namhaften Bekleidungshaus der Stadt fand und seither seit 15 Jahren als Schneidermeister dort tätig sei. Nachdem er „international für seine Leistungen ausgezeichnet" worden war, wurde er vor zehn Jahren mit der „Leitung der Abteilung für Herrenbekleidung" betraut. Er betreue Herren, für die er nach wie vor Anzüge der gehobenen Klasse aus erlesenen Stoffen schneidere und während der Anproben im Gespräch oftmals auch persönliche Anliegen anvertraut be-

komme. *Nachdem vor zwei Jahren der Juniorchef das Bekleidungshaus übernommen hatte, wurden zunehmend Aufträge an ausländische Schneidereien vergeben, was ihm jedoch keine Sorgen bereitete; er erklärte sich die Auslandsvergaben damit, dass die Aufträge insgesamt zugenommen hatten und er ohnehin gerne – bot ihm der unmittelbare „Kundenkontakt" doch „stets willkommene Freude und Abwechslung" – so manche Überstunde leistete.*

Die weitere Exploration ergibt schließlich, dass Herr Lawes vor einem halben Jahr eine „Abmahnung von der Geschäftsleitung" mit der Begründung bekam, einen namhaften und langjährigen Kunden, der angeblich nicht genannt werden wolle, desavouiert und damit geschäftsschädigend gewirkt zu haben. Zeugen für diesen Vorfall gibt es nicht. Im letzten Satz der Abmahnung wird „für den Wiederholungsfall" auf die „unausweichliche Kündigung" hingewiesen. Die seitdem mehrfach unternommenen Versuche des Herrn Lawes, die Geschäftsleitung zur „Herausnahme der Abmahnung aus der Personalakte" zu bewegen, verliefen ergebnislos. Der Juniorchef begründet seine Entschlossenheit damit, dass das Bekleidungshaus bis über die Landesgrenzen hinaus einen „herausragend guten Ruf" habe, „der durch einen einzelnen Mitarbeiter insbesondere in gehobener Position" nicht geschädigt werden dürfe. „Ich hänge seither in der Luft", so Herr Lawes, „als sei ich zum Freiwild geworden. Alles kann gegen mich ausgelegt werden und alles hängt für mich nur noch am seidenen Faden."

Dieses Beispiel illustriert, wie das ohnehin durch frühe Ereignisse destabilisierte Selbstwerterleben des Herrn Lawes erneut verletzt wird. Er erlebt seine berechtigt empfundene Kränkung in der Entwertung seiner Leistung, die Anerkennung für zweifellos gute Arbeit schlägt in Missachtung um. Er fühlt sich unverstanden, dem Ereignis hilflos ausgeliefert, vor allem durch die ungerecht empfundene und offenkundig haltlose Kritik. Die stark selbstwertbelastende Erlebnisverarbeitung bietet einen Hinweis auf ein gering ausgeprägtes Selbstwertgefühl, welches das Kohärenzgefühl ebenfalls schwach ausfallen lässt, wie der Fragebogen bestätigt. So kann sich Herr Lawes zunächst nicht vorstellen, dass sich das Ereignis auch als Herausforderung definieren lassen könnte. Sein bisher tief empfundener Stolz über seine Leistungen schlägt um in innere Entwertungen: „Vielleicht hast Du doch einen Fehler gemacht. Du bist eben doch nicht so gut, wie Du immer geglaubt hast. Schon Deine schulischen Leistungen waren schlecht. Ein Schielauge ist eben dumm."

Seine „bisher so verständnisvolle Frau" reagiert ebenfalls in der Folgezeit sehr kritisch und beginnt zu hinterfragen: „Hast Du vielleicht das Dir von dem Kunden Anvertraute tatsächlich missbraucht und jemandem weiter erzählt. Du behältst alle möglichen geschichtlichen Daten im Kopf und erinnerst Dich doch sonst an alles, weshalb nicht daran."

Zunehmend berichtet Herr Lawes über fehlende Unterstützung auch von

ihrer Seite, vor allem solle er sich schon einmal „nach einem neuen Arbeits-
platz umsehen". Er fühlt sich völlig missverstanden in der Absicht mit
seinem hohen Leistungsstandard den Chef durch erhöhten Einsatz zu
überzeugen und gleichzeitig auch noch dafür von seiner Frau kritisiert zu
werden.

Die Darstellung dieser Therapiesequenz mit Herrn Lawes zeigt, wie Sinn-
erleben in der Kontinuität und die Zuweisung von Bedeutsamkeit mit zwei
entscheidenden Bereichen im Konzept der fünf Säulen der Identität zusam-
menspielen: dem der Arbeit, Leistung und Freizeit *und dem der* Werte. *Das*
Erleben von Kontinuität über viele Jahre zuverlässigen Arbeitens sowie der
Gestaltung sozial anerkannter Leistung und Entscheidungsbefugnis wird
für Herrn Lawes mit der Abmahnung unvermittelt unterbrochen. Die hier-
durch entstehende Diskontinuität provoziert auf der Ebene der Bewertung
Selbstzweifel, besteht doch seine persönliche Geschäftsphilosophie darin,
„die Kunden des angesehenen Bekleidungshauses stets zufrieden zu stel-
len" und den eigenen Prinzipien treu zu bleiben, indem „verantwortungsvoll,
gewissenhaft und genau" gearbeitet wird. Die für Herrn Lawes so wichtigen
Werte stehen unmittelbar im Zusammenhang mit der Sinnerfahrung und
dem Gefühl der Stetigkeit seines Selbst. Das Selbstbild des Herrn Lawes
gerät durch diese für ihn so hoch angesiedelten Wertekategorien in Gefahr,
wird zum einen seine Arbeit an sich angezweifelt sowie mit deren Entzug
gedroht und darüber hinaus noch die bisher über viele Jahre erhaltene
Bestätigung und Anerkennung in Zweifel gezogen. Herr Lawes wird wei-
terhin durch die Beibehaltung der unnachgiebigen Vorgehensweise der
Geschäftleitung schmerzlich mit Sinnverlust konfrontiert, muss unter
Umständen die Gefühle der Insuffizienz massiv abwehren, um nicht den
Bedrohungsängsten hilflos ausgeliefert zu sein. Sobald er sich nicht in der
Lage sieht, seine Ressourcen zu nutzen oder neue zu erschließen, wird er
unter dem Verlust tragender Bedeutungszusammenhänge auf der Hand-
lungsebene scheitern.

Mein erster Impuls zur Aufnahme der gemeinsamen Arbeit bestand
zunächst darin, Herrn Lawes ein Beziehungsangebot in bewertungsfreier
Atmosphäre zu bereiten, indem ich ihn ausführlich über seine bisherigen
Leistungen berichten ließ. Immer wieder flackerte die Spannkraft in seinen
sonst so trüben Augen auf, er erhob den Blick und konnte mich mit zuneh-
mender Sicherheit auch über längere Zeit anschauen. Diese in der Anteil-
nahme praktizierte akzeptierende Haltung bereitete den nächsten Schritt
vor: Herr Lawes nahm bereitwillig den Vorschlag an, einmal seine Leistun-
gen, aber auch die Fehlschläge – von der Schule beginnend – in Bild- und
Textform kreativ darzustellen.

Wieder brauchte ich ihn nur selbst erzählen zu lassen, bis er schließlich
darüber weinen musste, was ihm schon seit Schulzeiten so weh tat, wurde
er doch immer als das „Schielauge" der Klasse gehänselt. Es wurden mehr-

*fach operative Korrekturen vorgenommen, die am Ende als Teilerfolg zu be-
werten waren, doch war der Strabismus immer noch sichtbar. „Die schulische Situation in der 9. Klasse versetzte mir einen weiteren Tiefschlag und
ich glaubte bald daran, dass mein Denken durch das Schielen in Mitleiden-
schaft gezogen worden sein musste. Ich sagte mir: Du bist halt dumm, die
haben Recht, Du schaffst es ja nicht, Du bist ein Versager."*

*Auf diese Weise fand Herr Lawes einen differenzierten Zugang zu den
biographischen Bezügen seines Erlebens und reagierte schließlich ganz erstaunt darüber, welche besonderen Leistungen gleichermaßen in seinen
Darstellungen enthalten waren, welche Fähigkeiten er bei all dem Wider-
fahrenen entwickelt hatte. Wir übten immer wieder im Rollenspiel, positive
Botschaften über die Kommunikation mit Anteilen seines Selbst zu ver-
innerlichen, bis er sich (ich-)gestärkt gegenüber den erlebten Anfechtungen
sowohl gegenüber seinem Chef als auch gegenüber seiner Frau abzugren-
zen suchte.*

*In dem Maße, in dem Herr Lawes seine eigenen Leistungen anzuerkennen
vermochte, fand er auch wieder Gefallen an seiner Fähigkeit, sich mit den
Themen der Zoologie und der Geschichte auseinander zu setzen. Zudem
studierte er Stellen in Zeitungsannoncen, auf die er sich bewarb und sich so
nach und nach von seinem noch vorhandenen Arbeitsplatz unabhängig
machte. Den Blick auf die Ressourcenperspektive zu lenken, ermöglicht es,
in einer Atmosphäre des Vertrauens auf Bewältigungsmöglichkeiten Bereitschaften zu mobilisieren, die wiederum rückbezüglich unser Selbstwerterleben bestärken helfen. Und: Mit gehobenem Haupt und einem klaren
Blick haben wir uns verabschiedet. Ich wünsche Herrn Lawes sehr, dass er
inzwischen auch seinen Leistungsanspruch relativieren kann.*

6.4 Zur Kompetenzdimension – Fähigkeiten entwickeln, Fertigkeiten vertrauen

Der Begriff *Kompetenz* wird in der Fachliteratur uneinheitlich und in
unterschiedlichen Konstrukten verwendet. Da Kompetenz immer nur in
Bezug auf eine konkrete Aufgabe oder Tätigkeit definiert und abgefragt
werden kann, kann von intrapsychischen Voraussetzungen gesprochen
werden, die sich in der Qualität sichtbarer Handlungen darstellen. Kompetenz kann somit auch als eine Umschreibung dessen dienen, was einen
Menschen definitiv handlungsfähig macht. Kompetenz besteht in ihrer
Gesamtheit aus aktiven und ruhenden Wissensbeständen, aus sichtbaren
und verborgenen, damit aus beschreibbaren und nicht beschreibbaren sowie für seinen Träger sogar aus bewussten und unbewussten Fähigkeiten
und Fertigkeiten. Der Kompetenzbegriff kann darüber hinaus als ein Dis-
positionsbegriff aufgefasst werden und umschreibt im Handeln aktuali-

sierbare, sozial-kommunikative, aktionale, persönliche Handlungsdispositionen, die nicht direkt prüfbar, sondern nur aus der Realisierung der Disposition erschließbar sind. Damit ist auch gesagt, dass Kompetenzen niemals in ihrer ganzen Breite und umfassend, sondern nur in einer jeweils konkreten Situation abgefordert werden, so dass in der Regel Potenziale im Verborgenen bleiben. Beispielsweise finden sich bei Menschen oftmals brachliegende Fähigkeiten – häufig auch künstlerische –, die, sobald sie mobilisiert sind, den Menschen befähigen, auf der Ebene der Fertigkeiten Besonderes zu Tage zu befördern.

Fokussiert man diesen allgemeinen Kompetenzbegriff auf den Gesundheitsaspekt, so geht es darum, Kompetenzen dazu einzusetzen, um gesundheitliches Verhalten präventiv zu praktizieren; und das geht mit der Risikoeinschätzung und den sich daraus ergebenden Bewältigungsmöglichkeiten einher, die das Individuum situationsadäquat einzusetzen in der Lage ist. Erst wenn wir die Risiken unseres Verhaltens wahrnehmen, deren Auswirkungen antizipieren, erst dann sind wir motiviert, eine riskante Lebensführung zu ändern. Und: Der wesentliche Aspekt bei dieser Betrachtung ist der des Wissens über die Handlungsmöglichkeiten, die bestehen.

In der Literatur unterschiedlich dargestellt, handelt es sich um „Kompetenzerwartungen" – synonym von Schwarzer und Renner (1997), als „Selbstwirksamkeitserwartungen" von Bandura (1986) gebraucht. Dieses Konstrukt beschreibt, dass die Person sich „selbst in der Lage sieht, eine angemessene Handlung zielführend zum Einsatz zu bringen" (Schwarzer/Renner 1997, 50). Von *Erwartungen* ist deshalb die Rede, weil nach Banduras Auffassung die wahrgenommenen Verhaltenskonsequenzen zu Erwartungen über die Folgen einer Handlung führen. Entscheidend ist allerdings dabei, ob man sich selbst die Ausführung der Handlung zutraut, eben die Selbstwirksamkeitserwartung, deren wichtigste Quelle die der eigenen Leistungen darstellt. Das erfolgreiche Erlangen von Zwischenzielen gehört ebenfalls konzeptionell hierher, bestätigt es doch den Menschen darin, günstige Handlungsergebnis- und Selbstwirksamkeitserwartungen schrittweise aufbauen zu können. Der Mensch erkennt in motivationaler und in volitionaler Hinsicht, dass es für ihn erreichbare Ziele gibt und überdies glaubt er wieder daran, dass er über die nötigen Fähigkeiten verfügt, die er zum Erreichen dieser Ziele braucht. Geringe Selbstwirksamkeitserwartungen werden u. a. durch Förderung der faktischen Kompetenz verändert und aufgebaut, die vor allem am jeweiligen Kenntnisstand anknüpft. Geringe Selbstwirksamkeitserwartungen haben u. a. folgende Effekte:

■ Zweifel und Ängste dominieren das Erleben, häufig ist die Ausnutzung der vorhandenen Fähigkeiten unterrepräsentiert und damit ist Misserfolg im Sinne der „sich-selbst-erfüllenden-Prophezeiung" vorprogrammiert (Watzlawick 1986),
■ Vermeidungsverhalten und allgemein geringe Aktivität,
■ geringere Bereitschaft, eine Anstrengungsleistung auch unter widrigen Bedingungen mit Ausdauer auf sich zu nehmen, geringe Motivation,
■ Vernachlässigung aktiver Selbststeuerung zugunsten von Abhängigkeitsbestrebungen.

Auch auf das Konzept der internalen Kontrollüberzeugungen (Rotter 1954, 1966) ist an dieser Stelle hinzuweisen (Kapitel 5.1). Schröder (1997) führt allerdings aus, dass nach den Erkenntnissen der Forschung internale Kontrollüberzeugungen nicht zwangsläufig zu dem Einsatz entsprechender Kompetenzen führen und hinter den Selbstwirksamkeitserwartungen zurückstünden. Das Konstrukt der Selbstwirksamkeit steht somit den wahrgenommenen Kompetenzen weitaus näher, geht es doch bei der Auswahl der Bewältigungsmuster in Reaktion auf Stress um die Überzeugung, selbst einen Einfluss auf das Geschehen nehmen zu können bzw. daran zu glauben, dass eine Bewältigungsmöglichkeit instrumentell gegeben ist, die zielorientiert zum Erfolg führt. Selbstwirksamkeit steht somit unmittelbarer in Bezug zur Kompetenzdimension und beeinflusst die Wahrnehmung, die Motivation und die Leistung selbst. Wie bereits erwähnt, führten Scheier und Carver (1985, 1987, 1992) das Konzept des „dispositionalen Optimismus" ein (Kapitel 5.1) und konnten Korrelationen zwischen den wahrgenommenen Kompetenzen und Optimismus herstellen. Zu den konstruktiven Überzeugungen der Optimisten gehört nicht nur die sichere Haltung, dass es Möglichkeiten zur Bewältigung im Handlungsrepertoire gibt, sondern auch, dass Kompetenzen im Sinne eigener Fähigkeiten zur Verfügung stehen.

Bei den für uns alltäglich entstehenden Problemen geht es darum, diese zu lösen bzw. zu bewältigen. Becker (1995, 468) bezieht sich auf die von Grawe (1994) angesprochene „Problembewältigungsperspektive", die es zu analysieren gelte; es sei zu klären, wie Hilfen zur Bewältigung bereitzustellen seien, denn diese würden entscheidenden Einfluss auf den Therapieerfolg haben. Dabei bestünde der Schwerpunkt der Betrachtungsweise darin, das Erleben und Verhalten bezüglich der den KlientInnen gegebenen Möglichkeiten zu untersuchen, was die Menschen zu leisten oder auch nicht zu leisten in der Lage sind. Bei der Förderung zur Problembewältigung können TherapeutInnen aus ihrem Fundus konkrete Lebenshilfen bieten und direkten Einfluss nehmen, mit Problemen besser umgehen zu lernen. Oftmals geht es nicht einmal mehr darum, ein Problem zu lösen, sondern sich im Sinne der Entwicklung geeigneter Coping-Strategien mit einem Problem auf eine andere Weise zu befassen. Derartige Prozesse zur Klärung von Coping-Hilfen haben dann ihre Bedeutung, wenn eine Person z. B. unheilbar erkrankt ist und in ihrem Leiden erfahren kann, dass sie noch andere Potenziale und Möglichkeiten erschließen kann, als die bisher gelernten und sich so neue Lebensqualitäten eröffnen können. Insbesondere dann, wenn vor lauter Verzweiflung keine konkreten Handlungsmöglichkeiten mehr gesehen werden oder wenn keine adäquaten Mittel zur problembezogenen Bewältigung mehr zur Verfügung stehen, ist der Fokus auf die intrapsychische Regulierung zu setzen, der zunächst die emotionsbezogene Bewältigung in den Vordergrund stellt. Dadurch kann es auch im Rahmen gemeinsamer Sinnfindung zur Neubewertung der gegebenen Situation kommen, die es erlaubt, das zunächst als bedrohlich beurteilte Geschehen in einem erweiterten Zusammenhang zu sehen, um an der Krankheit zu wachsen.

Das Problembewältigungsverhalten hängt nicht zuletzt entscheidend mit dem Therapieerfolg selbst zusammen, kommen doch die KlientInnen mit mindestens einem oder gar mehreren Problemen, die es zu bewältigen gilt. Menschen verlieren u. U. die Verfügungsgewalt über sich, über ihre Gefühle, ihre Orientierungen, ihre Entscheidungen, über die eigene soziale Umwelt, über die Beziehungen, über die Familie, die sozialen Interaktionen mit anderen, über wichtige ökonomische, ökologische Lebensressourcen oder sie befürchten solche Verluste und bitten deshalb – oftmals in verzweifelten Situationen – um Hilfe. Über den das Selbstwerterleben relativierenden Aspekt der Inanspruchnahme von Therapie überhaupt wurden bereits einige Aussagen gemacht (Kapitel 6.3), doch die Erkenntnis, nicht einmal mehr eigene – bisher doch weitgehend ohne besondere Schwierigkeiten gelungen – Probleme lösen zu können, destabilisiert umso mehr. Die notwendige Klärung des Problemlöseverhaltens besteht u. a. darin, in einer von Wertschätzung und mit Achtung getragenen Akzeptanz die eigene Sicht über sich selbst und die Umwelt sowie die Fähigkeiten und Fertigkeiten der KlientInnen erst einmal zu explorieren. Die Reflexion der unserem Handeln und somit auch der Problemlösung zugrunde liegenden Werte und Normen liefert entscheidenden Aufschluss für die Erarbeitung von Zielperspektiven, ist doch die Bewältigung von Anforderungen an das Individuum selbst (Becker 1995 „intern (psychisch)"), z. B. bei der eigenen Bedürfnisbefriedigung, an die Umwelt, die bestimmte Anforderungen an uns stellt und an Introjektionen wie Darstellungen und Bewertungen seitens signifikanter Bezugspersonen sowie die Wertung durch das Selbst gebunden. Hierbei geht es um das Auffinden dysfunktionaler und vor allem defizitärer Strukturen, wie z. B. realitätsverkennende Selbstüberschätzung oder durch Abwehrmechanismen verzerrte Sichtweisen, aber auch – und dieser ressourcenorientierte Blickwinkel muss wohl nicht mehr besonders in diesem Buch herausgestellt werden – um die relevanten Fähigkeiten und Fertigkeiten, die für den zur Klärung anstehenden Problemlösungsprozess Potenziale zur Bewältigung bereitstellen.

„Kompetenz beschreibt die Fähigkeit zur Aufrechterhaltung oder Wiedererlangung eines selbständigen, aufgabenbezogenen und sinnerfüllten Lebens in einer anregenden, unterstützenden, die selbstverantwortliche Auseinandersetzung mit Aufgaben und Belastungen fördernden Umwelt", so schreibt Kruse (1992, 25). Doch was ist, wenn die Umwelt nicht mehr anregend erlebt wird, was ist, wenn sie nicht mehr förderlich erscheint? Kompetenzen können durch organische Bedingungen eingeschränkt sein, durch fehlende oder gar unausgebildete Eigenschaften zumindest defizitären Charakter haben, die Umweltbedingungen können einschränkend auf das Individuum einwirken oder es können gar psychische Funktionen behindert sein. Bei den vorhandenen Kompetenzen, die es zur konstruktiven Auseinandersetzung mit den vielfältigen Lebenssituationen aufzufinden gilt, sind oftmals Defizite insbesondere im zwischenmenschlichen Bereich vorzufinden.

Neben der personalen Kompetenz in Verbindung mit den allgemeinen Problemlösefähigkeiten im Sinne persönlicher Lebensbewältigung sind vor allem in einer sich rasch wandelnden Gesellschaft die sozialen Kompetenzen von besonderer Tragweite für das Gelingen zufriedenstellender Beziehungsgestaltung. Viele Menschen sind in ihrem sozialen Verhalten nicht nur gegenüber dem anderen Geschlecht gehemmt und haben oft Schwierigkeiten, Nähe und Distanz zu regulieren. Gelegentlich ist das Erleben von überdauernden Unsicherheiten im Kontakt geprägt und selbst der Blickkontakt gelingt oft nicht. Manche Menschen tragen Misstrauen und oftmals belastende Feindseligkeiten in Beziehungen hinein, die das Miteinander auf lange Sicht erheblich erschweren können. Und einem sich wiederholenden Muster zur aggressiven Durchsetzung der eigenen Bedürfnisse fehlt oftmals die Empathiefähigkeit, sich in das Erleben des Gegenübers hineinversetzen zu können sowie abweichende Ansichten anzuerkennen. Dabei ist an eine fragmentarisch entwickelte Selbstwahrnehmung zu denken, sich selbst beobachten sowie die eigenen Gefühle erkennen und zuordnen zu können.

Um also die Bandbreite bzw. das Repertoire an Bewältigungsmöglichkeiten zu erweitern, Kompetenzen auszuweiten, muss das Problem in seiner ganzen Tragweite zu erfassen sein, es muss sich entfalten können. Das Problem ist – so sei an dieser Stelle hervorzuheben – dem Erleben und der Reflexion der KlientInnen wie auch dem der TherapeutInnen zugänglich zu machen, um im Anschluss überhaupt neue Erfahrungen in der gegebenen Situation machen zu können. Erst in diesen Zusammenhängen kann sich für die Hilfe suchenden zeigen, dass z. B. Ängste auch vom Gegenüber ausgehalten werden können und die Suche nach Bewältigungsmöglichkeiten kompetenzförderlich wird, sobald das gemeinsame und ernsthafte Bemühen im Vordergrund steht. Nur so bietet eine durch Vertrauen und Achtsamkeit geprägte Beziehung hinreichend Spielraum für neue Bewältigungserfahrungen.

Aus der salutogenetischen Perspektive stellt sich die Betrachtung z. B. bei der notwendigen Angstreduktion in bestimmten Situationen folgendermaßen dar: Es gilt beim Erleben der Angst den emotionalen Aspekt der Sinnhaftigkeit zu erkennen, Verstehbarkeit über die Reflexion zu befördern und die Handhabbarkeit im Sinne der Förderung neuer Bewältigungsmöglichkeiten zu erschließen sowie diese im praktischen Lebensvollzug umzusetzen. Gelungene Bewältigungserfahrungen bestärken das Vertrauen in die eigenen Fähigkeiten und Fertigkeiten, wodurch zukünftige Aufgaben weniger angstbesetzt angegangen werden können. Hüther (2002, 77) formuliert mit Hilfe des Stressmodells: „Die mit Verzweiflung und Ratlosigkeit einhergehende unkontrollierbare Stressreaktion ist die Voraussetzung dafür, dass wir einen neuen, geeigneteren Weg zur Bewältigung der Angst finden."

Implikationen für die Praxis

Für die Praxis ist zunächst eine differenziertere Betrachtung des Kompetenzaspektes als bisher üblich relevant. Zur vorbereitenden Klärung wurden bereits namhafte Wissenschaftler (Bandura 1986, Becker 1995, Rotter 1954/1966, Scheier/Carver 1985, 1987, 1992, Schröder 1997, Schwarzer/Renner 1997) genannt, doch soll an dieser Stelle eine weitere prägnante Definition des Kompetenzaspektes angeführt werden: „Kompetenz" wird verstanden „als die Gesamtheit aller Fähigkeiten (allen Wissens) des Subjekts – verstanden als personales, identisches Selbst –, die in der Interaktion mit dem Kontext/Kontinuum zur Lösung von Problemen, Nutzung von Ressourcen, Erschließung von Potenzialen und zur Planung und Erreichung von Zielen erforderlich sind [...] Performanz wird gesehen als die Gesamtheit aller Fertigkeiten (allen Könnens) des Subjektes, die zur Umsetzung von Kompetenz in einem Kontext/Kontinuum zum praktischen Lösen von Problemen, zum Nutzen von Ressourcen, Erschließen von Potenzialen und zur konkreten Verwirklichung von Zielen gebraucht werden" (Petzold 1995, 507).

Bei der Betrachtung von Kompetenzen und Performanzen handelt es sich also stets um das Zusammenspiel beider untrennbar wirkenden Kräfte, während Performanzen – wenn auch im Verlauf der weiteren Ausführungen nicht immer dezidiert erwähnt – beim Individuum grundsätzlich mitzudenken sind. Es handelt sich somit um zwei Dimensionen, die im Zusammenhang stehen mit den Erkenntnissen über *deklaratives* und *prozedurales Wissen*. Deklaratives (Fakten-) Wissen sowie prozedurales (Handlungs-) Wissen sind bedeutungsvolle kognitionspsychologische Erkenntnisse und Komponenten, die die Interaktion zwischen Mensch und Umwelt (Kontext) bestimmen. Unter Beiziehung der in der Literatur diskutierten Ressourcenkonzepte (Becker) können Ressourcen auch als Potenziale betrachtet werden, die dem Individuum zur Verfügung stehen bzw. aktiviert werden können. Das deklarative Wissen über die Potenziale schließt neben kognitiven Möglichkeiten emotionale Bereiche wie auch die Handlungsebene mit ein und steht beispielsweise im Zusammenhang mit dem Kohärenzgefühl und auch dem Selbstwertgefühl. Dieser Wissensbestandteil beinhaltet die retrospektive Sicht über das eigene Tun. Wir erhalten Rückmeldungen über die Ergebnisse unseres Tuns, bewerten sie und nutzen die Erkenntnisse aufbauend bzw. planend und zur Einschätzung der in die Zukunft gerichteten Handlungsoptionen. Das deklarative Wissen befähigt uns somit, unsere Potenziale zu erweitern und situationsangemessen in der Auseinandersetzung mit uns selbst und der Umwelt zu handeln. Bei der Bewertung spielen bekanntlich die verschiedensten Parameter (wie z. B. soziale Identität, Kontextvariablen usw.) eine entscheidende Rolle, die die situationsadäquate Einschätzung der eigenen Situation möglich machen.

Das prozedurale Wissen ist das Wissen über die Aktivierung und Regulierung der Interaktionspotenziale zwischen Individuum und Umwelt. Damit ist auch das Wissen gemeint, welches uns befähigt, konkrete Lösungen herbeizuführen, bzw. das Wissen darüber, wie etwas gemacht werden kann. Hierbei handelt es sich um Wissensbestandteile, die beispielsweise das Erfahrungswissen wie auch das Wissen über Werte, Regeln und Normen beinhalten und gleichsam nicht grundlegend dem Bewusstsein zugänglich sind. Diesem Wissensbestandteil sind die Vorgehensweisen zum Großteil zuzurechnen, die wir mehr oder weniger automatisch ausführen. Sie finden oftmals erst unsere volle Aufmerksamkeit, wenn sich Störungen einstellen, wie z. B. das Missverständnis, welches erst nach längeren Gesprächssequenzen die fokussierte Konzentration des Bewusstseins zur Klärung des falsch Verstandenen abverlangt. Der Segler steuert beispielsweise unter Einsatz seines Erfahrungswissens und seiner Routine sein Boot gelassen und ahnungslos durch die See und kann bei plötzlich einfallenden Winden vor die Herausforderung zum Einsatz seiner vollen Konzentration stehen, um das Kentern des Bootes zu verhindern.

Wir können den Aspekt des Zusammenspiels zweier Faktoren auf das Konzept der „Widerstandsressourcen" übertragen, in dem von einem „Repertoire generalisierter und spezifischer Widerstandsressourcen" (Antonovsky 1988, 138) die Rede ist. Im Falle der Ausstattung des Individuums mit einem starken Kohärenzgefühl wählt es – so Antonovsky – die passendste Ressourcenkombination aus, die der Situation zur Abhilfe des Stresses angemessen ist. Der *Kompetenz* entspricht die Wahl der potenziell vorhandenen Ressourcen und der *Performanz* die Aktivierung sowie die Umsetzung der gefundenen Möglichkeiten auf der Handlungsebene.

Die zuvor angesprochene Konzentration auf den bedeutungsvollen Sachverhalt ist nach diesem Verständnis ebenfalls als potenziell erweiterbare Ressource zu betrachten. Wir sind permanent mit der Regulierung unserer Aufmerksamkeit auf relevante Gesichtspunkte unseres Selbsterlebens im Zusammenspiel mit den Eindrücken der aus der Umwelt an uns herangetragenen Reize beschäftigt. Die resultierenden Interaktionen werden vorwiegend durch unsere Wahrnehmung und die mit ihr verbundenen Emotionen gesteuert. Die konzentrierte Betrachtung auf das Wesentliche durch situationsadäquate Steuerung unserer Aufmerksamkeit vermag dysfunktionale Denk- und Verhaltensweisen wie z. B. Ablenkung durch gesundheitsgefährdenden Missbrauch psychotroper Substanzen oder lang anhaltendes Fernsehen zu verhindern. Erkenntnisse aus der Depressionsforschung belegen den oftmals einseitig ausgerichteten Aufmerksamkeitsfokus. Seligmann (1999, 89) schreibt: „Ich glaube, daß im Zentrum der Depression etwas Einheitliches, alle diese Erfahrungen verbindendes steht: der depressive Patient glaubt oder hat gelernt, daß er jene Aspekte seines Lebens, die Leiden erleichtern, Befriedigung verschaffen oder Nahrung sichern, nicht kontrollieren kann – er ist, kurz gesagt, überzeugt davon, daß er hilflos ist." Sein Denken kreist um diese Hilflosigkeit, er beschäftigt sich grübelnd mit der gegebenen Situation im Sinne der von Kuhl (1984) beschriebenen *Lageorientierung*, die immer dann bestehe, wenn der Mensch seine Energie und seine Aufmerksamkeit (z. B. die Problemlösefähigkeit) in einer schwierigen Lebenssituation ängstlich auf die gegebenen Schwierigkeiten lenke, statt aktive Schritte zur Bewältigung einzuleiten, um auf die Handlungsebene zu gelangen. Der Lageorientierte beschäftige sich zudem vorrangig mit seinem negativen emotionalen Erleben und suche nach den Ursachen seines Misserfolgs. Im Gegensatz dazu seien *Handlungsorientierte* mit geringer Tendenz zur Selbstwahrnehmung schneller und zielgerichtet ohne sich abzulenken mit der Lösung des Problems involviert (siehe Abbildung 12). Kompetenzen und Performanzen können insbesondere auf den hier dargestellten Ebenen befördert werden.

Die Ebene der personalen Kompetenz und Performanz

Personale Kompetenz, die durch Eigenschaften wie Autonomie, Durchsetzungskraft, Tenazität, Selbstdisziplin, Selbstwerteinschätzung, Selbstkritikfähigkeit, Integrationsfähigkeit, unverzerrte Realitätswahrnehmung u. ä. gebildet wird, ist ausschließlich subjektiver Natur und lässt sich nicht über objektive Kriterien darstellen. Voraussetzung für die Entwicklung

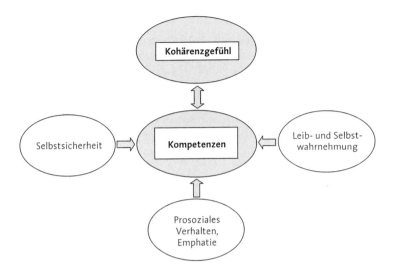

Abbildung 12: Förderung bzw. Veränderbarkeit des Kohärenzgefühls: Kompetenzen

derartiger Kompetenzen ist bei der Präsenz vielfältiger Risikofaktoren eine Umgebung, die durch unterstützende (protektive) Faktoren gekennzeichnet ist.

Personale Kompetenz kann schon allein auf leiblicher Ebene durch Behinderung eingeschränkt sein, sind doch durch den Leib dem Menschen spezifische Kompetenzen und Performanzen erwachsen, über die er naturgemäß zu verfügen trachtet. Über die leibliche Grundlage unserer Existenz, über das eigenleibliche Spüren erfahren wir unsere Motivation und unsere Bedürfnisse, die wir wahrnehmen und regulieren. In unserer Leiblichkeit gründen personale Kompetenzen, die somit ihre mnestischen, kognitiven, emotionalen, perzeptiven, propriozeptiven, motorischen und auch ihre expressiven Fähigkeiten ausmachen.

Auch in der Krankheit ist der Leib nicht beliebig verfügbar und so erleben wir uns im Grunde im permanenten Spannungsfeld unseres Leibes, der uns gesund als Gefährte durch das Leben trägt, doch in der Krankheit zur Last werden kann.

Die Ebene der personalen Kompetenz bezeichnet darüber hinaus insbesondere als Variablen die Selbstwahrnehmung, die Selbstregulation und die Selbstverwirklichung des Individuums sowie auf der Handlungsebene deren Umsetzung.

Die Selbstwahrnehmung steht im unmittelbaren Zusammenhang mit der Gesundheit und dem Wohlbefinden. Der Leib als unsere Seinsbasis bietet die auf uns selbst und unsere Umwelt gerichteten Möglichkeiten ganzheitlicher Wahrnehmung mit den uns gegebenen Sinnen. Unter der Selbstregulation wird die willentliche Steuerung menschlichen Handelns verstanden. Sie dient dazu, die zielgerichteten Aktivitäten zu steuern und uns an die zeit- und situationsbedingten Umstände anzupassen.

Unter Anknüpfung an die Ausführungen zum prozeduralen Wissen setzen selbstregulatorische Prozesse ein, wenn der normale Handlungsablauf behindert oder unterbrochen wird oder wenn die Zielgerichtetheit des Handelns in das Zentrum der Aufmerksamkeit gerät. Im Zuge der Erweiterung von Bewusstheit über die ablaufenden Prozesse können die Bewältigungsfähigkeiten gefördert werden, indem eine differenzierte Sichtweise über gezielte Steuerung des Aufmerksamkeitsfokus herausgearbeitet wird. Auf diese Weise können zudem Verhaltensmöglichkeiten zur Konzentrationsförderung geübt werden. Bei der Selbstverwirklichung entfalten im Sinne des salutogenetischen Ansatzes schöpferische Prozesse ihre heilungsrelevanten Kräfte und darüber hinaus werden identitätsfördernde Möglichkeiten aktiviert, indem die Menschen sich in der gemeinschaftlichen Interaktion erleben und auf diese Weise ihre nach Selbstverwirklichung strebenden Potenziale umsetzen können. Während einerseits schöpferische Prozesse eine kaum hoch genug einzuschätzende Qualität zur Förderung psychischen Wachstums zu entfalten vermögen, begünstigen andererseits die auf die Identitätsentwicklung ausgerichteten Selbstverwirklichungsprozesse insbesondere darin ihr salutogenes Potenzial, wenn es dem Individuum im sozialen Miteinander gelingt, losgelöst von Zwängen und Erwartungen anderer den eigenen Bedürfnissen folgen zu können.

Selbstverwirklichung ist darauf ausgerichtet, Begabungen zu entfalten, Interessen weiterzuentwickeln und das vorhandene Verhaltensrepertoire auszubauen. In diesem Sinne sind auch die an unsere Existenzsicherung gebundenen Arbeitsbedingungen von herausragender Bedeutung für die Selbstverwirklichung, sofern es gelingt, die zur Kompetenzerweiterung stimulierenden Voraussetzungen und Gelegenheiten zu nutzen. Hierzu besteht noch immer ein immenses Nachholbedürfnis für ArbeitgeberInnen jeglicher Provenienz in unserer Gesellschaft. Die Förderung der Potenziale von ArbeitnehmerInnen sollte begünstigt werden, so dass mit Belastungssituationen elastisch umgegangen werden kann, dass Interesse an der Entfaltung von Fähigkeiten und Anlagen geweckt wird und dass statt Stagnation die kreative Weiterentwicklung bereits gemachter Erfahrungen ermöglicht wird. Diese für ArbeitgeberInnen permanent wichtige und zu erledigende Hausaufgabe erscheint vorrangig und bedeutungsvoll zum Gelingen unserer Wirtschaft zu sein.

Die Ebene der sozialen Kompetenz und Performanz

Das Konstrukt „soziale Kompetenz" gehört zwar zu den häufig bemühten, dafür aber theoretisch wie empirisch eher wenig fundierten und unscharf explizierten Konstrukten. Störungsspezifische Studien belegen, dass interpersonelle Probleme bzw. Defizite im sozialen Miteinander, etwa im Kontaktverhalten, im Problemlöseverhalten, in den Kommunikationsfertigkeiten bis hin zu schwersten Defiziten in der partnerschaftlichen Problembewältigung sozialisationsbedingt weit verbreitet sind. So können beispielsweise soziale Interaktionen allein schon auf der Wahrnehmungsebene durch Verzerrungen gekennzeichnet sein, die wiederum das Kommunikationsverhalten negativ beeinflussen. Diese Verzerrungen sind oftmals eingebettet in lebensbedingte Überzeugungen, wie „Ablehnung vermeiden, nicht auffallen" oder auch „traue niemandem".

Vermeidungsverhalten hängt mit einer geringen Toleranz gegenüber unvermeidlichen negativen Konsequenzen zusammen. Diesem Verhalten fehlt ein adäquates Repertoire an alternativen Verhaltensmöglichkeiten oder es ist durch realitätsunangemessene Ansprüche charakterisiert; und nicht zuletzt hat es ein gering ausgeprägtes Vertrauen in die Mitmenschen zum Inhalt. Die Entwicklungschancen sind ungleich stärker ausgeprägt, sobald dem Kind schon früh vermittelt wird, dass es gewollt und gänzlich mit seinen früh vorhandenen Interaktionskompetenzen angenommen ist.

Bereits vorsprachlich findet die Verständigung über die emotionalen Lagen in Form kommunikativ-leiblicher Abstimmung zwischen dem Kind und seinen signifikanten Bezugspersonen statt. Die kommunikative Kompetenz bis hin zu deren Versprachlichung nimmt kontinuierlich an Komplexität zu und reift auf diese Weise im sozialen Austauschprozess stetig heran.

Soziale Interaktion – und das ist inzwischen hinlänglich bekannt – beginnt bereits in vorgeburtlichen Austauschprozessen zwischen Eltern und Kind. Die Mutter reagiert auf die Bewegungen des Kindes durch Streichen über den Bauch und Einladung an den Vater, durch Auflegen des Ohres Geräusche des Kindes wahrzunehmen. Durch wechselseitige Aufmerksamkeit und Angerührtsein der basalen leiblichen Resonanzen erfährt der Fötus in der „Mutualität" (Ferenczi 1988) Atmosphären der Sicherheit und Geborgenheit.

Von Beginn der Lebensäußerungen an besteht auf dem Niveau der jeweiligen Verarbeitungskompetenz des Kindes und seiner Umwelt ein wechselseitiger Austauschprozess sozialer Interaktionen, der über die primäre Wahrnehmung des Gegenübers zu sozialem Interaktionsverhalten und damit zur reifen Intersubjektivität hinführt. Je differenzierter bereits früh auf das emotionale Erleben des Kleinkindes in sozialen Situationen und damit auf das Verstehen sozialen Miteinanders eingegangen werden kann, desto nachhaltiger wird früh der Grundstein dafür gelegt, sich über die Rollenübernahme in das emotionale Erleben anderer Menschen hineinversetzen zu können. Die elterlichen Botschaften – es sei ausdrücklich auf die Botschaften beider Elternteile hingewiesen, gestaltet doch der Vater gleichermaßen das Geschehen mit – führen dazu, dass Wertvorstellungen vermittelt werden, die ihren Niederschlag in handlungsleitenden Kognitionen des Kindes finden. Auf diese Weise entwickelt der Mensch die Fähigkeit des *prosozialen Verhaltens*: „Mit einer prosozialen Handlung ist beabsichtigt, die Situation des Hilfeempfängers zu verbessern [...] Die Motivation des Helfers ist dadurch gekennzeichnet, dass er die Perspektive des Hilfeempfängers einnimmt und empathisch ist" (Bierhoff 2002, 320). Ein Beispiel:

> *Melanies Freund Volker war gekommen, um mit ihr und weiteren FreundInnen anlässlich ihres dritten Geburtstages den schönen Holzbaukasten einzuweihen. Während die Kinder mehrere wunderschöne farbige Holztürme aufbauten, saßen die Mütter plaudernd am Kaffeetisch, als plötzlich ein heftiger Schrei das Spiel und die Gespräche unterbrach. Volker hatte der kleinen vierjährigen Petra mit einem roten Holzbaustein in das Gesicht geschlagen. Die Spuren waren deutlich erkennbar. Petras Mutter eilte herbei und tröstete sie, indem sie ihr über die Wange strich, während Volkers Mutter den Jungen zur Seite nahm: „So kannst Du nicht weiterspielen, Du hast Petra sehr weh getan und sie sehr traurig gemacht. Das tut auch sehr weh." Sie brachte ihn verärgert in das andere Zimmer: „Jetzt spielst Du erst einmal für eine Stunde alleine. Und wenn Du wieder lieb bist, dann darfst Du mit den anderen weiterspielen."*

Diese etwas vereinfacht geschilderte Szene spielt sich tagtäglich irgendwo ab. Was mit dieser Szene erläutert werden soll, ist der Zusammenhang zwischen mütterlichem Erziehungsverhalten und prosozialem Verhalten ihrer Kinder. Bei zahlreichen Untersuchungen stellte sich nämlich heraus, dass das Hervorheben des emotionalen Erlebens beim betroffenen Kind in Verbindung mit einem ausgesprochenen Verbot – also eine emotional hinterlegte Aufklärung gekoppelt an eine Sanktion mit der Erwartungsaufforderung zu rücksichtsvollem Verhalten –, prosoziales Verhalten fördert. Um bei dem Beispiel zu bleiben: Volker lernt, dass mit dem Schmerz ein Gefühl verbunden ist, was er bei Petra nicht unmittelbar beobachten kann; er muss dieses Gefühl also lernen. Überspitzt gesagt, muss er sich erst einmal schlagen, um mithilfe einer emotional engagierten Mutter die Folgen erkennen zu können. Stellvertretend lernt er das Gefühl eines anderen nachzuvollziehen, in diesem Falle den Schmerz Petras, der über ihre Traurigkeit seinen Ausdruck findet. Dieses Erlernen von Empathiefähigkeit ist die Grundvoraussetzung prosozialer Motivation, die ein wesentliches Element sozialer Kompetenz darstellt.

Beispiel: Das tränende Herz

Herr Unruh beginnt sofort, nachdem er das Zimmer betreten hat, das Gespräch. Auffällig ist sein schnelles und z. T. im Tonfall heftig ansteigendes Sprachverhalten. In einer Art „reflektiertem" Umgang mit seinen Emotionen schildert Herr Unruh ohne Sprachpausen seine Krankengeschichte. Er habe jetzt mit 54 Jahren einen Herzinfarkt erlitten und ihm sei empfohlen worden, nach der Entlassung aus dem Krankenhaus psychotherapeutische Unterstützung zu suchen. Dazu habe er eigentlich überhaupt keine Zeit, müsse er doch bis in die Abendstunden als Geschäftsführer eines Unternehmens hart arbeiten. Er habe sich schon in der Klinik nicht an die rigiden Regeln halten können und habe sich dort ein Arbeitszimmer einrichten müssen, damit der Betrieb bei dem heute so schwierigen Personal, auf das permanent Acht gegeben werden müsse, wenigstens einigermaßen weitergeführt wurde. Der durch die heutigen Kostenzwänge entstehende Zeitdruck könne nur durch erhöhten Einsatz aufgefangen werden. Das Ansehen, welches er sich erarbeitet habe, sei schließlich auch seiner Frau zu verdanken, die trotz dem Aufziehen von drei Kindern unermüdlich mitgearbeitet habe, wodurch sich die Familie in der Gesellschaft ihren Platz erwerben konnte. Seine Frau habe ihn zwar stets auf seinen erhöhten Tabakkonsum und sein Übergewicht hingewiesen, doch das habe er bei der vielen Arbeit nicht auch noch berücksichtigen können.

Nach dem Tode seiner so geliebten Ehefrau an Brustkrebs habe er sich dann mit ganzer Kraft wieder seiner Arbeit gewidmet und habe den Einsatz für die Firma durchaus als Bewältigungsstrategie für sich benützt. Die bereits in der Klinik wieder aufgenommene Arbeit wird nach Aussage von Herrn Unruh durch seine „memmenhafte Neigung, immer wieder zu weinen, derart behindert", dass er um eine antidepressive Medikation bittet, um in seinem Arbeitsfluss „nicht durch dieses unerwünschte Gefühl" und die dadurch auftretende Hilflosigkeit „gestört zu werden". Sein Arbeitspensum habe es über die Jahre auch nicht mehr zugelassen, sich noch Freunden zu widmen und so müsse er unumwunden zugeben, wenig Freunde zu haben. Sportlichen Aktivitäten könne er schon allein aus Zeitmangel nicht nachkommen und er könne es sicher auch mit seiner Figur nicht zu Höchstleistungen bringen. Bereits in der Schule sei er in sportlicher Hinsicht „eine Flasche" gewesen.

Herr Unruh berichtet schließlich, dass sein Vater, der als Selbständiger ebenfalls sehr viel habe arbeiten müssen, bereits früh mit 53 Jahren an einem Schlaganfall verstorben sei. Zusammen mit seinem jüngeren Bruder habe er oft gegen die „konservative und spießige" Haltung des Vaters ankämpfen müssen. Die Mutter habe ihm einmal berichtet, dass der Vater nach einem Streit auch ihr gegenüber sehr heftig reagierte, als diese schlichtend einzugreifen suchte. Er drohte ihr Schläge an, wonach er hilflos schluchzend das Zimmer verließ. In dieser Szene habe Herr Unruh seinen Vater unkontrolliert und seltsam verändert erlebt.

Er selbst sei bereits als Schüler viel zu dick und zuweilen faul gewesen, doch habe er es „im zweiten Anlauf" bis zum Abitur gebracht. Als er zunächst dieses nicht schaffte, habe er seinen Vater das erste Mal fürsorglich erlebt, als dieser ihn sogar aus der Schule abholte. Danach redete der Vater intensiv auf ihn ein, wie wichtig das Abitur schon wegen des Ansehens nach außen für die Familie sei.

Im Betriebswirtschaftsstudium habe er dann kurzzeitig Selbstzweifel über seine Leistungsfähigkeit empfunden, die allerdings nach einem Auslandsaufenthalt, verbunden mit der dortigen Anerkennung über seine außerordentliche Leistung, keine Bestätigung fanden. Das brachte ihm bei seiner ersten Arbeitsstelle viel „Vorschussvertrauen" ein und er erhielt aufgrund seiner Erfolge bereits nach zwei Jahren vom Seniorchef besondere Weisungsbefugnisse. Er habe sogar einen gleichaltrigen Kollegen mit denselben Ausbildungsvoraussetzungen „überrundet", der damals schon länger in der Firma gewesen sei, aber „nicht das Zeug" und schon gar nicht das Wissen gehabt habe, eine solche Position einzunehmen.

Geschildert wird hier die Geschichte eines Mannes, in dessen Entwicklung schon früh mit Feindseligkeit, Geringschätzung und Argwohn auf andere reagiert wurde. Signifikant ist sein Verhalten durch Zeitmangel an zu hohe Erwartungen und überfordernde Zielsetzungen gekoppelt. Im Streben nach Anerkennung werden Mitmenschen, ja Kollegen missachtet und rivalisierend übergangen sowie gering geschätzt. Selbst mit dem schnellen Sprachfluss und dem Kontrollbedürfnis in der Situation sucht sich Herr Unruh unbewusst permanent zu beweisen. Das Ausmaß des Leidens findet seinen tragischen Ausdruck darin, dass er seine Trauer, die er als Schwäche definiert, mit der antidepressiven Medikation zu unterdrücken sucht. Als Ausdruck seiner inneren Spannungen und Aggressionen fordert er sich und anderen Höchstleistungen ab, die über kurz oder lang zum Zusammenbruch führen mussten. Herr Unruh hat nicht einmal mehr Freunde. Sein Übergewicht und sein Bewegungsmangel runden das klassische Bild des Typ A-Verhaltens ab, welches im Kapitel 6.3 bereits beschrieben wurde.

Diese Menschen empfinden einen Kontrollverlust als besondere Bedrohung für sich. Der Verlust der Kontrolle provoziert „Reaktanz" und Hilflosigkeit, wobei der „Reaktanz" das Streben nach Wiederherstellung der Freiheit in bedrohlich erlebten Situationen zu Grunde liegt (Bohner 2002, 292ff). Dieses Beschwerde- und Leidensbild ist insbesondere durch den Stil emotionaler Einseitigkeit gekennzeichnet; es handelt sich dabei um Einseitigkeiten, die sich als fixierte Stimmungslagen festigen können, die die Grundstimmung – das ängstlich und feindselig getönte Lebensgefühl schlechthin – dominieren, die keinen Ausweg mehr zu bieten scheinen.

Ein Schlüssel zur Erfolg versprechenden Behandlung von Herrn Unruh konnte darin bestehen, mit ihm zunächst ein tragfähiges Arbeitsbündnis herzustellen, schien doch die im Hintergrund wirkende Feindseligkeit einen dysfunktionalen Charakter für ein gelingendes Miteinander zu provozieren. Er hatte sich nämlich inzwischen über Jahre damit arrangiert, allenfalls nur noch sich zu vertrauen, statt auf seine Ressourcen zurückzugreifen und das Potenzial seiner sicher vorhandenen sozialen Kompetenzen zu nutzen. Über einen längeren Zeitraum der gemeinsamen Arbeit mit Herrn Unruh wurde deshalb vorerst am Beziehungsklima in der jeweils aktuellen Situation gearbeitet, indem immer wieder seine Gefühle und Wahrnehmungen und die voneinander abweichenden Einschätzungen in der Interaktion thematisiert wurden.

Neuere Studien belegen eindrucksvoll, dass Deutungen, die ausdrücklich auf Übertragungen *der KlientInnen fokussieren – d. h. die Gefühle den TherapeutInnen gegenüber mit frühen Kindheitserfahrungen allein in Verbindung zu bringen –, weniger nützlich sind, als bislang angenommen. Herr Unruh wurde deshalb in kleinen Schritten in der Würdigung dessen bestärkt, was bereits durch die gemeinsame Arbeit, vor allem seine Mitarbeit, erreicht worden war. In dem Maße, in dem er nach und nach in der Lage war zu erkennen, dass seine eigene Expertenschaft gefragt war, konnte sich sein dem Behandlungsangebot rivalisierend entgegengebrachter Argwohn zugunsten der Klärung der Sinnhaftigkeit des Krankheitsgeschehens relativieren. Über die Förderung der Introspektionsfähigkeit war Herr Unruh denn auch gut zu erreichen, zumal die Bedeutungszusammenhänge, die er dem Geschehen zuwies, zunächst seiner Erklärung bedurften. Im weiteren Verlauf der Arbeit ging es darum, die Widersprüchlichkeiten verstehen und annehmen zu lernen. Mit diesem Arbeitsschritt war der Grundstein für den nächsten Behandlungsschritt gelegt worden. Herrn Unruh war es gelungen, sein durch seine Mutter vorgegebenes Potenzial, ausgleichenden Konsens herzustellen sowie seine soziale Kompetenz in der Bereitschaft zur Kooperation zu reaktivieren. Auf diese Weise wurden denn auch durch die Erfahrung der eigenen Kompetenz praktische Konsequenzen eigener Wirksamkeit und vorhandener Ressourcen für Herrn Unruh erlebbar.*

Erst nach Auffinden dieser gemeinsamen Basis konnte mit der eigentlichen Arbeit an der für Herrn Unruh vorwiegend einseitig ausgeprägt und damit dysfunktional wirkenden Ärgeremotion begonnen werden. Es wurden bedeutungsvolle Szenen aus Herrn Unruhs Lebensalltag herbeigezogen und differenziert betrachtet. Er konnte eher akzeptieren, dass sein Ärgerausdruck unterstützend begleitet wurde, ohne herauszufordern, während zunächst in der Initialphase mit dazu passenden charakteristischen Körperausdrucks- und mimischen Varianten experimentiert wurde. Als er ein Tamburin zur Unterstützung hatte, vermochte er seine Atmung heftig ansteigend auf den Rhythmus abzustimmen.

In weiteren Übungseinheiten konnte Herr Unruh bereits die wesentliche Erfahrung machen, dass er selbst in der Lage war, die Kontrolle für die unterschiedlichen Qualitäten seines Ärgers zu übernehmen und dass er dem Gefühl nicht mehr hilflos ausgeliefert war. Er lernte schließlich zum Ende einer jeden Übungseinheit, dass er das Abklingen des Gefühls mehr und mehr eigeninitiativ gestalten konnte.

Bei der immer wieder gegebenen Möglichkeit der anschließenden Durcharbeitung fand Herr Unruh Zugang zu wichtigen Themen aus seiner Lebensgeschichte. Dies provozierte nach wenigen Stunden ein deutliches Nachlassen seiner bisher permanent und unbewusst gebliebenen Anspannungslage. Über den salutogenetischen Grundsatz der Verstehbarkeit und der Veränderbarkeit gelang es auf diese Weise sehr bald, die oftmals sehr heftigen Ärgergefühle wieder den Szenen ihrer Bedeutung zuzuführen. In einer der Folgestunden vermochte Herr Unruh dem Vater seinen massiv empfundenen Ärger entgegenzubringen, woraufhin er in eine ebenso tief empfundene Trauer fiel. Dieser Umschlag der Gefühlslage beeindruckte ihn sehr, hatte er sich doch bisher nicht einzugestehen gewagt, dass bei einem bisher stabil gebliebenen Muster der emotionalen Einseitigkeit seines Ärgers auch Traurigkeit ihren Platz haben kann und ihren Raum fordert. So wurden seine potenziell vorhandenen inneren Ressourcen freigesetzt, die Raum dafür boten, die bisher noch nicht gelebte Trauerarbeit über den Tod seiner Partnerin nachzuholen: Er war nun hierzu im Rahmen einer verzögerten Trauerreaktion in der Lage.

So gelang es Herrn Unruh, Einsichten für eine breitere und integrierte Auffassung seiner Lebensgeschichte sowie der aktuellen Lebenssituation zu gewinnen, und deshalb verspürte er jetzt auch das dringende Motiv, seine vernachlässigten Kontakte mit anderen Menschen zu reaktivieren bzw. auszubauen. Im Sinne der Gesundheitsförderung wurde für Herrn Unruh ein Sinnfindungsprozess angestoßen, der es ermöglichte, Bedeutungszusammenhänge herzustellen, die aufgrund ihrer Biographie, den Erlebensweisen und der Erkrankung gegeben und durch Erfahrungen von Kompetenz zu verändern sind. Die anfangs geschilderte Anspannung und die inneren Unruhezustände wichen zugunsten einer gelasseneren Haltung und vor allem der erhofften Ruhe.

Alsbald begann Herr Unruh seine Ernährungsgewohnheiten zu überprüfen, entwickelte auf Anregung eines Bekannten für sich ein individuelles Laufprogramm mit abwechselnden Geh- und Laufphasen, die er nach und nach ausweitete, bis er schließlich ein Jahr später seinen ersten Volkslauf erfolgreich absolvierte. Auf diese Weise war er in der Lage, seine sozialen Aktivitäten konkret auszuweiten.

An dieser Stelle der Ausführungen sei noch einmal hervorgehoben, dass der Sinnaspekt als nicht hoch genug einzuschätzen ist, sind wir doch alltäglichen Problemen und Anforderungen ausgesetzt, die wir nicht nur kognitiv zu verstehen, sondern auch emotional zu verarbeiten suchen. Immer wieder fragen sich Menschen: „Wieso muss gerade mir das passieren, weshalb konnte meine Partnerin nicht noch ein paar Jahre leben?" Wenn es gelingt, das Unfassbare zu verstehen, wenn es gelingt, für das Erleben wieder Worte zu finden, wenn der Trauer über den schmerzlichen Verlust im verständnisvollen Miteinander Ausdruck verliehen werden kann, dann vermögen Sinn- und Bedeutungszusammenhänge ihre Kraft zu entfalten, die zur würdevollen Überwindung des Geschehens beitragen helfen.

Im sozialen Miteinander kann Sinn gestaltet werden, indem eine gemeinsame und verständnisvolle Sinnsuche für das zuweilen Unfassbare aufgenommen wird. In diesem Raum gestalteter Lebenswirklichkeit kann wieder Sinn, Lebenssinn gefunden werden, wenn es gelingt, die Zusammenhänge, den Hintergrund zu verstehen, wenn es vielleicht auch gelingt, dem oft tragischen Geschehen einen noch letzten Sinn abzugewinnen. Oftmals erleben wir das wie ein gemeinsames Ringen um die Wirklichkeit, ein Ringen um Konsens, wollen wir doch im so gegebenen Schicksal wenigstens noch verstanden werden. Letztendlich findet sich kein sicheres Kriterium für die Auslegung von Wirklichkeit, doch es ist die Begegnung und die Auseinandersetzung mit dem Gegenüber, eben das soziale Miteinander. In diesen Bezügen des miteinander Teilens, des miteinander Redens, der Intersubjektivität, in der Kommunikation über das Teilen gemeinsamer Erlebnisweisen über den dahinter liegenden Sinn kommen tiefer liegende Bedeutungen zum Vorschein.

Die hier angesprochene Bedeutung sozialer Unterstützung erleichtert es Menschen, ihre Probleme lösen zu können und ihre Bedürfnisse zu befriedigen. Das ist fraglos nicht nur ein Prozess des Gebens, sondern auch ein Prozess des Annehmens sozialer Unterstützung. Und das setzt wiederum in seiner Wechselbezüglichkeit soziale Kompetenzen voraus, die dann rückbezüglich personale Kompetenzen aufzubauen helfen bzw. deren Abbau in schwierigen Lebenslagen entgegenwirken. Wie eingangs erwähnt, sind zur Wahrnehmung sozialer Kompetenzen personale Kompetenzen unerlässlich, gilt es doch die aus dem Umfeld angebotene Unterstützung erst einmal wahrzunehmen, um angemessen auf sie reagieren zu können.

Zur Förderung des Kohärenzgefühls vermögen soziale Kompetenzen und Performanzen auf diese Weise – im Sinne wahrgenommener Verfügbarkeit von sozialen Bindungen und sozialer Integration insbesondere in der Konfrontation mit bedrohlichen Situationen – ihre insgesamt protektive Funktion zu entfalten.

Die Ebene der alltagspraktischen Kompetenz und Performanz

Die Kompetenzdimension der Alltagspraxis bietet – einmal jenseits ganz konkret definierter Alltagsbeschäftigung – unter Einbezug der voraus beschriebenen Kompetenzdimensionen die Grundlage für den selbstsicheren Umgang mit Alltagssituationen im privaten wie auch im beruflichen Feld. Antonovsky erweitert im Zusammenhang mit den alltäglichen Herausforderungen des Lebens seine Metapher vom reißenden Fluss durch ein anderes Bild, welches hier kurz illustriert sei.

Wer hat es nicht schon einmal erlebt: Unter der Zirkuskuppel setzt der Seiltänzer im Trommelwirbel zum ersten Schritt auf das Seil an. Gespannt schaut das Publikum zur Kuppel hinauf. Manche atmen mit geöffnetem Mund und schauen gebannt nach oben. Der Druck des Atemstroms ist kaum auszuhalten. Langsam schiebt der Akrobat seinen Fuß auf dem Seil voran. Die Farben der Scheinwerfer verändern sich. Ein warmes Blau erhellt die Kuppel. Der Mann setzt an den Schritt zu wechseln: Vor und zurück, vor und zurück im langsamen Takt der Trommel. Nun ist er in der Mitte des Seiles an dessen tiefster Stelle mitten unter der Zirkuskuppel angekommen. Die Trommel erklingt inzwischen nicht mehr. Es herrscht eine atemberaubende Stille, als der Kegel des gelben Scheinwerfers auf den Stuhl fällt, der unmittelbar vor dem Seiltänzer auftaucht. Er setzt sich mit einer behänden Drehung nieder. Das Seil schwankt ein wenig. Sein Lächeln ermuntert zum zaghaften Applaus, als er mit einem leichten Schwung wieder aufsteht, sich blitzschnell auf dem Seil wendet und ansetzt, den Stuhl auf dem Seil zu übersteigen. Er hat es viele Male geübt, kennt genau den Ablauf und heute scheint alles reibungslos zu verlaufen, doch plötzlich: ein ungewohntes Zucken, als er bereits mit dem linken Bein auf dem Stuhl kniet, um das rechte über die Lehne zu setzen. Das Seil schwankt heftiger, der Stuhl gerät ins Kippen, der Tänzer verliert die Balance und fällt ins Netz. Ein Raunen durchströmt die Menge. Einige Sekunden bleibt er liegen, ganz lange Sekunden sind das. Hat er sich vielleicht ernsthaft verletzt? Als er sich schließlich wieder erhebt, geht ein Aufatmen durch die Reihen. Stützender Applaus folgt. Der Seiltänzer schickt sich der Zirkustradition folgend an, das Seil erneut zu beschreiten. Der Trommler begleitet ihn.

Antonovsky bietet andere Möglichkeiten für das Ende des Ereignisses an: „... oder wir fallen, verletzen uns ernsthaft oder sind dauerhaft geschädigt; oder wir sind zerstört" (Antonovsky 1988, 89, Übers. d. Verf.). Diese Möglichkeiten vermitteln ein düsteres Bild. Sie mögen mit Antonovskys Erfahrungen zur Schoah zu verstehen sein und stehen somit überhaupt in einem gewissen Gegensatz zu seinen Erkenntnissen zur Salutogenese.

In diesem Kapitel steht die Stärkung des Kohärenzgefühls im Vordergrund, die nach Antonovsky insbesondere dann einsetzt bzw. über längere Prozesse fortgesetzt entwickelt werden kann, wenn bei allen lebenswidrigen Umständen durch Erfahrungen der Teilhabe an sozial anerkannten Entscheidungsprozessen unser Handeln durch eigenes Entscheiden aktive Gestaltung erfährt. Auf diese Weise wird unser Handeln sinnvoll nicht nur durch uns selbst definiert, sondern mit anderen im Dialog erfahren. Die Kunst unseres Seiltänzers ist offensichtlich von vielen Menschen aller Kulturen anerkannt. Er wird in seinem Handeln wahrgenommen, vor allem gesehen, und die davon ausgehende Kraft bestärkt somit sein Selbstgefühl. Im Dialog wird seine Leistung durch die bestätigende Antwort mit Applaus durch das Publikum anerkannt. Der Künstler hat einen klar durchdachten Plan, kann Unwägbarkeiten vorausschauend einbeziehen (Verstehbarkeit) und achtet darauf, dass er die Balance hält, indem er sich weder waghalsig überfordert noch ausschließlich sein Standardrepertoire gelangweilt abwickelt (Handhabbarkeit). Und alle Komponenten zusammen werden dazu verhelfen, für sich einen Sinn durch den Dialog mit den Zuschauern zu erfahren. Auf diese Weise ist sein schöpferisches Handeln bei jedem Seiltanz existenziell mit der Sinnfrage verknüpft.

Dieses Verständnis öffnet den Blick für eine mögliche Dimension, wie unser alltagspraktisches Handeln kompetenzerweiternd aufgefasst werden kann. Zum einen gilt es, den Menschen mit seinem Anliegen in Therapieprozessen ernst zu nehmen, kommt er doch, um für ihn wichtige Lebensfragen zu klären. Das mag die Frage sein, wie endlich wieder Ordnung in der Wohnung herbeizuführen ist, oder die Frage, ob der Ärger der Ehefrau gerechtfertigt ist, wenn der Ehemann wieder einmal vor Freunden über sie erzählt. Es geht zum einen ganz konkret darum, wie der „Realitäts-Sinn" des Hilfe suchenden Menschen überprüft und gefestigt werden kann und zum anderen darum, „Phänomene multipler Entfremdung" wahrzunehmen, um sich für das soziale Miteinander aktiv einzusetzen, in solidarische Mithilfe für den Mitmenschen einzutreten.

Antonovsky (1988) spricht von „Mustern von Lebenserfahrungen", die – lang anhaltend – das Kohärenzgefühl stärkend stabilisieren oder aber labilisieren. Die von ihm untersuchte Rolle der Hausfrau ist ja bekanntlich in der Gesellschaft unseres Kulturkreises immer noch dadurch gekennzeichnet, dass sie kaum eine soziale Bedeutung und damit eine festigende Sinnperspektive zu bieten hat. Wenn sie nach jahrelanger Arbeit im Haushalt vielleicht noch in der Schlussphase der Kindererziehung wieder beruflich aktiv werden möchte, dann wird ihr in Zeiten der Arbeitslosigkeit sicherlich klar gemacht, dass sie den professionellen Anschluss verspielt hat und sie allenfalls stundenweise für ein geringes Entgelt in einer Hilfsposition beschäftigt werden kann. Sie wird, wenn sie keinen kompensierenden Aktivitäten nachgehen konnte, wenig Sinn festigende Lebenserfahrungen für ihr Kohärenzerleben gemacht haben. Auch auf dem Niveau der

Handhabbarkeit wird sie eher destabilisierende Erfahrungen im Zuge einer permanenten Unterforderung gemacht haben, die jetzt bei einer Wiederaufnahme der Arbeit wiederum durch eine mögliche Überforderung das Kohärenzgefühl schwächen kann. Dieser circulus vitiosus wird für sie am Ende nicht mehr verstehbar sein. So kann ihr der Sinn abhanden kommen. Oder: Die neu entstandene Zugehörigkeit in einem Arbeitsteam kann – und das muss natürlich auch gesagt werden – einen Lernprozess initiieren, der ihrem Leben eine entscheidende Wendung im Sinne einer gelingenden Selbstverwirklichung gibt und ihr Kohärenzerleben bestärken hilft. Alltagspraktische Lebenshilfe wird sich hier prozessbegleitend sehr wohl positiv auswirken, wenn es gelingt, die Frau in diesem für sie so wichtigen Lebensabschnitt zu unterstützen und zum Gelingen des Lernprozesses beizutragen. Sie wird für sich und diesen Lebensabschnitt einen neuen Sinn finden, der von ihr bestenfalls als Herausforderung angenommen werden kann.

In der modernen Fitnessbewegung wird der Körper bis zur Erschöpfung trainiert, mit dem Ziel, Störanfälligkeiten auszuschalten, aber auch fit im Sinne von flexibel für die sich permanent wandelnden Anforderungen zu sein, denen das Individuum in unterschiedlicher Weise an unterschiedlichen Orten ausgesetzt ist. Gefragt ist heute der Körper, der gebräunt „mit guter Fassade" in unterschiedlichen gesellschaftlichen Kontexten als Funktionsträger für abrufbares Wissen und im Umgang mit schnell wechselnden Strukturen „ersatzteilausgestattet" seinen „Dienst" verrichtet. Oftmals sind elementare alltagspraktische Hinweise und Anregungen, ja Anstrengungen nötig, um sich in seiner Leiblichkeit wieder annehmen zu lernen, den Körper eben nicht als Maschine zu instrumentalisieren.

Durch die Pluralisierung der Lebensformen und Fragmentierung von überdauernden Erfahrungen entfremden wir uns zunehmend von der Umwelt, die weiter ausgebeutet wird. Wir erleben die Welt nicht mehr als unsere Herberge, wir sind nicht mehr in ihr eingebunden, vielmehr haben wir sie, damit sie uns ihre Schätze zur Verfügung stellt. Und letztendlich wird unser Zeitempfinden fragmentiert: Die Zeit rinnt, sie rennt davon, Zeit ist Geld. Geringe Halbwertzeiten entziehen uns den Sicherheit gebenden Erfahrungshorizont, unser Denken, Fühlen und Handeln selbst muss – ökonomisch vertretbar – permanent innovativ sein.

In diesen Zeiten wird es vor dem Hintergrund schnell wechselnder Erfahrungswelten immer schwieriger, für sich ein durchgängiges Gefühl für eine stabile innere Lebenskohärenz aufzubauen, ja durchzuhalten. Schnell sich ändernde Gegebenheiten halten uns in der Schwebe, in einem Zustand von Unsicherheiten mit den Folgen einer sich nicht kontinuierlich entwickelnden Identität und vor allem einem nachhaltigen Gefühl der Sinnlosigkeit. Die Sinnbezüge gehen verloren. Der Sinn für die eigene Leiblichkeit, für das Miteinander, für die Umwelt und für die Zeit („Alles zu

seiner Zeit") kommt abhanden; wir erleben uns nicht mehr als Mitgestal-
terInnen, unsere Gestalt wird von anderen bestimmt, wir werden geklont.
Positiv ausgedrückt können wir sagen: Der Bezug, sich als Mensch unter
vielen zu erleben, weitet den Blick für die Eingebundenheit des Individuums in seine sozialen Bezüge wie in die Umwelt und fordert auf zur aktiven Mitgestaltung im sozialen Miteinander für eine Umwelt, die unsere
Kinder auch in Zukunft noch kohärenzbestärkend beherbergen kann.

Diese Überlegungen zeigen auf, welche besondere Qualität der Aspekt
der Bedeutsamkeit zur Ausprägung eines starken Kohärenzerlebens hat
und wie wichtig die Bereitstellung alltagspraktischer Hilfen zur Förderung
und zum Aufbau Sinn gebender Strukturen ist.

6.5 Zur Dimension der Selbstgestaltungspotenziale/ Selbstgestaltungskräfte

Das hier dargestellte Konstrukt der *Selbstgestaltungspotenziale/Selbst-
gestaltungskräfte* steht in engem Zusammenhang mit dem Konzept des
„Empowerment", welches facettenreiche Perspektiven aufzeigt. Aus der
sozialwissenschaftlichen Perspektive Webers (1921/1984, 89) wird der in
dem Begriff enthaltene Aspekt der *Macht* als „jede Chance, innerhalb einer Beziehung den eigenen Willen auch gegen Widerstreben durchzusetzen" bezeichnet. Hier wird die Machtkomponente in sozialen Kontexten
und damit das Geschehen relational gesehen. Die Machtkomponente kann
darauf ausgerichtet sein, andere gegen ihren Willen zu beeinflussen, sie zu
kontrollieren, eigene Ziele machtvoll durchzusetzen. Aus Webers Sicht ist
Macht an soziale Beziehungen gebunden. Das Individuum hat nichts von
seiner Macht für sich allein und es gibt für niemanden, der allein ist, einen
fremden Willen. Bateson (1981) lehnt daher die in diesem Zusammenhang
angewandte Metapher „Macht" sogar gänzlich ab und ordnet sie vielmehr
technisch-physikalischen Denkansätzen zu. Und schließlich ist für Böhme
(1985) Macht im Bereich körperlicher Gewalt zur Aneignung lebensnot-
wendiger Güter anzusiedeln. Aus dem Blickwinkel individuell ausgerich-
teter Macht im Gegensatz zur Machtausübung bietet das Konzept des
„Empowerment" ein reiches Betrachtungsfeld, soweit es darum geht, persönliches Entwicklungspotenzial zu fördern, selbstbestimmte Gestaltungskräfte freizusetzen, Erhaltung und Rückgewinnung von Verantwortung, Einflussnahme über das eigene Leben, Engagement und Förderung
kooperativen Handels zu erhalten bzw. zu entwickeln. Antonovskys Ma-
xime folgend, erst einmal Fragen zu stellen, sei abschließend zum Konzept
des „Empowerment" folgende Frage erlaubt: Sichert therapeutisches Handeln durch dessen inhärente Machtungleichheit, der Kontroll- und der
Einflussmöglichkeiten an sich eine erfolgreiche Therapie oder üben diese

Gegebenheiten eher einen entwicklungshemmenden Einfluss auf das Zutrauen in souverän gestaltete Handlungskompetenzen und Freisetzen von Potenzialen aus – oder beides?

Das hier eingeführte Konstrukt der *Selbstgestaltungspotenziale/Selbstgestaltungskräfte* setzt den Fokus auf die selbständige Entwicklung in der Gemeinschaft, aus der Gemeinschaft heraus und letztendlich unter Rückwirkung auf die Gemeinschaft darauf, dass persönlich erworbene Stärken wiederum die Gemeinschaft bereichern helfen.

Wie kann aber nun mit der in professionell ausgerichteten Therapieprozessen grundsätzlich strukturell auf die TherapeutInnen zentrierten Macht umgegangen werden? Wie kann überhaupt sichergestellt werden, dass Rat suchende z. B. Settingvariablen aushandeln können, dass der Prozess von beiden Seiten gestaltet wird, dass willentlich Einfluss genommen und Widerspruch und Kritik eingebracht werden können, ohne Rat suchenden sofort Widerstand zu unterstellen. Was ist ein „optimales Arzt-Patient-Verhältnis" (Horn 1998, 102)? Ist es wie folgt gegeben? „In beiderseitigem Einverständnis tut der Patient, was der Arzt für richtig und nötig hält. Diese Patienten verlassen sich sehr stark auf den Arzt […] mit ihnen ist es leicht, ein klares Arbeitsbündnis herzustellen, obwohl sie die Führung eindeutig dem Arzt überlassen" (Brucks et al. 1998, 43). Zur Verdeutlichung der subtilen Bemächtigung eines Patienten sei hier der Bericht einer Ärztin dargestellt:

> *„Zur 3. Stunde brachte Herr König die Zeichnung eines Gnoms mit, den er selbst als schmierig, bedrückend, schwer und dunkel beschrieb. Er sagte, der Gnom sähe so aus, wie der Alp aus dem Film ‚Gothic'. Er glaubte, daß dieser Gnom in seinem Bauch sitze und für Gefühle von Traurigkeit, Verzweiflung und Antriebslosigkeit verantwortlich sei. Dieser Gnom sei groß und gefährlich und würde ihn zeitweilig ganz ausfüllen. Gleichzeitig brachte er Aufzeichnungen mit, in denen er die Gedanken des Gnoms gegenüber seinen eigenen Gefühlen abgrenzte und als etwas Unabhängiges darstellte. Das Bild des Gnoms und seine innere Spaltung machten mich skeptisch und auch ängstlich. Ich befürchtete zweierlei: Einerseits war ich mir nicht sicher, inwieweit die HIV-Erkrankung möglicherweise zu einer neurologischen Symptomatik mit organischer Psychose geführt hatte, andererseits stellte ich die Differentialdiagnose eines unabhängig von der HIV-Erkrankung bestehenden psychotischen Erlebens." (Schwan et al. 1998, 273).*

Mit diesen eindimensionalen diagnostischen und vor allem pathologischen Festlegungen des Patienten wird der Zugang zu dem Menschen ganz erheblich erschwert, wenn nicht sogar verhindert. Er wird nicht zuletzt wegen seiner Grunderkrankung einseitig stigmatisiert. Der Patient wird schlimmstenfalls aus der psychotherapeutischen Behandlung herausgenommen, was die Ärztin von sich aus auch ernsthaft erwog. In der Fortsetzung bietet sich für den Patienten wohl kaum eine Möglichkeit, an dem Geschehen mitzuwirken bzw. verstanden zu werden, ist es doch gerade in Kliniken Usus, dass den PatientInnen bei der Chefarztvisite die Entscheidungen über die weiterführende Behandlung mitgeteilt werden, ohne ihnen einen angemessenen Spielraum zur Auseinandersetzung einzuräumen. Für diesen Patienten bot sich glücklicherweise ein positiver Verlauf. Wenn es auch nicht allgemein üblich und selbstverständlich sei (wie selbst die Autoren anmerken), dass in der Balint-Gruppenarbeit „so salutogenetisch" gedacht wird „wie in dieser Fallgeschichte" (Schwan et al. 1998, 276; man beachte: der Patient als „Fallgeschichte", Anm. d. Verf.), entwickelte sich in dieser Gruppe ein lebhafter Austausch von Phantasien und Bildern über den Patienten, der nun begann sympathisch zu erscheinen. Die Bilder wurden als Auseinandersetzung mit der Krankheit interpretiert und nachdem die Ärztin sich wieder auf den Patienten einlassen konnte, vermochte sie ihn auch in ihre Überlegungen mit einzubeziehen und zur neurologischen Untersuchung zu bewegen (blieb sie doch noch immer bei ihren pathologischen Hypothesen), die tatsächlich keinen Befund ergab. In dem Maße, in dem die Ärztin lernte, die Äußerungen des Patienten ernst zu nehmen, sie als Auseinandersetzung mit seiner Erkrankung zu begreifen, statt sie an Pathologien orientiert einzuordnen, verbesserte sich signifikant sein Zustand bis hin zur Wiederaufnahme einer ganztägigen Beschäftigung, wenn auch seine HIV-Erkrankung im Stadium 1 verblieb.

Zugegeben – und das möge im Zuge der weiteren Ausführungen bedacht und berücksichtigt werden –, es treten schwerwiegende physische wie auch psychische Erkrankungen bzw. Dekompensationen auf, die eine totale Einschränkung lebenswichtiger Funktionen provozieren bzw. die die Selbstregulation völlig blockieren, doch in allen anderen Situationen gilt es, die noch verbliebenen, vielleicht auch nur noch im Ansatz erhaltenen autonomen Lebensäußerungen von PatientInnen wie auch von KlientInnen (die gegenüber PatientInnen i. d. R. ihren Alltag noch viel selbstbestimmter organisieren) gesundheitsförderlich zu bekräftigen.

Weshalb das Konstrukt der *Selbstgestaltungspotenziale/Selbstgestaltungskräfte* hier als bedeutende Förderungskomponente des Kohärenzgefühls herausgestellt wird, ergibt sich aus der vorangestellten Thematik, dass nämlich bisher entweder das (vom Fachmann angewandte und für indiziert erachtete) psychotherapeutische Verfahren selbst als der entscheidende Wirkfaktor betrachtet wurde, oder, dass TherapeutInnen unter Anwendung und Beherrschung des Verfahrens als wichtigste Auslöser für Veränderungen galten und noch gelten. Um die Wichtigkeit des Beitrags psychotherapeutischer Maßnahmen herauszustellen, werden traditionell die TherapeutInnen als die *Intervenierenden* und die Rat suchenden als die *Reagierenden* definiert. Die Bedeutung der Mitarbeit der um Behandlung

Nachsuchenden wird zwar einvernehmlich betont, doch die Menschen werden in der Regel eher so charakterisiert: „Es fehlt bei Frau Kuhlmann an Differenzierungsvermögen, mangelnder Einsicht in Verbindung mit irrationalem Denken sowie dysfunktionalem Verhalten und unverarbeiteten emotionalen Erfahrungen". Es ist weiter von „frühen Störungen und schwachen Ich-Strukturen" wie von „massiven Abwehrstrategien im Zusammenhang mit mangelnder Krankheitseinsicht" die Rede. Dieser Katalog lässt sich beliebig fortsetzen, wenn nicht alsbald durch die TherapeutInnen bzw. Behandelnden selbst Veränderungbedarf im Sinne eines salutogenetischen Ansatzes gesehen wird und dieser Ansatz auch praktiziert wird, setzen doch semantische Zuordnungen Fakten im Sinne struktureller Gewalt. Sprache, Gewalt und Macht stehen in Beziehung zueinander.

Betrachten wir zunächst die herausgestellte Wirkung der Verfahren selbst: Luborsky et al. (1975) haben zur Wirksamkeitsforschung das inzwischen als *Dodo-Verdikt* bekannt gewordene folgende Zitat aus *Alice im Wunderland* mit der Frage aufgenommen: „Is it true that everyone has won and all must have prizes?" (S. 995). Gemeint ist mit dieser rhetorisch gestellten Frage, dass die empirischen Ergebnisse zahlreicher Studien zur vergleichenden Psychotherapieforschung keine signifikanten Unterschiede hervorbrachten und dass deshalb alle Verfahren in ihrer Wirksamkeit einen Preis erhalten müssten. Dieses Verdikt löste zu dessen Entkräftung fieberhafte und umfangreiche Forschungsaktivitäten aus, und es ist schon befremdend, dass bei der Häufigkeit der Bestätigung des Ergebnisses keine Anerkennung stattfindet, auf deren Basis weiter geforscht werden könnte. Dann nämlich wären die Befürworter integrativer Ansätze bestätigt, deren Forschung inzwischen gemeinsame, die verschiedenen Ansätze überbrückende Faktoren herausstellt, die sie alle gleichermaßen wirksam machen. Ein möglicher und übergreifender Faktor könnte das Konstrukt der *Selbstgestaltungspotenziale/Selbstgestaltungskräfte* darstellen, welches die KlientInnen selbst zu den Hauptakteuren des Geschehens macht. Hier muss herausgestellt werden, dass dieses Konstrukt kein Plädoyer für ein Einzelkämpfertum ist, denn Selbstgestaltungskräfte schließen ein, dass ein Mensch um Rat und um Hilfe fragt, wenn er sie braucht, um sich in die Lage zu versetzen, mit dem Gegenüber, dem Anderen Freiräume, Grenzen und Möglichkeiten auszuhandeln. Selbstgestaltung erfolgt immer in der Begegnung und Auseinandersetzung mit Anderen. Sie ist ohne den Anderen nicht denkbar.

Ausgehend von der derzeit noch vorherrschenden Annahme, dass die TherapeutInnen als die herausragenden Faktoren für Veränderung gelten, sollte zu hinterfragen sein, ob die Erfahrung bzw. das Beherrschen eines Therapieansatzes diese Annahme bestätigen kann. Die Wirksamkeit eines fundiert angewandten Verfahrens müsste dann seine vollständige und heilende Kraft entfalten können, sobald TherapeutInnen nur umfassend geschult und erfahren genug ihre Fähigkeiten zum Einsatz brächten. Das konnte jedoch nicht bestätigt werden. Wie Strupp und Hadley (1979) darlegen, konnte keine größere therapeutische Wirksamkeit von erfahrenen TherapeutInnen gegenüber Collegeprofessoren und Freiwilligen ohne Psychotherapieausbildung nachgewiesen werden. Es ist zudem auf Studien zu verweisen, die belegen, dass unerfahrene TherapeutInnen wirksamer arbeiten als fundiert ausgebildete (Svartberg/Stiles 1991). Hiermit sollen nicht die Qualitäten gut ausgebildeter Fachleute in Frage gestellt werden, doch es muss die Frage erlaubt sein, ob Ausbildung und Erfahrung als wesentliche Faktoren für Veränderung und Förderung angesehen werden können. Weiterführend kann in diesem Zusammenhang auf Selbsthilfeaktivitäten hingewiesen werden, deren Wirksamkeit gegenüber professionell durchgeführter Psychotherapie nicht bestritten werden kann, womit das Dodo-Verdikt nochmals bestätigt wird.

Anschließend an die Debatte über die so genannten „spezifischen und unspezifischen Wirkfaktoren" sei der „unspezifische Wirkfaktor der therapeutischen Beziehung" genannt, der immer wieder als der bedeutsamste Faktor zum Gelingen einer erfolgreichen Therapie herausgestellt wird. Wünschenswert bei dieser Differenzierung ist natürlich das Auffinden spezifischer Faktoren, die bestenfalls auf ein Verfahren zentriert sind. Dessen AnwenderInnen sind mit Expertenwissen ausgestattet, über das andere nicht verfügen, womit natürlich auch das Dodo-Verdikt entkräftet wäre. Der unspezifische Wirkfaktor der therapeutischen Beziehung verlagerte sich in der Forschung nach und nach zugunsten empirischen Interesses zur Frage des *Bündnisses*, welches den Schwerpunkt auf die Elemente der *Zusammenarbeit* und die *Interaktion in der Beziehung* setzte. Im Ergebnis ist zu sagen, dass zur Zeit in der Forschung Einvernehmen über die Einbettung des Konzeptes des Bündnisses in das der therapeutischen Beziehung besteht, welches auf die Zusammenarbeit von TherapeutInnen sowie KlientInnen konzentriert ist. Weiterhin besteht offenbar hinsichtlich eines Minimalkonsenses Einigkeit darüber, dass das Zusammenwirken in einem Arbeitsbündnis wohl als entscheidender Anteil das Gelingen von Therapie ausmacht. Uneinigkeit besteht hinsichtlich der Bestandteile der therapeutischen Beziehung und deren Auswirkungen auf die Zusammenarbeit, ob z. B. das psychoanalytische Verständnis der Übertragungs- bzw. Gegenübertragungskomponenten mit einzubeziehen ist.

Ist „das Arbeitsbündnis" demnach „auch ein anderer Ausdruck für das analytische Geschick und Können eines Therapeuten, mit schwierigen zwischenmenschlichen Situationen umgehen zu können" wie Mertens (1993, 163) darlegt? Oder lässt sich die Beziehungserfahrung wie folgt charakterisieren: „Während die Vermittlung von Einsicht – mit unterschiedlicher Zielsetzung – bei Patienten mit Konfliktpathologien und bei Patienten mit ich-strukturellen Störungen in gleichem Maße bedeutsam ist, wird der Aspekt der positiven Beziehungserfahrung umso wichtiger, je stärker die sog. Frühstörungsanteile in den Vordergrund treten und je mehr sich die Problematik des Patienten durch seine Störung des Grundvertrauens beschreiben lässt, je mehr sie sich der Grundstörung im Sinne von Balint (1970) nähert" (Wöller/Kruse 2002, 125).

Diese Ansätze lassen sich schwerlich mit dem salutogenetischen Verständnis vereinbaren, geht es doch für KlientInnen darum, Ressourcen zur Problembewältigung zu mobilisieren, statt sie von ihrer defizitären und dysfunktionalen Seite her zu betrachten. Entscheidend in einer förderlichen Beziehungsarbeit ist es, zum Erhalt der noch gesunden Anteile beizutragen bzw. deren Potenziale aufzufinden. Besser wäre es, aus dieser Perspektive statt von TherapeutInnen von dem Beitrag der *Fachfrau* bzw. des *Fachmannes* zu sprechen, mindestens jedoch die Expertenschaft auf beiden Seiten wechselseitig vorauszusetzen, und so wird in den nachfolgenden Ausführungen zu klären sein, wer im Sinne der aufgeworfenen Fragestellung den „Löwenanteil" zur Förderung der *Selbstgestaltungspotenziale/Selbstgestaltungskräfte* und damit zur Stärkung des Kohärenzgefühls hat. Ist nicht dieser Beitrag eher an dem alten therapeutischen Grundsatz auszurichten, Hilfe zur Selbsthilfe zur Verfügung zu stellen? Zur Beantwortung dieser Frage – vor allem wie Selbsthilfe zu mobilisieren ist – wollen wir im Folgenden auf Möglichkeiten der salutogenetisch ausgerichteten Perspektive eingehen.

Implikationen für die Praxis

Menschen sind fühlende, denkende Wesen und so in ihrer gesamten Lebensspanne und ihrer jeweiligen Umwelt Handelnde, die in Koexistenz mit ihren Mitmenschen zusammen leben und gemeinsam das Leben gestalten. Zur Förderung der *Selbstgestaltungspotenziale/Selbstgestaltungskräfte* vertrauen sie sich TherapeutInnen an, die sie ein Stück ihres Lebensweges begleiten, um Lebensfragen zu klären und Lebenserfahrungen auszutauschen oder in Krisen des Lebens Unterstützung zu erhalten. Das so definierte Beziehungsangebot von Fachleuten ist als Ressource aufzufassen, auf die die Menschen zurückgreifen, um in der Selbstgestaltung des Lebens unter Rückgriff auf die vorhandenen Potenziale Kräfte zu mobilisieren, die letztendlich die Selbstheilungskräfte bestärken.

So verstandene Therapie bietet in der Beziehung ein Angebot, welches getragen ist durch aktives Zuhören, Entlastung, Verständnis und Bestätigung wie auch durch die Ermutigung, Erarbeitetes zu erproben. Dabei treten die praktizierten Techniken des Verfahrens in den Hintergrund, denn es geht für Rat suchende auf einer ganz anderen Bedürfnisstufe darum, erst einmal mit der individuellen Sichtweise ernst genommen zu werden, wodurch die Grundlage für kreatives Handeln im Auffinden neuer Lösungs-

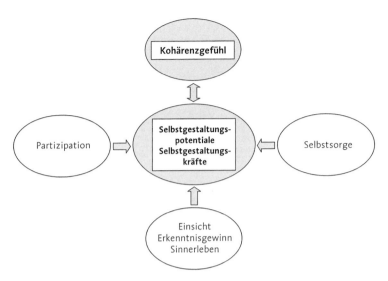

Abbildung 13: Förderung bzw. Veränderbarkeit des Kohärenzgefühls: die Selbstgestaltungspotenziale/Selbstgestaltungskräfte

ansätze und der Aktivierung der *Selbstgestaltungspotenziale/Selbstgestaltungskräfte* (Abbildung 13) bereitgestellt wird.

Im Sinne dieser Denkrichtung kommt Foucault (1987b) zu dem Schluss, dass der Mensch „ein Sorgen um sich selbst" praktizieren möge und die „Aufmerksamkeit" den Dingen zuwenden solle, „die für ihn und sein Leben wichtig" sind (Foucault 1987b, 281f). Gemeint ist eine Auseinandersetzung mit sich selbst, ohne sich an fremden Vorgaben oder gar Normen zu orientieren; stattdessen solle man eigenverantwortliche „Selbstsorge" betreiben, deren Grundlagen bereits in der antiken Philosophie zu finden sind. Es geht dezidiert darum, das eigene Potenzial, die eigenen Fähigkeiten aufzufinden und zu nutzen, statt (uns) abhängig zu machen, denn: „Wir müssen neue Formen der Subjektivität zu Stande bringen, indem wir die Art von Individualität, die man uns jahrelang auferlegt hat, zurückweisen" (Foucault 1987a, 250). So rückt Foucault den Menschen in der Auseinandersetzung mit sich selbst in den Bereich des Verständnisses der Selbstwirksamkeit und sieht ihn als ein in Koexistenz lebendes Individuum, welches mit allen Möglichkeiten ausgestattet ist und in der Lage ist, auf seine Lebensgestaltung aktiv Einfluss zu nehmen.

Diese Sichtweise bekräftigt denn auch das Verständnis von Menschen, die aktiv und kreativ Veränderungsprozesse in Therapie gestalten und als aktiv Denkende Einfluss nehmen. Sie holen sich in derartigen Prozessen gezielt, was sie suchen und wechseln u. U. die TherapeutInnen mehrfach, wenn beispielsweise unter Rückgriff auf medizinische Modelle „Krankheit diagnostiziert" und „Behandlung verschrieben" wird. Obgleich viele KlientInnen oft sehr hilfsbedürftig sind, haben doch nicht wenige von ihnen recht klare Vorstellungen von der Therapie und den TherapeutInnen, die sie suchen.

So wurde hinsichtlich der Effektivität von Behandlungen in der „Consumer-Reports-Studie" (Seligman 1996, 272) festgestellt: „Teilnehmer, die sich auf Grund von Krankenkassenvorschriften ihre Therapeuten nicht selbst aussuchen oder die Dauer der Behandlung nicht selbst bestimmen konnten, hatten schlechtere Werte." Letztendlich bestätigt diese Studie noch einmal das Dodo-Verdikt und zeigt sehr eindrucksvoll, dass es möglich, ja notwendig ist, die Erfahrungen, die Meinungen und den Willen der Menschen zu ergründen, die Psychotherapie in Anspruch nehmen wollen. Statt sich darauf festzulegen, welches Verfahren noch keinen Preis verdient und damit keinen Anspruch auf Etablierung in der kassenärztlichen Versorgung hat, wie es das Berner Forschungsteam (Grawe et al. 1995) postuliert, wäre es doch sicher einmal günstig, wirklich zuzuhören, tatsächlich dem Blickwinkel von KlientInnen zu folgen. Auch den Standpunkten, die aus ökonomischen Gründen Kurzzeitbehandlungen propagieren und deren Effizienz in einer Art „Mogelpackung" so sehr angepriesen wird, ist offenbar mit der „Consumer-Reports-Studie" eine Absage erteilt worden, indem festgestellt wird: „Langzeitbehandlungen brachten mehr Verbesserungen als Kurzzeittherapien. Dieses Ergebnis war sehr stabil und hatte in allen statistischen Modellen Bestand" (Seligman 1996, 271). So wird gleichermaßen Antonovskys Hypothese zur Veränderbarkeit des Kohärenzgefühls bestätigt: „Veränderungen [...] im SOC treten nur auf, weil diese ein neues Muster von Lebenserfahrungen initiieren [...] Für den Erwachsenen mittleren Alters können die erneute Heirat, der neue Arbeitsplatz, ein neues Land, ein neues soziales Klima oder ein neuer Therapeut bestenfalls (oder schlimmstenfalls) Veränderungen bewirken, insoweit sorgt dieser Stimulus auf lange Sicht für andere Lebenserfahrungen, die durch verschiedene Grade von Konsistenz, Belastungsbalance und Teilnahme an sozial anerkannten Entscheidungsprozessen charakterisiert sind" (Antonovsky 1988, 123; Übers. d. Verf.).

Das vielfach angesprochene Konzept der „generalisierten Widerstandsressourcen" enthält den Aspekt der „Teilnahme an Entscheidungsprozessen", also Partizipation, die das Kohärenzgefühl bestärken hilft. Es ist als eine der Grundvoraussetzungen anzusehen, die TherapeutInnen Rat suchenden anzubieten haben, indem beide Seiten Therapie als einen Ort partnerschaftlicher Zusammenarbeit begreifen können, der die Menschen in ihren Selbsthilfe- und Entscheidungsbemühungen im Sinne der Aktivierung der *Selbstgestaltungspotenziale/Selbstgestaltungskräfte* unterstützt.

Eigenverantwortlich neue Strategien zu entwickeln, sich neue Ziele zu set-zen, für die Zukunft Entscheidungen zu treffen, glückt nur dann, wenn es eine tragfähige Klärungsbasis dafür in wechselseitiger Anerkennung gibt.

Auf einer sicher anderen Ebene sind auch psychoanalytische Betrach-tungsweisen, insbesondere die der fundamentalistischen Vertreter frag-würdig, wenn sich artifiziell verstärkte und massive langjährige Regres-sionsprozesse als vermeidbare riskante Komplikationen herausstellen. Ei-ne so praktizierte Beziehungsform verhindert die Auseinandersetzung mit den in der Regel stets vorhandenen gesunden Anteilen des Menschen und reduziert ihn auf seine dysfunktionalen Sicht- und Verhaltensweisen, statt die erwachsenen Anteile in der Kommunikation zu bekräftigen und sich mit den Menschen zielgerichtet über veränderungswirksame Interventio-nen zum Zweck der Aktivierung der *Selbstgestaltungspotenziale/Selbstge-staltungskräfte* auszutauschen.

Die Möglichkeiten, Menschen in ihrem Erkenntnisgewinn zu unter-stützen sind in der Förderung von Bewusstheit, in der Einsicht und vor allem in der Bestärkung ihres Sinnerlebens zu suchen. Als denkbare In-terventionsfolie sei an dieser Stelle analog zur „heraklitischen Spirale des Erkenntnisgewinns" nach Petzold (2003, 496ff) das 4-Schritte-Prozess-modell des *kohärenzbasierten Klärungskreislaufs* (siehe Abbildung 14) ab-gebildet:

1. Schritt: Gemeinsame Klärung darüber, in welcher aktuellen Lebens-situation die Klientin bzw. der Klient welche anstehende Lebensaufgabe zu bewältigen sucht.

2. Schritt: Herausarbeitung der bisher erprobten und als dysfunktional erlebten Bewältigungsmuster. Im Modell des *kohärenzbasierten Klä-rungskreislaufs* wird die *Aktivierung des Ressourcenpotenzials* angespro-chen. In der Auseinandersetzung mit den zugrunde liegenden Überzeu-gungen und den sich als bisher unzureichend erwiesenen Verhaltenswei-sen findet eine innere Distanzierung vom Geschehen statt. Gleichzeitig werden die bisherigen Muster überprüft, wodurch die Suche nach Alter-nativen im Rahmen der Aktivierung der *Selbstgestaltungspotenziale/Selbstgestaltungskräfte* angestoßen wird. Dadurch wird die Motivation aufgebaut, neue Handlungsmöglichkeiten anzudenken und überkomme-ne Muster zu relativieren. Oftmals ist es allein hilfreich, vor allem ent-lastend, die bisherigen Lösungsversuche als die zur Zeit gültigen und hinlänglich erprobten vorerst noch eine Zeit anzunehmen, ehe voreilig – vielleicht sogar unbedacht – neue Verhaltensweisen auf unbekanntem Terrain erprobt werden.

3. Schritt: Welche Antwort auf die aktuelle Lebenssituation ist angemessen und wie kann der anstehende Entwicklungsschritt realisiert werden? Dabei wird auch die Frage noch einmal Bedeutung haben, welche *Selbstgestaltungspotenziale/Selbstgestaltungskräfte* und welche Ressourcen mobilisiert werden können.

4. Schritt: In diesem Schritt geht es um die Erprobung der herausgearbeiteten Lösung bzw. deren Umsetzung. Es werden neue Erfahrungen gemacht, alte Muster werden revidiert und soweit sich die herausgearbeitete Antwort wiederum als dysfunktional erweisen sollte, wird ein neuer Kreislauf im beschriebenen Sinne initiiert.

Der kohärenzbasierte Klärungskreislauf in Abbildung 14 ist als prozesstheoretischer Ablauf zu betrachten. Im 1. Schritt wird die belastende Situation, das belastende Ereignis konkretisiert. Der 2. Schritt beinhaltet das Auffinden bzw. die Aktivierung des Ressourcenpotenzials, welches zur Herausarbeitung des 3. Schrittes für die Lösungsfindung herangezogen wird. Die praktische Umsetzung des Lösungsansatzes wird im 4. Schritt reflektiert und initiiert einen erneuten Kreislauf, falls eine Revision relevant wird. Allen einzelnen Schritten liegen die Vergangenheits-, die Gegenwarts- und die Zukunftsdimension zugrunde; z. B. hat die praktische Umsetzung eine Vergangenheitsdimension, soweit eine vielleicht im Ansatz schon einmal versuchte Umsetzung des Lösungsansatzes scheiterte. Für die salutogenetische Sichtweise sind die kohärenztheoretisch basierten Klärungshilfen von Bedeutung, die auf alle Arbeitsschritte Einfluss haben (s. ausgefüllte Pfeile):

1. Die Verstehbarkeit vor dem Hintergrund von geordneten und strukturierten Lebenserfahrungen der Kontinuität.

2. Die Handhabbarkeit vor dem Hintergrund der Balance zwischen Überlastung und Unterforderung und der konkreten Klärung zur Verfügung stehender Ressourcen.

3. Die Bedeutsamkeit vor dem Hintergrund der aktiven Partizipation bei der Gestaltung und Umsetzung des Lösungsansatzes unter dem Aspekt der Herausforderung, die Engagement lohnenswert macht.

Die Klärungshilfen haben – wie die einzelnen Verfahrensschritte – gleichermaßen ihre Bedeutung auf der Zeitachse.

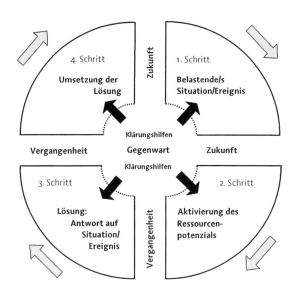

Abbildung 14: Der kohärenzbasierte Klärungskreislauf

Für das Therapiesetting kann ein Koordinatenraster mit drei Feldern auf der Abszisse der Zeitdimension und mit drei Feldern auf der Ordinatenachse für die drei ersten Verfahrensschritte zugeordnet auf dem Boden markiert werden. Unter der Berücksichtigung, dass der 4. Schritt als praktische Umsetzung außerhalb des Settings Bedeutung erlangt, können die KlientInnen für die Bearbeitung die einzelnen Felder beschreiten, um ihnen einen sinnlich-leiblichen Erfahrungszugang zu ermöglichen.

Um wessen veränderungswirksamen Beitrag handelt es sich nun eigentlich in dem geschilderten Geschehen? Wenn bisher – wie in vielen Fachbeiträgen immer noch so dargestellt – die Rede davon ist, dass der Beitrag der KlientInnen darin besteht, eine Persönlichkeitsstörung zu erleben, mit der sie in der Hoffnung auf Hilfe um Unterstützung bitten und, dass die TherapeutInnen für die Vermittlung der notwendigen Einsichten zuständig sind, dann wird aus der Sicht dieser Perspektive verkannt, wer die Leistung erbringt. Es soll hier keineswegs der therapeutische Beitrag heruntergespielt oder gar entwertet werden, doch ist aus salutogenetischer Sicht zur Förderung der *Selbstgestaltungspotenziale/Selbstgestaltungskräfte* der Fokus in Richtung der Rat suchenden zu verlagern, um die Aktivierung der notwendigen Potenziale und Kräfte zu unterstützen. Ist es nicht vielmehr so, dass die Einsicht und die weiterführende Erkenntnis bis hin zur Sinnfindung eine Leistung ist, die die KlientInnen selbst erbringen? Aus der hier dargestellten Sicht handelt es sich um einen Prozess, der innerhalb der Individuen und dazu oft noch außerhalb des Settings stattfindet. Das Thema, das Problem wird in der Stunde angesprochen, die Veränderung vollzieht sich innerhalb des Menschen selbst, veränderungswirksames Handeln wird durch die Aktivierung der Potenziale und Ressourcen und der zum Handeln erforderlichen schöpferischen Kräfte ebenfalls selbstinitiativ umgesetzt.

Spätestens mit dem Salutogenesemodell Antonovskys sollte deutlich geworden sein, wessen Beitrag im Vordergrund steht, wer für die Beurteilung des Bündnisses und der Interventionen zuständig ist. Im Ergebnis ist entscheidend, wie die KlientInnen die Hinweise, die Deutungen und Interventionen der TherapeutInnen verarbeiten und interpretieren. In Therapiesitzungen zeigt sich immer wieder, dass die Aktionen der TherapeutInnen ganz anders aufgefasst wurden, als sie gemeint waren, was darauf hinweist, dass KlientInnen sie in Übereinstimmung mit ihrem eigenen Bezugssystem sowie ihren persönlichen Absichten und Zielen abgleichen, ehe sie veränderungswirksam umgesetzt werden. Es ist eben nicht so, „dass der Patient bzw. die Patientin von vornherein aktiv zu beteiligen ist" (Brucks et al. 1998, 39), die *Menschen* sind vielmehr aktiv beteiligt, es sei denn, sie werden aktiv daran gehindert, vielleicht auf diese Weise traumatisiert. Zum salutogenetischen Paradigma benennen Köhle et al. (1994, 66f) denn auch, dass für den Patienten „heilsame Faktoren" und der „Bericht seiner Geschichte wesentlich" ist, statt „Symptome" zu „klassifizieren" und „pathogene Einflüsse" zu identifizieren. So belegen inzwischen viele Studien, dass die Variable der aktiven KlientInnen-Beteiligung einen besseren Prädikator für das Therapieergebnis darstellt als verschiedene Einstellungen oder angewandte Techniken.

Nach dem Verständnis eines partnerschaftlichen Ansatzes treffen sich in Wirklichkeit zwei Experten: Der eine ist der Klient, der „Experte" für sein Leben ist, und der andere ist der Psychotherapeut, der „Experte" dafür ist, wie man Menschen in Leidenssituationen begleiten und sie möglicherweise herausführen kann. KlientInnen sind die besten Experten für sich selbst. TherapeutInnen sollten diesen Experten für sich selbst folgen und nicht umgekehrt. Mit dieser Einstellung sind TherapeutInnen eher in der Lage, ihren KlientInnen zuzuhören, ihren Bezugsrahmen zu respektieren und effektiv mit ihnen zusammenzuarbeiten. Das bedeutet, dass Therapie als Begegnung von Menschen zu definieren ist, die beide jeweils ihre eigene Sachkunde, Kompetenz und Performanz besitzen, mit angestrebten Zielen und Lösungen, die in einem wechselseitigen Dialog gestaltet werden, statt dass einseitig ausgewählte therapeutische Möglichkeiten auf die Rat suchenden angewandt werden.

In der Praxis wird nicht selten mit Manualen in standardisierter Form und Protokollen gearbeitet, doch, obwohl Ausbildung und Praxis zunehmend spezialisierter, technischer und standardisierter durchgeführt werden, legt die Forschung nahe, dass Modelle und Techniken relativ wenig Einfluss auf das Behandlungsergebnis haben. In den angesprochenen Manualen und Protokollen bietet sich denn auch kein Spielraum für eine wirkliche Wahl der KlientInnen wie auch für die Zusammenarbeit bei der Bestimmung von Therapiezielen und Entwicklung von Lösungen. Daraus ist zu folgern, dass die Idee einer vorgefertigten, manualgeleiteten Intervention, die mechanistisch auf spezifische Diagnosen abzielt, den Menschen nicht gerecht wird, weil sie völlig unberücksichtigt lässt, dass das Therapieergebnis von den der Rat suchenden innewohnenden Ressourcen und ihrer Mitwirkung abhängt. Denn: Erst aus den gesunden Motiven heraus, Veränderungen herbeizuführen und Ziele zu erreichen, ergibt sich für die KlientInnen die Bereitschaft, sich mit den bisher hinderlich wirkenden Überzeugungen und Einstellungen auseinander zu setzen. Das Konstrukt der *Selbstgestaltungspotenziale/Selbstgestaltungskräfte* kann an dieser Stelle wie folgt definiert werden:

Selbstgestaltungspotenziale/Selbstgestaltungskräfte werden durch den Menschen im gesamten Lebensverlauf abhängig vom Umfeld entwickelt und ausgeprägt. Die Persönlichkeitsentwicklung über das Selbst, das Ich bis hin zur Ausbildung der permanent im Wandel befindlichen Identität fördert Potenziale, die unter Rückgriff auf die dem Individuum zur Verfügung stehenden Ressourcen, Kompetenzen und Performanzen Selbstbestimmung über die Lebensführung in der Bewältigung der Lebensaufgaben ermöglichen. Im Wissen um seine Stärken, die das Selbstvertrauen bekräftigen, mobilisiert der Mensch die Kräfte – auch Selbstheilungskräfte –, die Kontrolle über die vorfindlichen Lebensbedingungen ermöglichen und die selbstwirksam und selbstbestimmt Lebensentwürfe entwickeln helfen.

Therapie kann derartige Prozesse fördern, sofern der Mensch zur Weiterentwicklung selbstbestimmten Handelns ermutigt wird. Das auf diese Weise im interaktiven, kooperativen Miteinander bestärkte Selbstwertgefühl bekräftigt einen widerstandsfähigen Lebensmut und Lebenszufriedenheit, wodurch das Leben lebenswert wird, bedeutungsvolle Sinnstrukturen erhält. Das so im Sinne des salutogenetischen Ansatzes bestärkte Kohärenzgefühl bekräftigt die Handlungsfähigkeit des Menschen im Vertrauen auf die Bewältigbarkeit der extern und intern gestellten Anforderungen und bekräftigt Gefühle der Selbstsicherheit, die durch das Leben aufgegebenen Selbststeuerungsmechanismen mobilisieren zu können.

So verstanden, vermag der Mensch, den herausfordernden Lebensaufgaben einen subjektiven Sinn zu verleihen und sie mit den eigenen Erwartungen und Bedürfnissen in Einklang zu bringen. Unter Aktivierung seiner *Selbstgestaltungspotenziale/Selbstgestaltungskräfte* wird der Mensch dazu befähigt, generativ und kreativ zu handeln, die Regieführung über sein Leben verantwortlich zu übernehmen.

Ein Blick in die „Ottawa-Charta" der Weltgesundheitsorganisation (WHO) aus dem Jahre 1986 möge diese Denkrichtung bekräftigen:

„Gesundheitsförderung zielt auf einen Prozess, allen Menschen ein höheres Maß an Selbstbestimmung über ihre Gesundheit zu ermöglichen und sie damit zur Stärkung ihrer Gesundheit zu befähigen [...] Gesundheit steht für ein positives Konzept, das in gleicher Weise die Bedeutung sozialer und individueller Ressourcen für die Gesundheit ebenso betont wie die körperlichen Fähigkeiten [...] Gesundheitsförderndes Handeln bemüht sich darum [...] größtmögliches Gesundheitspotenzial zu verwirklichen. Dies umfasst sowohl Geborgenheit und Verwurzelung in einer unterstützenden sozialen Umwelt, den Zugang zu allen wesentlichen Informationen und die Entfaltung von praktischen Fertigkeiten als auch die Möglichkeit selber Entscheidungen in Bezug auf die persönliche Gesundheit treffen zu können. Menschen können ihr Gesundheitspotenzial nur dann weitestgehend entfalten, wenn sie auf die Faktoren, die ihre Gesundheit beeinflussen, auch Einfluss nehmen können."

Beispiel: Die Geschichte einer Selbstheilung

Ada, eine hübsche 28-jährige Assistenzärztin, erzählt, dass sie in ihrer Facharztausbildung zur Chirurgin zunehmend mit Ängsten zu kämpfen habe. Sie habe erst kürzlich in der Endphase einer Blinddarmoperation, bei der klassischen Durchführung der Tabakbeutelnaht, einen massiven Schweißausbruch, Übelkeit und Schwindelgefühle erlebt. Sie könne oftmals nachts kaum schlafen und bekäme dann massive Kopfschmerzen.

„Bei der letzten OP habe ich mich kaum getraut, den Chefarzt anzuschauen und sah aus den Augenwinkeln seine bereits aufeinander gepressten Lippen. Das geschieht immer dann, bevor er im OP laut zu brüllen beginnt und seine Assistenzärzte – nicht nur mich – mit Beschimpfungen überzieht. Ich habe schon oft darüber nachgedacht, dort zu kündigen, doch in der Universitätsklinik, so berichten meine KollegInnen, arbeitet ein ebenso harscher Chefarzt. Ich bin schon ganz verzweifelt, möchte überhaupt nicht mehr in die Klinik gehen und denke schon über einen Berufswechsel nach. Manchmal beginne ich bereits vor der Operation zu zittern, wenn ich nur daran denke, dass der Chefarzt die OP leitet."

„Allein die letzte Szene verunsichert mich selbst", so sage ich, „und ich kann mir gut vorstellen, dass der Schweißausbruch eine Suche nach Kontakt wenigstens mit der Person ist, die Ihnen während der OP den Schweiß von der Stirn wischt. Auch die Kopfschmerzen kann ich als Hinweis darauf sehen, dass Sie sich die Spannungen und Konflikte durch den Kopf gehen lassen, um eine Lösung herbeizuführen. Und die Schlafstörung betrachte ich als Ausdruck Ihrer Wachsamkeit, wach mit der nächsten Aktion Ihres Chefs umgehen zu können."

Nun kann sich Ada erst einmal auf ihrem Stuhl zurücklehnen und macht ein paar tiefe, entlastende Atemzüge. Schließlich fährt sie fort: „Ich war vier Jahre lang sehr unglücklich mit einem Mann verheiratet, der sich während meiner Notdienste mit einer anderen einließ. Das Thema habe ich eigentlich noch gar nicht verarbeitet. Bei meinem Vater war es ähnlich. Er schien sich bei seiner vielen Arbeit kaum für mich zu interessieren und ich habe heute manchmal den Eindruck, dass ich ein Junge werden sollte." Ada hatte immer wieder erfolglos versucht, mit ihrem Vater darüber ins Gespräch zu kommen, wollte sie doch wenigstens ergründen, ob ihre Annahmen stimmten. Doch der Vater wich ihren Versuchen aus, den letzten Anspruch auf Zuwendung geltend zu machen. Schließlich gab sie verletzt und resigniert auf und entschied, wie ihre Mutter schicksalsergeben, allenfalls im passiven Widerstand mit Männern umzugehen.

In den Folgestunden war Ada alsbald sehr darauf konzentriert, sich in den Beziehungen zu Männern zu begreifen, und sie spürte, dass sie es als erwachsene Frau aufgeben musste, sich als das brave Mädchen oder die liebevolle Frau gegenüber Männern zu präsentieren. „Mir hat es oft viel ausgemacht, wenn mein Vater wieder einmal grinsend meinen Namen lächerlich machte, der sich von vorne wie von hinten gleich lesen lässt oder mich einfach Adam nannte. Meine Mutter saß dann immer schweigend dabei. Ich fühlte mich von ihr – wie so oft – dann nicht unterstützt. So begann ich hart zu arbeiten, um ihnen zu beweisen, was ich kann. Vor allem die Nachtdienste sind manchmal schwer durchzuhalten und als Frau muss ich, wenn ich mich beweisen will, sowieso mehr arbeiten."

Mit dem zaghaften Groll und ihren Wünschen im Verhältnis zum Vater, der sich in seiner Männlichkeit offenbar nicht bestätigt fühlte, vermochte sich Ada leichter auseinander zu setzen, als mit der subtil verkleideten und schon gar nicht ausgesprochenen Hilflosigkeit der Mutter. Ada hatte einstmals beschlossen, ihre Gefühle mit sich selbst auszumachen, was sich in der späteren Ehe noch einmal verwirklichen sollte.

In einer der nächsten Stunden wies sie mir den Weg, der einen Hinweis gab auf die weitere Auseinandersetzung mit ihrer weiblichen Identität: „Als ich kürzlich ein kleines verletztes Mädchen zu behandeln hatte, fiel mir auf, dass es ohne Mutter mit einer Betreuerin kam. Vorsichtig fragte ich nach der Mutter und das Mädchen zeigte mir einen Brief, den es immer bei sich *trüge. Er stelle das Band zwischen ihr und der Mutter her, die ganz weit weg im Himmel sei. Ich kann mir gut vorstellen, wie das ist, nicht mehr gesehen und gehört zu werden, und ich habe überlegt, ob ich das einmal aufschreiben will. Immer wieder muss ich an das kleine Mädchen denken."*

Vorsichtig griff ich ihren Vorschlag auf, konnte ich doch noch nicht genau abschätzen, ob sich Adas geäußerte Ängste bei dieser Umsetzung in Gefühle der Machtlosigkeit, vielleicht Vergeblichkeit umwandeln könnten. Deshalb regte ich sie an, den Brief an ihre Mutter vorerst nicht abzuschicken, sondern erst einmal in einer der Folgestunden gemeinsam anzuschauen. Ihre Ressourcen der guten Introspektionsfähigkeit und der Schriftgewandtheit boten denn auch günstige Voraussetzungen zur Auseinandersetzung mit ihrem Thema in dieser Form.

Zur nächsten Sitzung brachte Ada den Brief mit, worauf ich ihr vorschlug, die wichtigsten Passagen oder – wenn sie wolle – den ganzen Brief vorzulesen. Sie entschloss sich dazu, den ganzen Brief vorzutragen:

Hallo Heidi,
bevor ich den Brief an Dich zu schreiben begann, musste ich lange darüber nachdenken, wie ich Dich anreden will. Mutti, Mama? Das stimmt so nicht, weil ich Dich nie als eine Mutter erlebt habe. Wie nahe waren wir uns eigentlich? Ich habe eine sehr große Distanz zu Dir erlebt, weil ich mich nicht einmal mehr daran erinnern kann, dass wir uns jemals in den Arm genommen haben. Ich entschloss mich wohl noch früher als Gisa, mich von Dir abzuwenden, weil wir uns eigentlich auch nie so richtig unterhalten konnten. Selbst mein Ärger wurde von Dir mit Deinen strafenden Blicken unterdrückt, und wenn wir uns dann einmal heftig stritten, dann hatte ich danach immer das Gefühl, als ganze Person nicht zu stimmen, nicht in Ordnung zu sein. Noch heute rede ich oft verwirrt, wenn ich ärgerlich angeschaut werde, oder ich vermeide den Blick ins Angesicht des Gegenüber. Dieses Gefühl der Unterlegenheit, diese Sorge, zu nichts zu taugen, begleitet mich heute noch.

Wie hast du immer vor Martin (der Vater, Anm. d. Verf.) gekuscht, wenn er – hauptsächlich bei den Mahlzeiten am Tisch – Anweisungen an alle ausgab, wie sie sich zu verhalten hatten, oder wenn Bernd vor den Augen der Familie wieder einmal von ihm verprügelt wurde. Er musste dann immer den Holzlöffel selber aus der Küche holen, mit dem er von Martin heftig geschlagen wurde, wenn er wieder einmal mit seiner zerbrochenen Kassenbrille nach Hause gekommen war. Bei jedem Schlag hatte ich das Gefühl, selbst geschlagen zu werden. Und niemand traute sich einzugreifen. Es wurde nicht nach Gründen gefragt. Vor allem Dir kann ich es nicht verzeihen, dass Du schweigend und mit strafendem Blick dagesessen und auf diese perfide Art Martin noch Recht gegeben hast.

Wenn Martin dann wieder ins Büro gegangen war, hast Du Dich vor den Kindern als hilfloses Opfer unter dem Regiment eines Despoten dargestellt. Ich will jetzt nicht für meine Geschwister sprechen, doch ich fühle mich heute, dadurch, dass Du Martin vor uns schlecht gemacht hast, statt Dich mit ihm auseinender zu setzen, emotional missbraucht von Dir.

So bin ich heute noch immer unsicher im Kontakt mit Männern und spüre meine kommunikativen Defizite wie die permanenten Ängste davor, im Streit selbst geschlagen zu werden. Mir fallen oft gar nicht die passenden Worte oder meine Bedürfnisse ein und ich weiß überhaupt nicht so recht, wie ein Konflikt zu lösen ist.

Zum Abschluss dieses Briefes will ich keine Grußformel an Dich schreiben, weil ich nicht weiß, ob ich Dich grüßen will. Ich werde den Brief auch nicht unterschreiben, weil ich meinen Namen immer noch nicht so recht mag, hattest Du ihn doch vorgeschlagen, wie ich heute von Tante Edith weiß.

In der nächsten Sitzung betrat Ada bereits mit Tränen in den Augen den Raum. Sie machte sich Selbstvorwürfe: „Wie kann ich nur so massiv gegen meine Mutter vorgehen? Womit hat sie das verdient? Nun kann sie das doch alles gegen mich verwenden." Ich spürte hinter diesen Gedanken ihre verborgene Sorge vor erneuter verletzender Entwertung und äußerte am Ende der Stunde die Vermutung, dass sie vielleicht vor dem Gedanken Angst habe, was wohl passiert wäre, wenn sie den Brief abgeschickt hätte. Meine Zuversicht bestünde allerdings darin, dass sie erst einmal für sich die Chance der Herausforderung erkannt hatte, den Brief überhaupt zu schreiben.

Bald darauf präsentierte Ada mir einen bemalten Briefumschlag und eröffnete die Stunde mit den Worten: „Ich sprach mit meiner besten Freundin Rebekka über meine Sorgen, die mich daraufhin ganz erstaunt anschaute. Sie sagte, dass ich auf diese Weise zunächst in mir selbst den Dialog begonnen habe, dessen Ende doch noch völlig offen sei. Das machte mir Mut und ich nutzte den nächsten Nachtbereitschaftsdienst, einen weiteren Brief an meine Mutter zu schreiben, um ihn tatsächlich an sie abzuschicken." Sie begann langsam, mit kräftiger Stimme zu lesen:

Liebe Mama,
gerne möchte ich Dich so, statt mit Mutti – wie wir immer sagten – anreden. Wir haben nun längere Zeit, seit meiner Scheidung, keinen Kontakt mehr miteinander gehabt. So habe ich über vieles nachgedacht, wovon ich Dir die wichtigsten Gedanken einmal mitteilen will.

In meinem Leben bin ich bisher oft von Ängsten geplagt gewesen und ich habe den Eindruck, dass es Dir nicht anders ging. In den letzten Jahren des Krieges hast Du nach dem plötzlichen Tod Deiner Eltern viele Bombennächte im Bunker verbringen und dann sicher immer Ängste durchstehen müssen. Dein Vater, dieser kaisertreue Oberförster, hat Deine Mutter wohl auch nicht sonderlich geliebt, wenn er – wie erzählt wird – zusah, wie die Waldarbeiter ihre Brüste betätschelten. Auch mit Martin hast Du es sicher nicht leicht gehabt. Ich spüre ja noch selbst, welche Wut aus ihm herauskam, wenn er wieder einmal auf Bernd einschlug und ihn dabei aufforderte, mit dem Heulen aufzuhören. Und die Möglichkeiten, die wir heute haben, hattest Du ja nicht, weil Du mit 4 Kindern nicht so einfach arbeiten gehen und vielleicht so aus dem Käfig Deiner Ehe heraustreten konntest. Das Geld war sowieso oft knapp. Bei all dem, was passiert ist, haben wir wohl – jeder auf seine Weise – das Beste daraus gemacht.

Zum Schluss dieses Briefes möchte ich noch einen Wunsch an Dich aussprechen. Ich beabsichtige, Dich in Deiner neuen Wahlheimat, der Schweiz, einmal zu besuchen, um mit Dir über die schönen Erlebnisse, die wir miteinander teilen können, zu sprechen. Erinnerst Du Dich noch an unseren Familienurlaub in Italien, als der Kellner in der Eisdiele von Verona mit voller Stimme ein Lied vor allen Gästen vortrug? Und, das muss ich Dir auch noch erzählen, inzwischen ist mein geliebter Airedale-Terrier Konrad ganz friedlich verstorben. Er war ein guter, vor allem menschfreundlicher Hund. Du kennst ihn doch mit seiner Rolle seitwärts, die er machte, wenn er sich wieder einen Hundekuchen ergaunern wollte.

Ich hoffe sehr, dass es für uns noch nicht zu spät ist.

Sei gegrüßt von

Ada

Als ich Ada ein halbes Jahr später wieder traf, konnte sie von der Erfahrung mit ihrem Chef berichten, der ihr erst kürzlich eine Oberarztstelle angeboten hatte, nachdem sie mutig auf ihn zugegangen war. Sie hatte ihm mehrfach zuvor mitgeteilt, wie sie den Kontakt zu ihm erlebte und, dass sie kündigen wolle, falls sie keine tragfähige Arbeitsbeziehung fänden. Die 76-jährige Mutter war inzwischen verstorben. Sie sahen sich nicht mehr. Doch sie konnte wohl zufrieden einschlafen.

Dieser Prozess verdeutlicht, wie Ada den Sinn des Geschehens entlang des *kohärenzbasierten Klärungskreislaufs* ergründete und ein tieferes Verständnis im Erkenntnisgewinn nicht nur für ihre, sondern auch für die Situation ihrer Mutter fand. Sie begann, sich um sich selbst zu sorgen und mit Hilfe der ihr zur Verfügung stehenden Ressourcen ihre *Selbstgestaltungspotenziale/Selbstgestaltungskräfte* auf der Handlungsebene souverän zu entfalten, wodurch sie neue Erfahrungen machen konnte. Ihr Kohärenzerleben konnte im Zusammenspiel auf den Ebenen der Verstehbarkeit, der Handhabbarkeit und der Bedeutsamkeit Festigung erfahren.

Schlusswort

*„Weil, dass der Körper gesund und heil sei, zu den gött-
lichen Einrichtungen gehört, kann er, wenn er krank ist, in
die Erkenntnis Gottes nicht eindringen und sie nicht er-
schauen. Darum muss sich der Mensch von den Dingen
fernhalten, die den Körper zerstören, und sich an die Dinge
gewöhnen, die den Körper gesund machen und ihn kräfti-
gen: so heißt es auch, hütet euer Leben sehr."*

Kizzur Schulchan Aruch

An dieser Stelle sollen noch einige Kritikpunkte herausgegriffen werden,
die das Salutogenese-Konzept Antonovskys hinterfragen und zugleich
Perspektiven zu weiterführenden Gedankenansätzen aufzeigen mögen.

Das Konstrukt des Kohärenzgefühls setzt sich aus den drei genannten
Komponenten der Verstehbarkeit, der Handhabbarkeit und der Sinnhaftigkeit sowie deren Wechselwirkungen zusammen, die nach Antonovskys
Darstellungen Einfluss auf den Gesundheitszustand haben. Es ist immer
wieder erfolglos untersucht und kritisiert worden, dass sich die drei Subskalen empirisch nicht getrennt abbilden lassen. Antonovsky (1988, 86ff;
Übers. d. Verf.) hat sich klar dazu geäußert: „Ich argumentierte, dass sie
(‚die drei Komponenten', Anm. d. Verf.) unlösbar miteinander verbunden
seien, obwohl sie theoretisch voneinander unterschieden werden können
[…] Der Leser ist entsprechend davor gewarnt, dass bei der vorliegenden
Version des SOC kluger Weise nicht die Beziehungen der Komponenten
untereinander untersucht werden sollten. Diese Frage verbleibt auf der
Agenda der nicht abgeschlossenen Angelegenheiten." Und an anderer Stel-
le verweist er explizit darauf, dass die Konzeptionierung des vorgelegten
Fragebogens lediglich *eine* Möglichkeit darstelle, seine salutogenetische
Hypothese zu überprüfen.

Gegenstand der Kritik am Konzept der Salutogenese ist oft, dass es
nicht exklusiv genug – vor allem im Zusammenhang konzeptioneller
Überschneidungen mit verschiedenen empirisch gut abgesicherten anderen Konzepten – sei. Antonovsky verweist in seinen Ausführungen ausdrücklich auf die Nähe zu anderen Konzepten wie die von Kobasa, Rotter
und Bandura (Kapitel 5.1), um nur einige zu nennen, und stellt sie ohne
Anspruch auf eigene Exklusivität in seinem Werk dar (Antonovsky 1988).

In seiner Arbeit geht es ihm vielmehr in aller Bescheidenheit darum, „dass in der Wissenschaft die Frage wichtiger ist, als die Antwort" und er führt weiter aus: „Von daher habe ich viel Zeit auf die Klärung der Implikationen verwandt, je nachdem, ob man die pathogenetische oder salutogenetische Frage stellt" (Antonovsky 1993, 11). Seine Antwort fand er schließlich im Konzept des *Kohärenzgefühls*. Er war sich gleichermaßen dessen bewusst, dass auch seine Fragen und die aus ihnen entwickelten Antworten der weiteren empirischen Überprüfung bedürfen und daher allenfalls als vorläufig zu charakterisieren sind.

Antonovsky zentriert den Blick schwerpunktmäßig auf die Bewältigung von Stressoren, denen das Individuum im Leben nun einmal permanent ausgesetzt ist. In den dargelegten Überlegungen könnte ein weiterführendes Element, wie es im „Anforderungs-Ressourcen-Modell" von Becker et al. 1994 beschrieben wird, zukünftig Bedeutung haben. Darin wird unterschieden zwischen der „aktuellen" und der „habituellen" Gesundheit, wobei der zweite Aspekt den Schwerpunkt zugunsten der Betrachtung des Rückgriffs auf die dem Individuum zur Verfügung stehenden Ressourcen verlagert. Dieser Ansatz ist deshalb interessant, weil der Mensch nicht allein permanent mit der Bewältigung von Widrigkeiten des Lebens beschäftigt ist, sondern ebenso damit befasst ist, seine Ressourcen ins Spiel zu bringen, ohne dass er vom Leben gleichsam dazu herausgefordert sein muss. Diese Betrachtung steht mit der Bedürfnisregulation des Menschen im Zusammenhang, wonach dieser nicht nur auf die Befriedigung seiner Bedürfnisse abzielt, sondern auch selbstinitiativ an Aufgaben herangeht, die nicht allein von außen z. B. als Stressoren an ihn herangetragen werden.

So ergänzungs- und korrekturbedürftig Antonovskys Konzept auch erscheinen mag, dieser Beitrag möge für eine differenzierte Sicht sensibilisieren, indem Gesundheit heute nicht mehr – mittelalterlich geprägt – als göttlich gegeben und schon gar nicht mehr als durch das Individuum unbeeinflussbar, eben der göttlichen Ordnung unterworfen, betrachtet werden kann. Gesundheit wird heute insbesondere im Arbeitsleben an Leistungsfähigkeit gebunden betrachtet und wird in mannigfaltigen Animationsprogrammen für die Freizeitgestaltung regelrecht konsumiert. Und letztendlich suggeriert uns die moderne Medizin Schönheitsideale. Es gibt auch auf diesem „Markt" eigentlich nichts mehr am menschlichen Körper, was sich nicht dem Messer des Chirurgen (griechisch: „cheir" Hand und „érgon" Tätigkeit, Werk = Handwerk) entziehen könnte. Alles ist machbar, austauschbar, alles lässt sich korrigieren. Hier finden „invasive" Enteignungsprozesse gegen die mit allen nur denkbaren Möglichkeiten ausgestattete Biomedizin statt. PatientInnen entledigen sich ihrer Verantwortung wie des Hutes an der Garderobe des Wartezimmers und übereignen ihre Krankheit wie ihre Gesundheit passiv, ja schicksalsergeben wie Roboter an von außen gesteuerte Wirkmächte, die „es schon richten" werden. Auch die zunehmende Ökonomisierung der Medizin beschränkt die Möglichkeiten emanzipierten Aushandelns von Spielräumen und die „KundInnen" werden zukünftig immer mehr zu bezahlen haben für etwas, auf das sie immer weniger Einfluss nehmen können.

Zusammenfassend kann unter Verweis auf den bisherigen Stand der Forschung gesagt werden, dass das Kohärenzgefühl im besonderen Zusammenhang mit der psychischen Gesundheit steht, was vor allem Gegenstand der vorliegenden Betrachtungen war. So folgern Bengel et al. (2002, 76): „Das Konzept der Salutogenese ist insofern hilfreich, als es die Psychotherapieschulen auffordert, ihre Theorien und Konzepte zu überprüfen. Es zwingt sie, die Frage zu beantworten, ob sie die Rolle gesundheitsfördernder und schützender Faktoren in der Praxis der Psychotherapie [...] ausreichend berücksichtigen."

Im Sinne einer differenzierten Sicht zur Gesunderhaltung kann unter den gegebenen Umständen gefragt werden: Unter welchen Bedingungen bleibt der Mensch gesund, was trägt dazu bei, gesund zu werden, und wie kann er seine Möglichkeiten nutzen, um schicksalsgegebene Ereignisse, vielleicht auch chronifizierte Lebenseinschränkungen zu bewältigen? Die Antwort soll dreigliedrig erfolgen:

1. Wenn wir darauf vertrauen, wenn wir verstehen, dass wir die dem Leben innewohnenden Gesetzmäßigkeiten erwartungsgemäß und anschaulich nachvollziehen und sie zum Erhalt klarer Informationen hinterfragen und beeinflussen können, dann werden wir uns in einer berechenbaren Welt erleben, die durch das Vertrauen auf unsere Stärken und Fähigkeiten im Rahmen unserer Möglichkeiten kreativ gestaltbar ist.

2. Wenn es uns gelingt, unsere Lebensgeschicke unter Einsatz der zur Verfügung stehenden Ressourcen zu steuern, dann werden wir mit den uns individuell gegebenen Möglichkeiten eine Ausgewogenheit zwischen den erlebten an uns herangetragenen Herausforderungen des Alltags und hinreichender Stimulans für Neues im Leben als Chancen für Stärkung und Selbstbestimmung finden. Experimentier- und Spielfreude, Phantasie, Liebe, Freundschaft und noch vieles andere mehr, all das sind Ressourcen, die insbesondere im wechselseitigen Miteinander bzw. im Dialog – wie alle Komponenten dieser dreiteiligen Antwort – ihre ganze Kraft für persönliches Wachstum, die Bereitschaft zur Weiterentwicklung und Lebensbejahung entfalten.

3. Wenn wir unser Leben als dynamischen Lebensverlauf mit Kontinuitäten und Diskontinuitäten begreifen lernen, uns als Weggefährten auf

dem Lebensweg mit unseren Mitmenschen sehen und uns im individuellen Erleben zu verstehen bereit sind, dann finden wir Orientierung und Sinn in der Welt. Wenn wir die Zusammenhänge zu überschauen in der Lage sind, so können wir uns (Selbstfindung) in einer Welt erleben, in der Zukunftsperspektiven Herausforderung für engagiertes Handeln unter der mitverantworteten Einbindung in das gesellschaftliche Bindungsgefüge darstellen.

Den aufmerksamen LeserInnen – die von dem salutogenetischen Denkansatz nunmehr „angesteckt" sein mögen – wird nicht entgangen sein, dass in der zuvor dreiteilig gegebenen Antwort zur Frage der Gesunderhaltung Antonovskys Konzepte der „generalisierten Widerstandsressourcen" und das des „Kohärenzgefühls" integriert sind. Beide Konzepte sind ebenso untrennbar miteinander verbunden wie die Einzelkomponenten im Kohärenzkonzept selbst.

Untrennbar verbunden mit dem Konzept der Salutogenese ist darüber hinaus – wie immer wieder dargestellt – die Sinnfrage als entscheidende Komponente des Lebens, welches unweigerlich zum Tode führen muss. Doch im Angesicht des Todes wirkt die Sinnfrage wie Widersinn, Unsinn, ja sinnlos. Diese Frage lässt keine Logik oder wissenschaftliche Begründbarkeit zu. Am Ende des Lebens muss das Ereignis des Todes hingenommen werden: „Ich gehe davon aus, daß Heterostase, Ungleichgewicht und Leid inhärente Bestandteile menschlicher Existenz sind, ebenso wie der Tod. Wir alle, um mit der Metapher (der Fluss als ‚Strom des Lebens‘, Anm. d. Verf.) fortzufahren, sind vom Moment unserer Empfängnis bis zu dem Zeitpunkt, an dem wir die Kante des Wasserfalls passieren, um zu sterben, in diesem Fluß. Der menschliche Organismus ist ein System und wie alle Systeme der Kraft der Entropie ausgeliefert. Das Wesen der Flüsse, in denen wir uns befinden, ist unterschiedlich. Äthiopier, Israelis und Schweden, gehobene und niedrige Sozialschichten, Männer und Frauen sind alle in verschiedenen Flüssen, deren Strömungen und Strudel oder andere Gefahrenquellen variieren, aber niemand befindet sich jemals am sicheren Ufer. Kein Fluß ist sehr friedlich" (Antonovsky 1993, 6f).

Deshalb verleugnen die Menschen den Tod und suchen sich mit immer neuen Herausforderungen zu beweisen: auf dem Gebiet der psychischen Gesundheit mit Gesundheits- und Heilsversprechen, auf anderen Gebieten der Medizin bis hin zu invasiven Eingriffen zum Zweck der Schönheit. Oder wir beschäftigen uns sogar mit Aktivitäten, die über den Tod hinausgehen, lassen uns vielleicht sogar einfrieren. Und sind wir einmal an der Schwelle angekommen, so folgert Böhme (1985, 55): „Die Medizin hat [...] den Sterbenden im allgemeinen schon im Griff, wenn es soweit ist,

und doktert weiter an ihm herum – schließlich sind es im Vorgang des Todes viele Einzelvorgänge, die durcheinander geraten, so daß man das ganze
durch Stützen und Ersetzen immer noch steuern kann." Der Tod selbst
wird zum pathologischen Ereignis definiert. Der Tod in Würde findet
kaum noch statt, so, wie Albert Camus in seinem Werk „Die Pest" ihm
dennoch ein Ansehen, ein Gesicht verleihen will: „Man hat aufrichtiges
Mitleid mit Leuten, die ständig daran denken, dass die Pest ihnen von einem Tag auf den anderen die Hand auf die Schulter legen kann und sich
vielleicht schon dazu anschickt, während sie sich noch ihrer ungebroche-
nen Gesundheit erfreuen" (Camus 1961, 180).

Die Sinnfrage hat keine Konjunktur, weil sie sich nicht wissenschaftlich
ergründen lässt. Hat sie deshalb eine untergeordnete Bedeutung? Oft wird
diese Frage zweckdienlichen Maßstäben und somit kognitiver Bedeutung
unterworfen, oder allenfalls als Sinnzusammenhang lebensgeschichtlicher
Aspekte reflektiert. Die mit ihr verbundenen Heilsversprechen durch
Ideologien und esoterisch legitimierte Zusagen, die lediglich übergriffig
Abhängigkeiten herstellen, *haben* in Zeiten wirtschaftlicher Unsicherheiten wieder Konjunktur und schaden damit Rat suchenden, die in ihrer
Hoffnungslosigkeit auf Sinnempfehlungen oder deren -befehle reagieren.
Oftmals reichen die Ressourcen nicht einmal mehr dazu aus, kritische Lebensereignisse zu meistern, und viele Menschen sehen nicht einmal mehr
einen Sinn darin, sich für oder gegen etwas zu entscheiden. Die Sinnlosigkeit ergreift zuweilen den Menschen und das Vertrauen in eine geordnete,
verstehbare Welt wie auch das Vertrauen in sich selbst kann ihm schon einmal abhanden kommen. Er schaut sich dann misstrauisch um, fühlt sich
vielleicht sogar beobachtet, Ängste in einer feindlich erlebten Welt quälen
ihn nachts.

Die Sinnfrage fokussiert auf Möglichkeitsspielräume und führt den
Menschen zu der Frage, wie die Ohnmachtsgefühle, die Resignation angenommen werden können, um sich durch sie Ressourcen bzw. Möglichkeiten zu erschließen. Sie stellt so in sich eine Ressource der Würde dar, in der
Annahme der Gegebenheiten, der Akzeptanz von Leid, Krankheit, ja
selbst des Sterbens. Wenn auch Viktor Frankls Ausführungen nicht immer
eindeutig nachvollziehbar sind, so kommt ihm doch das Verdienst zu, sich
mit der Frage nach dem Sinn vor dem Hintergrund eigener Not als KZ-
Überlebender eingehend auseinander gesetzt zu haben. Auf ihn bezieht
sich Antonovsky, denn selbst oder gerade in der Konfrontation mit dem
Tod ist der Mensch von dieser Frage nicht freigestellt. Es war im Angesicht
des Leids „sein unerschütterlicher Sinnglaube, der ihn ‚trotz allem' weiter-
leben ließ. Trotz aller Verluste und Schmerzen und über jede aufkommen-
de Verzweiflung hinweg lebte Frankl ein Leben vor, das unerschütterlich
zum Leben stand, das ‚trotzdem Ja zum Leben' sagte. Er wurde zum be-
wegenden Symbol für den Widerstand des Menschen gegen die Absurdität

des Leids und für die Größe des menschlichen Geistes, dessen Anlagen jeder Mensch in sich trägt, die ihn ausmachen und die seine Würde als Mensch begründen" (Längle 2001, 124).

Wir müssen immer wieder über den Sinn nachdenken und miteinander reden, im Dialog bleiben, um selbst aus dem Eigen-Sinn, vielleicht dem Starr-Sinn herauszukommen, sonst fallen wir der Gefahr anheim, die Antonovsky benennt. Hierzu wollen wir ihm das Schlusswort geben:

„Natürlich muss gesagt werden, dass das starke Kohärenzgefühl und die daraus resultierende gute Gesundheit von Nazis, von religiösen Fundamentalisten, patriarchalischen Männern, Kolonialisten, aristokratischen und kapitalistischen Unterdrückern nur auf Kosten ihrer Opfer erreicht werden kann. Und es gibt einen nicht unerheblichen Teil der Bevölkerung – die Yuppies von Reagan, Thatcher und Kohl – die, auch ohne Unterdrücker zu sein, in der Privatheit ihres vermögenden, gesellschaftlichen Lebens ein starkes Kohärenzgefühl haben. Eine salutogenetische Orientierung macht keine Vorschläge für ein gutes Leben im moralischen Sinne, sie kann nur das Verständnis von Krankheit und Gesundheit erleichtern." (Antonovsky 1993, 14)

Anhang: Der Fragebogen zum Kohärenzgefühl

(Autorisierte, unveröffentlichte Übersetzung des „sense of coherence questionnaire" nach Antonovsky (1987) von Noack, H., Bachmann, N., Olivieri, M., Kopp, H. G., Udris, I. auf der Grundlage von Übersetzungen von Strub, B., Fischer-Rosenthal, W., Weiss, W. und Siegrist, J. 1991)

Hier ist eine Reihe von Fragen, die sich auf verschiedene Bereiche unseres Lebens beziehen. Bitte kreuzen Sie jeweils die Zahl an, welche Ihrer Antwort entspricht, wobei die Zahlen 1 und 7 Extremantworten darstellen. Wenn die Antwort unter der 1 für Sie zutrifft, dann kreuzen Sie die 1 an; wenn die Antwort unter der Zahl 7 für Sie zutrifft, dann kreuzen Sie die 7 an. Wenn Sie Ihre Antwort irgendwo zwischen 1 und 7 sehen, kreuzen Sie die Zahl an, die Ihrer Beurteilung am besten entspricht. Bitte geben Sie immer nur eine Antwort bei jeder Frage.

---

1 Wenn Sie mit anderen Leuten sprechen, haben Sie das Gefühl, dass Sie nicht verstanden werden?

| 1 | 2 | 3 | 4 | 5 | 6 | 7 |

Habe nie
dieses Gefühl.

Habe immer
dieses Gefühl.

---

2 Wenn Sie in der Vergangenheit etwas machen mussten, das von der Zusammenarbeit mit anderen Menschen abhängig war, hatten Sie das Gefühl, die Arbeit würde …

| 1 | 2 | 3 | 4 | 5 | 6 | 7 |

sicher nicht
erledigt werden?

sicher
erledigt werden?

---

3 Einmal abgesehen von den Menschen, die Ihnen am nächsten stehen: Wie gut kennen Sie die Leute, mit denen Sie täglich zu tun haben?

| 1 | 2 | 3 | 4 | 5 | 6 | 7 |

Sie sind Ihnen
völlig fremd.

Sie kennen sie
sehr gut.

4 Kommt es vor, dass es Ihnen ziemlich gleichgültig ist, was um Sie herum passiert?

1	2	3	4	5	6	7
Sehr selten. oder nie.						Sehr oft.

5 Waren Sie schon überrascht vom Verhalten von Menschen, die Sie gut zu kennen glaubten?

1	2	3	4	5	6	7
Das ist nie passiert.						Das ist immer wieder passiert.

6 Wurden Sie schon von Menschen enttäuscht, auf die Sie gezählt hatten?

1	2	3	4	5	6	7
Das ist nie passiert.						Das ist immer wieder passiert.

7 Das Leben ist ...

1	2	3	4	5	6	7
ausgesprochen interessant.						reine Routine.

8 Bis jetzt hatte mein Leben ...

1	2	3	4	5	6	7
überhaupt keine klaren Ziele und Vorsätze.						sehr klare Ziele oder Vorsätze.

9 Haben Sie das Gefühl, dass Sie ungerecht behandelt werden?

1	2	3	4	5	6	7
Sehr oft.						Sehr selten oder nie.

10 In den letzten 10 Jahren war Ihr Leben ...

1	2	3	4	5	6	7
voller Veränderungen, ohne dass Sie wussten, was als nächstes passiert.						beständig und klar.

11 Das meiste, was Sie in Zukunft tun werden, wird wahrscheinlich ...

1	2	3	4	5	6	7
völlig faszinierend sein.						todlangweilig sein.

12 Haben Sie manchmal das Gefühl, dass Sie in einer ungewohnten Situation sind und nicht wissen, was Sie tun sollen?

1	2	3	4	5	6	7
Sehr oft.						Sehr selten oder nie.

13 Was beschreibt am besten, wie Sie Ihr Leben sehen?

1	2	3	4	5	6	7
Man kann immer einen Weg finden, mit schmerzlichen Dingen im Leben fertig zu werden.						Es gibt nie einen Weg, mit Dingen im Leben fertig zu werden.

14 Wenn Sie über Ihr Leben nachdenken,

1	2	3	4	5	6	7
spüren Sie oft, wie schön es ist zu leben?						fragen Sie sich oft, wieso Sie überhaupt leben.

15 Wenn Sie vor einem schwierigen Problem stehen, ist die Wahl einer Lösung ...

1	2	3	4	5	6	7
immer verwirrend und schwer zu finden?						immer völlig klar?

16

Die Dinge, die Sie täglich tun, sind für Sie eine Quelle ...

1	2	3	4	5	6	7
tiefer Freude und Zufriedenheit.					von Schmerz und Langeweile.	

17

Ihr Leben wird in Zukunft wahrscheinlich ...

1	2	3	4	5	6	7
voller Veränderung sein, ohne dass Sie wissen, was als nächstes passiert.					beständig und klar sein.	

18

Wenn in der Vergangenheit etwas Unangenehmes geschah, neigten Sie dazu,

1	2	3	4	5	6	7
sich deswegen auf- zureiben („innerlich zu verzehren")?				sich zu sagen: „Nun gut, so ist es eben, damit muss ich leben und weitermachen."		

19

Wie oft sind Ihre Gefühle und Ideen ganz durcheinander?

1	2	3	4	5	6	7
Sehr oft.						Sehr selten oder nie.

20

Wenn Sie etwas machen, das Ihnen ein gutes Gefühl gibt,

1	2	3	4	5	6	7
werden Sie sich sicher auch weiterhin gut fühlen.					wird sicher etwas geschehen, das dieses Gefühl verderben wird.	

21

Kommt es vor, dass Sie Gefühle in sich spüren, die Sie lieber nicht hätten?

1	2	3	4	5	6	7
Sehr oft.						Sehr selten oder nie.

22

Sie nehmen an, dass Ihr zukünftiges Leben ...

1	2	3	4	5	6	7
ohne jeden Sinn und Zweck sein wird.					voller Sinn und Zweck sein wird.	

23

Glauben Sie, dass es in Zukunft immer Leute geben wird, auf die Sie zählen können?

1	2	3	4	5	6	7
Sie sind sich dessen ganz sicher.					Sie zweifeln daran.	

24

Haben Sie manchmal das Gefühl, nicht genau zu wissen, was demnächst geschehen wird?

1	2	3	4	5	6	7
Sehr oft.					Sehr selten oder nie.	

25

Viele Leute – auch solche mit einem starken Charakter – fühlen sich in bestimmten Situationen wie traurige Versager („Pechvögel"). Wie oft haben Sie sich so gefühlt?

1	2	3	4	5	6	7
Nie.						Sehr oft.

26

Wenn etwas passierte, hatten Sie im allgemeinen den Eindruck, dass Sie dessen Bedeutung ...

1	2	3	4	5	6	7
über- oder unterschätzen.					richtig einschätzen?	

27

Wenn Sie an Schwierigkeiten denken, denen Sie bei wichtigen Dingen im Leben wohl begegnen werden, haben Sie das Gefühl, dass

1	2	3	4	5	6	7
es Ihnen immer gelingen wird, die Schwierigkeiten zu überwinden?					Sie es nicht schaffen werden, die Schwierigkeiten zu überwinden?	

28 Wie oft haben Sie das Gefühl, dass die Dinge, die Sie täglich tun, eigentlich wenig Sinn haben?

1	2	3	4	5	6	7
Sehr oft.						Sehr selten oder nie.

29 Wie oft haben Sie Gefühle, bei denen Sie sich nicht sicher sind, ob Sie sie unter Kontrolle halten können?

1	2	3	4	5	6	7
Sehr oft.						Sehr selten oder nie.

Skalierung und Itempolierung:
Die mit (R) gekennzeichneten Items sind bei der Auswertung umzupolen.

Skala „Verstehbarkeit":
Item: 1 (R), 3, 5 (R), 10, 12, 15, 17, 19, 21, 24, 26
Skala „Handhabbarkeit":
Item: 2, 6 (R), 9, 13 (R), 18, 20 (R), 23 (R), 25 (R), 27 (R), 29
Skala „Bedeutsamkeit":
Item: 4 (R), 7 (R), 8, 11 (R), 14 (R), 16 (R), 22, 28

SOC-Kurzform (13 Items):
Item: 4 (R), 5 (R), 6 (R), 8, 9, 12, 16 (R), 19, 21, 25 (R), 26, 28, 29

Hinweise: Die Skalenwerte können in den einzelnen Kompomenten addiert werden, wobei sich der SOC-Gesamtwert aus der Addition aller Skalenwerte ergibt. Bei einem hohen SOC-Gesamtwert wird von einem stark ausgeprägten Kohärenzgefühl ausgegangen und umgekehrt. Die SOC-Gesamtwerte stellen sich in den Studien nach Lamprecht (1997) unterschiedlich dar. Aus einer israelischen Nationalstudie (N = 297) ergibt sich ein Mittelwert von 136,5, während eine Patientengruppe der Poliklinik an der Medizinischen Hochschule Hannover (N = 106) einen Wert von 121,2 aufweist. Dieser Sachverhalt kann mit kulturellen Unterschieden erklärt werden.

Literatur

Albus, C., Köhle, K.(1997): Gesundheit wiedergewinnen – Konzept für eine salutogenetisch orientierte, ambulante Behandlung von Koronarkranken. In: Lamprecht, F., Johnen, R. (1997), 144–153

Anson, O., Carmel, S., Levenson, A., Bonneh, D., Maoz, B. (1993): Coping with recent life events: The interplay of personal and collective resources, Behavioral Medicine, 18, 159–166

Antonovsky, A. (1979): Health, stress, and coping. Jossey-Bass, San Francisco

– (1987): Sense of coherence questionnaire. In Antonovsky: Unraveling the mystery of Health – How people manage stress and stay well. Jossey-Bass, San Francisco; dt. (1991): Der Fragebogen zum Kohärenzgefühl. Autorisierte Übersetzung von Noack, H., Bachmann, N., Olivieri, M., Kopp, H. G., Udris, I. auf der Grundlage von Übersetzungen von Strub, B., Fischer-Rosenthal, W., Weiss, W. und Siegrist, J.

– (1988): Unraveling the mystery of health – How people manage stress and stay well. 2nd ed., Jossey-Bass, San Francisco; dt. (1997): Salutogenese. Zur Entmystifizierung der Gesundheit; hg. von Franke, A., DGVT Verlag, Tübingen

– (1990): Personality and health: Testing the sense of coherence model. In: Friedmann, H. S. (ed.): Personality and disease. Wiley, New York

– (1991): Meine Odyssee als Streßforscher. In: Rationierung der Medizin. Argument-Sonderband, Jahrbuch für Kritische Medizin, Band 17, Argument-Verlag, Berlin/Hamburg

– (1993): Gesundheitsforschung versus Krankheitsforschung. In: Franke, A., Broda, M. (Hrsg.): Psychosomatische Gesundheit. dgvt-Verlag, Tübingen

Bach, G. R., Torbet, L. (1985): Ich liebe mich, ich hasse mich. Rowohlt, Reinbeck bei Hamburg

Balint, M. (1970): Therapeutische Aspekte der Regression. Klett, Stuttgart

Bandura, A. (1977): Self-efficacy: Toward a unifying theory of behavioral change. Psychological Revue 8, 191–215.

– (1986): Social foundations of thought and action. A social cognitive theory. Englewood Cliffs; Prentice Hall, New York

Bar-On, D. (1996): Die Last des Schweigens. Gespräche mit Kindern von Nazi-Tätern. Rowohlt, Reinbeck bei Hamburg

Bateson, G. (1981): Ökologie des Geistes, 3. Aufl., Suhrkamp, Frankfurt/M.

Beck, A. T. (1979): Wahrnehmung der Wirklichkeit und Neurose. Pfeiffer, München

Becker, P. (1982): Psychologie der seelischen Gesundheit. Bd. 1: Theorien, Modelle, Diagnostik. Hogrefe, Göttingen

–, Minsel, B. (1986): Psychologie der seelischen Gesundheit. Bd. 2: Persönlichkeitspsychologische Grundlagen, Bedingungsanalysen und Förderungsmöglichkeiten, Hogrefe, Göttingen

–, Bös, K., Woll, A. (1994): Ein Anforderungs-Ressourcen-Modell der körperlichen Gesundheit: Pfadanalytische Überprüfung mit latenten Variablen. Zeitschrift für Gesundheitspsychologie 2, 25–48

– (1995): Seelische Gesundheit und Verhaltenskontrolle. Hogrefe, Göttingen

– (1997): Prävention und Gesundheitsförderung. In: Schwarzer, R. (1997), 517–534

Bengel, J. und Belz-Merk, M. (1997): Subjektive Gesundheitsvorstellungen. In: Schwarzer, R. (1997), 23–41

–, Strittmacher, R., Willmann, H. (2002): Was erhält Menschen gesund? Antonovskys Modell der Salutogenese – Diskussionsstand und Stellenwert. 7. Aufl., Bundeszentrale für gesundheitliche Aufklärung, Köln

Beutel, M. (1989): Was schützt Gesundheit? Psychotherapie, Psychosomatik. In: Medizinische Psychologie 39, 452–462

Bierhoff, H.-W. (2002): Prosoziales Verhalten. In: Stroebe, W., Jonas, K., Hewstone, M. (Hrsg.): Sozialpsychologie. Eine Einführung. 4. Aufl., Springer, Berlin, 319–351

Bohner, G. (2002): Einstellungen. In: Stroebe, W., Jonas, K., Hewstone, M. (Hrsg.): Sozialpsychologie. Eine Einführung. 4. Aufl., Springer, Berlin, 266–315

Böhme, G. (1985): Anthropologie in pragmatischer Hinsicht. Darmstädter Vorlesungen, Suhrkamp, Frankfurt/M.

Bös, K., Woll, A. (1994): Das Saluto-Genese-Modell. Theoretische Überlegungen und erste empirische Ergebnisse. In: Alfermann, D., Scheid, V. (Hrsg.): Psychologische Aspekte von Sport und Bewegung in Prävention und Rehabilitation. bps, Köln, 29–38

Bowlby, J. (1995): Bindung: Historische Wurzeln, theoretische Konzepte und klinische Relevanz. In: Sprangler, G., Zimmermann, P. (Hrsg.): Die Bindungstheorie: Grundlagen, Forschung und Anwendung. Klett-Cotta, Stuttgart

Boyce, W. T. (1985): Social support, familiy relations, and children. In: Cohen, S., Syme, S. L (eds.): Social support and health Academic Press, Orlando, Fla.

Broda, M., Bürger, W., Dinger-Broda, A. (1995): Therapieerfolg und Kohärenzgefühl. Zusammenhänge zwei bis fünf Jahre nach stationärer verhaltensmedizinischer Behandlung. In: Lutz, R., Mark, N. (Hrsg.): Wie gesund sind Kranke? VAP, Göttingen, 113–122

Brucks, U. (1998): Salutogenese – der nächstmögliche Schritt in der Entwicklung medizinischen Denkens? In: Schüffel et al. (1998), 23–36

–, Wahl, W.-B., Schüffel, W., (1998): Die Bedingungen für Veränderungen erkennen: Salutogenese in der Praxis. In: Schüffel, W. et al. (1998), 37–47

Callahan, L. F., Pincus, T. (1995): The sense of coherence scale in patients with rheumatoid arthritis. Arthritis Care and Research 8, 28–35

Camus, A. (1961): Die Pest. Deutsche Buchgemeinschaft, Berlin

Chamberlain, K., Petrie, K., Azariah, R. (1992): The role of optimism and sense of coherence in predicting recovery following surgery Psychology & Health 7, 301–310

Coppersmith, S. (1967): The antecedents of self-esteem. Freeman, San Francisco

Coser, R. L. (1963): Alienation and the social structure. In: Freidson, E. (ed.): The hospital in modern society. Free Press, New York

Czikszentmihalyi, M. (1999): Lebe gut! Wie Sie das Beste aus Ihrem Leben machen. Klett-Cotta, Stuttgart

Deusinger, I. (1984): Die Frankfurter Selbstkonzept-Skalen. Hogrefe, Göttingen
Dilling, H., Mombour, W., Schmidt, M. H. (1994): Internationale Klassifikation psychischer Störungen. ICD-10 Kapitel V (F). Klinisch-diagnostische Leitlinien. 2. Aufl., Huber, Bern
Dornes, M. (1996): Der kompetente Säugling. Die präverbale Entwicklung des Menschen. Fischer, Frankfurt/M.
– (1997): Die frühe Kindheit. Entwicklungspsychologie der ersten Lebensjahre. Fischer, Frankfurt/M.

Engel, U., Hurrelmann, K. (1989): Psychosoziale Belastung im Jugendalter. Empirische Befunde zum Einfluss von Familie, Schule und Gleichaltrigengruppe. de Gruyter, Berlin
Epstein, S. (1990): Cognitive-experiential self-theorie. In: Pervin, L. A. (ed.): Handbook of personality: Theory and research. Guilford, New York, 165–192
Erikson, E. H. (1959): Growth and crisis of the healthy personality. Psychological Issues 1, 50–100
– (1973): Identität und Lebenszyklus. Suhrkamp, Frankfurt/M.

Faltermeier, T. (1994): Gesundheitsbewusstsein und Gesundheitshandeln. Beltz, Weinheim
Ferenczi, S. (1988): Ohne Sympathie keine Heilung. Das klinische Tagebuch von 1932. Fischer, Frankfurt/M.
Foucault, M. (1987a): Das Subjekt und die Macht. In: Dreyfus, H. L., Rabinow, P., Foucault, M. (Hrsg.): Jenseits von Strukturalismus und Hermeneutik. Arbeitssitzungen mit Michel Foucault im April 1983. Athenäum Verlag, Frankfurt/M., 241–261
– (1987b): Zur Genealogie der Ethik. Ein Überblick über laufende Arbeiten. In: Dreyfus, H. L., Rabinow, P., Foucault, M. (Hrsg.): Jenseits von Strukturalismus und Hermeneutik. Arbeitssitzungen mit Michel Foucault im April 1983. Athenäum Verlag, Frankfurt/M., 265–307.
Franke, A. (1997): Aaron Antonovsky. Salutognese. Zur Entmystifizierung der Gesundheit. dgvt-Verlag, Tübingen
–, Broda, M. (Hrsg.) (1993): Psychosomatische Gesundheit. Versuch einer Abkehr vom Pathogenese-Konzept. dgvt-Verlag, Tübingen
Frankl, V. E. (1967): Theorie und Therapie der Neurosen. Ernst Reinhardt Verlag, München
Freud, S. (1969ff): Studienausgabe Bde. I bis X und Ergänzungsband. Fischer, Frankfurt/M.
Friedman, M., Rosenman, R. H. (1975): Der A-Typ und der B-Typ. Rowohlt, Reinbek bei Hamburg

Gebert, N., Broda, M., Lauterbach, W. (1997): Kohärenzgefühl und Konstruktives Denken als Prädikatoren psychosomatischer Belastung. Praxis der Klinischen Verhaltensmedizin und Rehabilitation 40, 70–75
Grawe, K. (1994): Grundriss einer allgemeinen Psychotherapie. In: Pawlik, K. (Hrsg.): 39. Kongress der Deutschen Gesellschaft für Psychologie. Abstracts. Bd. I. Psychologisches Institut I der Universität Hamburg, Hamburg, 214–215

–, Donati, R., Bernauer, P. (1995): Psychotherapie im Wandel. Von der Konfession zur Profession. 4. Aufl., Hogrefe, Göttingen
– (1998): Psychologische Therapie. Hogrefe, Göttingen

Heckhausen, H. (1980): Motivation und Handeln. Lehrbuch der Motivationspsychologie. Springer-Verlag, Berlin
Helmke, A. (1992): Selbstvertrauen und schulische Leistung. Hogrefe, Göttingen
Hood, S. C., Beaudet, M. P., Catlin G. (1996): A healthy outlook. Health Reports 7, 25–32
Horn, B. (1998): Erfolg im Beruf und Erfüllung in der Freizeit als protektive Faktoren bei koronarer Herzkrankheit. In: Schüffel, W. et al. (1998), 95–107
Hüther, G. (2002): Biologie der Angst. Wie aus Stress Gefühle werden. 5. Aufl., Vandenhoeck & Ruprecht, Göttingen

James, W. (1890): The principles of psychology (2 vols). Holt, Rinehart & Winston, New York
Jonas, H. (1985): Technik, Medizin und Ethik. Zur Praxis des Prinzips Verantwortung. Insel Verlag, Frankfurt/M., 17–25
Jork, K., Peseschkian, N. (2003): Salutogenese und positive Psychotherapie. Gesund werden – gesund bleiben. Huber, Bern

Keupp, H. (1997): Ermutigung zum aufrechten Gang. dgvt-Verlag, Tübingen
– (2002): Identitätsarbeit als Lebenskunst. Eine Perspektive für die psychosoziale Beratung. In: Nestmann, F., Engel, F. (Hrsg.): Die Zukunft der Beratung. dgvt-Verlag, Tübingen
Kobasa, S. C. (1979): Stressful life events. Personality and health. Journal of Personality and Social Psychology 37, 1–11
Köhle, K., Obliers, R., Faber, J. (1994): Das Salutogenese-Konzept in Theorie und Praxis. In: Lamprecht, F., Johnen, R. (1994), 77–98
Korotkov, D. L. (1993): An assessment of the (short-term) sense of coherence personality measure: issues of validity and well-being. Personality & Individual Differences 14, 538–575
Kruse, A. (1992): Altersfreundliche Umwelten: Der Beitrag der Technik. In: Baltes, P. B., Mittelstrass, J. (Hrsg.): Zukunft des Alterns und gesellschaftliche Entwicklung. Forschungsbericht 5 der Akademie der Wissenschaften zu Berlin. de Gruyter, Berlin, 668–694
Kuhl, J. (1984): Volitional aspects of achievement motivation and learned helplessness: Toward a comprehensive theory of action control. In: Maher, B. A./Maher, W. B. (Eds): Progress in experimental personality research. Academic press, New York, 99–171

Lamprecht, F., Johnen, R. (Hrsg.) (1994): Salutogenese – Ein neues Konzept in der Psychosomatik? VAS, Frankfurt/M.
– (1997): Salutogenese – Ein neues Konzept in der Psychosomatik? 3. Aufl., VAS, Frankfurt/M.
Längle, A. (2001): Viktor Frankl. Ein Portrait. Piper, München

Larsson, G., Kallenberg, K. O. (1996): Sense of coherence, socioeconomic conditions and health. European Journal of Public Health 6, 175–180

Lazarus, R. S., Launier, R. (1981): Stressbezogene Transaktionen zwischen Person und Umwelt. In: Nitsch, J. R. (Hrsg.): Streß. Huber, Bern, 213–259

Luborsky, L. Singer, B. und Luborsky, L. (1975): Comparative studies of psychotherapies: Is it true, that „everyone has won and all must have prizes"? Archives of General Psychiatry, 995–1008

Lundberg, O. (1997): Childhood conditions, sense of coherence, social class and adult ill health: exploring their theoretical and empirical relations. Social Science and Medicine 44, 821–831

Maoz, B. (1998): Salutogenese – Geschichte und Wirkung einer Idee. In: Schüffel, W. et al. (1998), 13–22

McSherry, W. C., Holm, J. E. (1994): Sense of coherence: Its effects on psychological and physilogical processes prior to, during, and after a stressful situation. Journal of Clinical Psychology 50, 476–487

Mentzos, S. (1996): Depression und Manie. Psychodynamik und Therapie affektiver Störungen. 2. Aufl., Vandenhoeck & Ruprecht, Göttingen

– (1997): Neurotische Konfliktverarbeitung. Einführung in die psychoanalytische Neurosenlehre unter Berücksichtigung neuer Perspektiven. Fischer, Frankfurt/M.

Mertens, W. (1993): Einführung in die psychoanalytische Therapie. Bde. 2 und 3. 2. Aufl., Kohlhammer, Stuttgart

Moos, R. H. (1984): Context and coping: Toward a unifying conceptual framework. American Journal of Community Psychology 12, 5–25

Moscovici, S. (1976): Social influence and social change. Academic Press, London

Noack, H., Bachmann, N., Olivieri, M., Kopp, H. G., Uridis, I. (1991): Fragebogen zum Kohärenzgefühl. Autorisierte, unveröffentlichte Übersetzung des „sense of coherence questionnaire" auf der Grundlage von Übersetzungen von Strub, B., Fischer-Rosenthal, W., Weiss, W., Siegrist, J.

Oerter, R., van Hagen, C., Röper, G., Noam, G. (1999): Klinische Entwicklungspsychologie. Ein Lehrbuch. Beltz, Weinheim

Osten, P. (2001): Die Anamnese in der Psychotherapie. 2. erw. Aufl. Ernst Reinhardt, München/Basel

Ottawa-Charta zur Gesundheitsförderung (1994): In: Forschung aktuell. Sonderheft Gesundheitswissenschaften. Public Health, TU Berlin

Papoušek, H., Papoušek, M., Giese, R. (1986): Neue wissenschaftliche Ansätze zum Verständnis der Mutter-Kind-Beziehung. In: Stork, J. (Hrsg.): Zur Psychologie und Psychopathologie des Säuglings. Frommann-Holzboog, Stuttgart

Petermann, F. (1999): Erlernte Hilflosigkeit: Neue Konzepte und Anwendungen. In: Seligmann M. E. P. (1999), 209–247

Petri, H. (1994): Geschwister – Liebe und Rivalität. Die längste Beziehung unseres Lebens. Kreuz Verlag, Zürich

Petzold, H. G., Orth, I. (1991): Die neuen Kreativitätstherapien. Handbuch der Kunsttherapie. Bde. 1 und 2. 2. Aufl., Junfermann, Paderborn
– (2003): Intergrative Therapie. Modelle, Theorien und Methoden für eine schulenübergreifende Psychotherapie. Bde. 1, 2 und 3. 2. Aufl., Junfermann, Paderborn
–, Orth, I. (1993): Integrative Kunstpsychotherapie und therapeutische Arbeit mit „kreativen Medien" an der EAG. In: Petzold, H. G., Sieper, J. (Hrsg.): Integration und Kreation. Modelle und Konzepte der Integrativen Therapie, Agogik und Arbeit mit kreativen Medien. Bde. 1 und 2. Junfermann, Paderborn, 559–571
– (Hrsg.)(1995): Die Kraft liebevoller Blicke. Psychotherapie & Babyforschung. Band 2. Junfermann, Paderborn
– (1997): Das Ressourcenkonzept in der sozialinterventiven Praxeologie und Systemberatung. Integrative Therapie 4, 435–471
– (2000): Sinnfindung über die Lebensspanne: Collagierte Gedanken über Sinn, Sinnlosigkeit, Widersinn – integrative und differentielle Perspektiven zu transversalem, polylogischem Sinn. Transskript zu „Goldegger Dialoge", Schloss Goldegg
– (2002): Zentrale Modelle und Kernkonzepte der Integrativen Therapie. – Polyloge. Materialien aus der Europäischen Akademie für psychosoziale Gesundheit. Düsseldorf/Hückeswagen
–, Steffan, A. (2001): Gesundheit, Krankheit, Diagnose- und Therapieverständnis in der „Integrativen Therapie". Integrative Therapie. Jubiläumsausgabe, 75–102
Platon. Sonderausgabe der Werke in 8 Bänden (griechisch und deutsch). Hrsg. v. Eigler, G., 3. Aufl., Wissenschaftliche Buchgesellschaft, Darmstadt
Popper, K. R. (1997): Alles Leben ist Problemlösen. Über Erkenntnis, Geschichte und Politik. 3. Aufl., Piper, München

Reddemann, L. (2002): Imagination als heilsame Kraft. Zur Behandlung von Traumafolgen mit ressourcenorientieren Verfahren. 6. Aufl., Pfeiffer bei Klett-Cotta, Stuttgart
Rena, F., Moshe, S., Abraham, O. (1996): Couples' adjustment to one partner's disability: The relationship between sense of coherence and adjustment. Social Science & Medicine 43, 163–167
Reiss, D. (1981): The family's construction of reality. Harvard University Press, Cambridge
Rimann, M., Udris, I. (1998): „Kohärenzerleben" (Sense of Coherence): Zentraler Bestandteil von Gesundheit oder Gesundheitsressource? In: Schüffel, W. et al. (1998), 351–364
Rotter, J. B. (1954): Social learning and clinical psychology. Englewood Cliffs; Prentice Hall, New York
– (1966): General expectancies for internal vs. external control of reinforcement. Psychological Monographs 80

Sack, M., Lamprecht, F. (1997): Lässt sich der „sense of coherence" durch Psychotherapie beeinflussen? In: Lamprecht, F., Johnen, R. (1997), 186–193
Sandell, R. (1997): Langzeitwirkung von Psychotherapie und Psychoanalyse. In: Leuzinger-Bohleber, M., Stuhr, U. (Hrsg.): Psychoanalysen im Rückblick: Me-

thoden, Ergebnisse und Perspektiven der neuen Katamneseforschung. Psychosozial, Giessen, 348–365

Schäfer, H. (2002): Vom Nutzen des Salutogense-Konzepts. Mit Beiträgen von Berndt, H. und Gostomzyk, J. G., Daedalus, Münster

Scheier, M. F., Carver, C. S. (1985): Optimism, coping and health: Assessment and implications of generalized outcome expectancies. Health, Psychology 4, 219–247

–, – (1987): Dispositional optimism and physical well-being: The influence of generalized outcome expectancies on health. Journal of Personality 55, 169–210

–, – (1992): Effects of optimism on psychological and physical well-being. Theoretical overview empirical update. Cognitive Therapy and Research 16, 201–228

Schmitz, E., Hauke, G. (1999): Sinnerfahrung, innere Langeweile und die Modi der Stressverarbeitung. Integrative Therapie 1, 42–63

Schnyder, U. (1998): Ein Blumengarten in Irland. Neuorientierung nach lebensbedrohlicher Krankheit. In: Schüffel, W. et al. (1998), 59–65

Schröder, K. (1997): Persönlichkeit, Ressourcen und Bewältigung. In: Schwarzer, R. (1997), 319–347

Schüffel, W., Brucks, U., Johnen, R., Köllner, V., Lamprecht, F., Schnyder, U. (Hrsg.) (1998): Handbuch der Salutogenese. Konzept und Praxis. Ullstein, Wiesbaden

Schulz von Thun, F. (1999): Miteinander reden 3. Das „Innere Team" und situationsgerechte Kommunikation. Rowohlt, Reinbeck bei Hamburg

Schwan, R., Langewitz, W., Stosch, C. (1998): Arzt und Patient: Überlegungen zur Salutogenese des Arztes. In: Schüffel, W. et al. (1998), 261–276

Schwarzer, R. (Hrsg.) (1997): Gesundheitspsychologie. Ein Lehrbuch. 2. Aufl., Hogrefe, Göttingen

–, Renner, B. (1997): Risikoeinschätzung und Optimismus. In: Schwarzer, R. (1997), 43–66

Seligman, M. E. P. (1996): Die Effektivität von Psychotherapie. Die Consumer Reports-Studie. Integrative Therapie 2–3, 264–287

– (1999): Erlernte Hilflosigkeit. Beltz, Weinheim

Selye, H. (1979): Stress mein Leben. Erinnerungen eines Forschers. Kindler, München

Sennet, R. (1998): Der flexible Mensch. Die Kultur des neuen Kapitalismus. Berlin Verlag, Berlin

Siegrist, J. (1997): Selbstregulation, Emotion und Gesundheit – Versuch einer sozialwissenschaftlichen Grundlegung. In: Lamprecht, F., Johnen, R. (1997), 99–108

Simonton, O. C., Simonton, M. S., Creighton, J. (Hrsg.) (1995): Wieder gesund werden. Eine Anleitung zur Aktivierung der Selbstheilungskräfte für Krebspatienten und ihre Angehörigen. Rowohlt, Reinbek bei Hamburg

Stern, D. N. (1992): Die Lebenserfahrung des Säuglings. Klett-Cotta, Stuttgart

Strupp, H. H., Hadley, S. W. (1979): Specific versus nonspecific factors in psychotherapy: A controlled study of outcome. Archives of General Psychiatry 36, 1125–1136

Svartberg, M., Stiles, T. C. (1991): Comparative effects of short-term psychodynamic psychotherapy: A meta-analysis. Journal of Consulting and Clinical Psychology 59, 704–714

Udris, I., Kraft, U., Mulheim, M., Mussmann, C., Rimann, M. (1992): Ressourcen der Salutogenese. In: Schröder, H., Reschke, K. (Hrsg.): Psychosoziale Prävention und Gesundheitsförderung. Roderer, Regensburg, 85–103

Uexküll, Th. v. (1963): Grundlagen der Psychosomatischen Medizin. Rowohlt, Reinbeck bei Hamburg
– (1990): Psychosomatische Medizin. 4. Aufl., Urban & Schwarzenberg, München
–, Wesiack, W. (1988): Theorie der Humanmedizin. Urban & Schwarzenberg, München

Watzlawik, P. (Hrsg.) (1986): Die erfundene Wirklichkeit. Wie wissen wir, was wir zu wissen glauben? Beiträge zum Konstruktivismus. 4. Aufl., Piper, München

Weber, M. (1921/1984): Soziologische Grundbegriffe. Mohr, Tübingen

Weizsäcker, V. v. (1986): Gesammelte Schriften. Suhrkamp, Frankfurt/M.

Werner, E. E., Smith, R. S. (1982): Vulnerable but invicible: A study of resilient children. McGraw-Hill, New York

Wesiack, W. (1990): Psychoanalyse und psychoanalytisch orientierte Therapieverfahren. In: Uexküll, T. v. (1990), München, 245–257

Whisman, M. A., Kwon, P. (1993): Life stress and dysphoria. The role of self-esteem and hopelessness. In: Journal of Personality and Social Psychology 65, 1054–1060

Wieland-Eckelmann, R., Carver, C. S. (1990): Dispositionelle Bewältigungsstile, Optimismus und Bewältigung: Ein interkultureller Vergleich. Zeitschrift für Differentielle und Diagnostische Psychologie 11, 167–184

Wilm, S. (2003): Der Patient, sein Allgemeinarzt und ihre salutogenetische Beziehung. In: Jork, K., Peseschkian, N. (2003),

Wirtz, U., Zöbeli, J. (1995): Hunger nach Sinn. Menschen in Grenzsituationen. Grenzen der Psychotherapie, Kreuz Verlag, Zürich

Wöller, W., Kruse, J. (2002): Tiefenpsychologisch fundierte Psychotherapie. Basisbuch und Praxisleitfaden. 2. Aufl., Schattauer, Stuttgart

Sachwortregister